石川巧 〈編集代表〉

カストリ雑誌編集委員会 〈編〉

戦後出版文化史のなかの

カストリ雑誌

KASU-TORI

勉誠社

●目次

第1部
「カストリ雑誌」主要30誌 解説

第2部
研究エッセイ

【凡例】

・「第一部　「カストリ雑誌」主要30誌　解説」は、一定期間に互って継続的に発行され、いわゆる「カストリ雑誌」の特徴や領域の広さを顕著に示している主要30誌を取り上げた。また、誌名の五十音順に掲載した。

・「第二部　研究エッセイ」は、各執筆者によるカストリ雑誌にまつわる短い論考を掲載した。
表記の仕方については各担当者によって書き方にバラつきがあるが統一を図っていない。

・索引は、カストリ雑誌に属する誌名を項目として掲載した。

・『獵奇』→『猟奇』など、人名を除く旧漢字に関しては原則として新漢字に改めた。

・『オーケー』／『OK』など、同一雑誌であってもタイトル表記が異なる場合があるが、原則として統一図らず、当該号の表記をそのまま採用した。

戦後占領期のカストリ雑誌とその周辺

石川巧

1

はじめに

　カストリ雑誌は戦後占領期の紙飢饉に乗じて登場した仇花のような出版物である。その多くは正規の配給紙ではなく、センカ紙[1]とよばれる統制外の用紙を使っている。当然、紙質は極めて悪く印刷も杜撰である。一般的な月刊誌や週刊誌のように時局に即応した話題があるわけではなく、連載企画もほとんどないため、同一タイトルの定期購読者よりも食指が動いた雑誌をその都度単発で購入する読者が圧倒的だったと思われる。流通や販売についてはよくわかっていないところもあるが、恐らく、真新しい新刊雑誌として書店に並べられるものよりも、古雑誌として十把ひとからげで露店やヤミ市に流れてきたものを取り引きしたり、回し読みしたりするのが一般的だったのではないだろうか。

　カストリ雑誌の業界には、もともと出版業とは関わりのなかった素人が一攫千金を求めて参入した事例が多かったため、記事の内容が極端なエロ・グロ・ナンセンスに傾いているものもある。低俗な雑誌が流通することで社会秩序が不安定になることを懸念した警察当局は、風俗紊乱を理由に発禁処分をはじめとする様々な取り締まりを行ったが、そうした弾圧が逆にブームに油を注ぐことにもつながり、奇抜な雑誌を発行してひと儲けしたら看板をかけ替えて出直す新興出版社が雨後の筍のように誕生した[2]。結果、カストリ雑誌ブームに関しては、戦後占領期を象徴する出来事としてのみ知られるところとなり、実際にどのような記事や作品が掲載され、誰がどのように読んでいたのかがわからないまま現在に至っている。カストリ雑誌は戦後出版文化の領域において必ず言及される事項であり、カストリ文学、カストリ文士といった表現にも転化されている。そのいかがわしさ、偽物性において、まさに戦後占領期を象徴する言葉のひとつとして機能している。

　だが、上記のような理由で、カストリ雑誌そのものの実態については明らかになっ

ていないことが少なくない。そもそも、カストリ雑誌とは何か？ という問いに対する明確な定義すらできていない。また、戦後占領期のカストリ雑誌は定期刊行物として認知されていなかったため、公共図書館はもちろん、あらゆる図書館、資料機関が保存対象としていなかった。一部、好事家やコレクターが所持していたコレクションは残存しているものの、その多くは一般公開されておらず、研究を進めることは極めて困難な状況にある。

　本書は、こうした状況に楔を打ち、戦後占領期におけるカストリ雑誌の輪郭を明らかにすることを目的に編んだものである。ごく短い期間とはいえ戦後日本において一世を風靡するほど人気を集めたカストリ雑誌が、なぜどこにも保存されないまま人々の記憶の片隅に追いやられてしまったのか？ カストリ雑誌は戦後の雑誌出版文化にどのような役割を果たしたのか？ そもそもカストリ雑誌とは何だったのか？ こうした問いかけから出発し、カストリ雑誌というジャンルそのものの実証研究をめざしたものである。

　現在、日本国内の図書館や各研究機関が所蔵するカストリ雑誌のなかで、特に充実した分量を誇っているのは同志社大学図書館の山本明コレクションと早稲田大学図書館の福島鑄郎コレクションである。その他にも、科学研究費の共同研究で使用した資料が寄贈されている大阪芸術大学図書館、大宅壮一文庫などにもまとまった分量がある。だが、日本国内にあるあまたのコレクションを渉猟しても、戦後占領期の検閲資料であるプランゲ文庫 3) には及ばない。プランゲ文庫の場合、テーマ別の分類がなされていないため、全体像を把握するのはそれほど簡単な作業ではないが、少なくとも日本国内で現物を確認することができない雑誌タイトルが数多く含まれていることは確かである。

2
〝狭義のカストリ雑誌〟について

　谷川建司編著『占領期のキーワード 100 1945-1952』（青弓社、2011 年 8 月）で「カストリ雑誌」の項目を担当した吉田昭則が、「カストリ雑誌は、その内容で分類すると、〈読物〉と〈風俗〉の二つの系列に大別できる。そして〈風俗〉から、〈実話〉〈話題〉といったものが派生していく。当初 GHQ ／ SCAP（以下、GHQ）の検閲を受けていたが 4)、制作・流通過程では、通常の配給ルートには乗らない部分もあった。出版団体に加盟せず、用紙入手先も詳細不明、発行日・発行地もまちまちだったため、当時の出版界にとってもアウトサイダー的存在」であったと記しているように、カストリ雑誌はそれ自体をひとつのジャンルとして定義することが極めて難しい。一時的に

大変なブームを巻き起こしたことは知られているが、その実態に関してはよくわかっていないことが多い。エロ・グロの読物やゴシップ記事を掲載する一方で、敗戦後の政治や世相を堂々と批判し言論の自由を行使しようとするゴシップ記事、バクロ記事もあり、まさに読者が求めるものをダイレクトに活字化するメディアだったことは確かだが、実際の記事を読むことができないため、それ以上の考察が難しかった。

カストリ雑誌が広く流通した戦後占領期はプレスコード [5] があったため、GHQを批判する言説はタブーとされていたが、多くの既成出版社が検閲を懼れて自主規制を強化するなか、統制外のセンカ紙で印刷発行されたカストリ雑誌のなかには占領政策に物申す挑発的な記事もあった。岡田始が「カストリ雑誌寸考」（『豊前豆本の会 第28集（限定版）〈焼跡の戦後史・カストリ雑誌〉』版元・岡田始、1983年8月）において「GHQの言論統制下に、書きたいこと、いいたいことを、自由にいえなかった新聞などのマスコミと違って、埋没されている庶民生活の実態を、赤裸々に唄いあげている。性の解放、露店の様相、やみ市の実情から、物価、パンパンガール、ストリップや暴力団の生態など、あらゆる世相を伝えたのが「カストリ雑誌」であった」と指摘しているように、カストリ雑誌には「アウトサイダー的存在」であるがゆえの挑発性があった。

カストリ雑誌の多くは、それぞれが読物、娯楽、風俗、実話、話題、犯罪、探偵といったテーマをもっており、読物の大半は読み切りだった。定期刊行物ではないため、読物以外のコーナーも実際の取材に基づいたドキュメンタリー、ルポルタージュ、時事性のあるニュースはほとんどなく、雑誌の編集者あるいはライターが読物風に面白おかしく書きたてる傾向があった。戦後の日本では未曾有の出版ブームが起こるが、インフレによって雑誌の価格が高騰したこともあり、カストリ雑誌は大勢の読者によって回し読みされることが多かった。売れ残りの雑誌や古雑誌が露店に並べられ、行商によって都市圏から地方へと運ばれた。ボロボロになるまで読み継がれ、最後は火種となって竈にくべられる運命にあった。当時、福岡県大牟田市で発行されていた『大牟田春秋』（第1巻第3号、1948年12月）の「街のうわさ」という記事を読むと「エロ本売れず大牟田で売れる本は？」という見出しが躍り、

　　　他都市の人から馬鹿にされた様に大牟田はエロ本の巣箱とまでうわさされた、
　　　狂艶、だんらん其他のエロ本も追放に依り姿を消し、火の消えた如く売れ行き
　　　が低下したのは事実であろう。一時エロ本全盛時代の大牟田で最もよく売れた
　　　エロ本は左記の通り―。狂艶、だんらん（現在ミスニッポンと改題販売中）り
　　　べらる、ナンバーワン、裏の裏、猟奇エロ本哀徴の後を引き継いで今こそ全盛
　　　時代を基いてゐるのは婦人雑誌であらう。大牟田で最もよく売れ、最もよく喜

ばれる婦人雑誌は？／婦人世界、婦人生活、家庭生活、主婦の友、婦人倶楽部、
　　スタイル、美貌、婦人画報、婦人の友、ホームであろう。綜合誌ではリーダー
　　ズが圧倒的でダイジエストと名がつけば案外売れるのは皮肉だ。世界、展望、
　　人間は勿論よく、労働評論が売れるのは街の特殊性をよく現してゐる。

とある。戦後ベストセラーとなった石坂洋次郎の『石中先生行状記』（『日本小説』、
『オール読物』、『小説新潮』などに1947年6月から1954年6月まで連載されたのち、
1949年4月に新潮社より刊行）の「根ッ子町の巻」（『小説新潮』1948年10月）には、
「どんなものを読んでるかね？」と問われた青年が「合間にエロ雑誌や実話雑誌を読
みます。一心齋親爺が毎月十冊ほどもさういふ雑誌を買つてをりますから、借りて読
むんです。イヒヒヒ……」と語る場面がある。カストリ雑誌は地方にも流布していた
し、親の世代の男が買ってきた雑誌を若者が回し読みすることも多かったのである。
　ただし、それだけでカストリ雑誌の具体的な読者像を浮かびあがらせることはでき
ない。恐らく、読者の多くは成人男性であっただろうし、当時の物価に照らした雑誌
価格を考えると、一定の経済力を有している人々が購入したのだろうという想定は成
り立つが、それ以上のところで明確な読者像をイメージすることは難しい。雑誌の場
合、奥付の記述から様々な情報を得ることができるが、カストリ雑誌のなかには奥付
そのものがないもの、発行年月の記載を意図的に省略しているものが少なからずある
ため、書誌情報から類推することも難しい。
　そこで重要になるのが同時代の状況をよく知る出版関係者や蒐集家による証言であ
る。たとえば、カストリ雑誌研究の嚆矢である斎藤夜居は『カストリ考＝肉体小説と
生活風俗より見た戦後のカストリ雑誌＝』（1964年7月、此見亭書屋・私家版）の
なかで、「ある印刷業者の話では、そのような版権取得者は、不動産屋や、八百屋、
現金菓子問屋などであって、印刷も活字の知識も皆無な人々で、製品の卸先は闇マー
ケット業者であった、と伝えられる」と証言し、カストリ雑誌は一般に流通していた
定期刊行物としての雑誌とはまったく異なる〝商品〟だったと述べている。福島鑄郎
は「カストリ文化考」（『毎日新聞』夕刊、1975年9月5日）でその凄まじい売れ行
きにふれ、「当時の報道によれば、これらの雑誌は、駅売店や露天商などで当時の金
で一日七〇〇〇円の売上げの記録がある。特に露天商などは一日の場所代、税金、そ
の他の費用を含めて二〇円あれば出来たというから、仕入賃を入れても開業は簡単で
あった」と記している。こうした証言により、カストリ雑誌ブームが必ずしも正規の
出版業者にとって好ましい事態ではなかったことがわかる。
　露店に山積みされた類似誌に埋没させないため、業者は煽情的なタイトルを付すと
ともに、その表紙をけばけばしい極彩色で飾って読者の目を惹きつけようとした。女

性の豊満な肉体や奇抜な姿態を図案化して読者を惑溺しようとした。低予算の印刷ではグラビアを入れることができなかったため、表紙絵のデザインや記事の見出しは雑誌の売れ行きそのものを大きく左右する情報であった。1947年以降になると、一部の雑誌が女性のヌードグラビアを入れるようになり、いわゆるエロ本としての性格が強まっていくが、それはカストリ雑誌のなかでも高価なものに限られていた。

　さきに紹介した斎藤夜居は、雑誌としての明確な理念や方針をもたず、ただひたすらに〝商品〟としての売れ行きを重視したカストリ雑誌に関して最も早い段階で関心を示した好事家である。『カストリ考＝肉体小説と生活風俗より見た戦後のカストリ雑誌＝』（前出）、『カストリ雑誌考 続』（此見亭書屋、1965年7月）という二冊の私家版[6]を著した斎藤は、前著の冒頭で「私は日本の敗戦後発行の娯楽読物雑誌の総てを〝カストリ雑誌〟と呼ぶことは親切ではないと思っている。……所謂〝カストリ雑誌〟と〝戦後発行の娯楽雑誌〟という二つの称呼を使いたいと考えている」と記し、「カストリ雑誌」と「戦後発行の娯楽雑誌」を峻別することの必要性を説いている。いわゆるカストリ雑誌ブームは戦後のある時期に起こった短期的現象であり、それをもって戦後娯楽雑誌の総称とすることはできないというのがその基本的認識である。

　また、斎藤は狭義のカストリ雑誌に多くみられる読物の題材について、

(1)　恋愛の発展に伴う男女の肉交場面をテーマとしたもの
(2)　娼婦（公娼・私娼・街娼）との性交渉を描写したもの
(3)　肉親、近親者の性交為を目撃した少年を主人公にしたもの、或いは以上の主件を作品の重要場面としたもの
(4)　姦通場面の描写を主題としたもの
(5)　性的なあらゆる事柄に対する好奇心をテーマとしたもの
(6)　戦時下に於ける当時の隠された〈性〉をテーマとしたもの、軍人未亡人や、当時の一般に知られなかった性犯罪もの
(7)　市井の凡人の性的自伝もの
(8)　敗戦後の性風俗を主題としたもの。量的には之が一番多い
(9)　戦争中の外地生活の情事を主題としたもの、これは当時の読者層によろこばれた

に分類し、それは必ずしも「戦後発行の娯楽雑誌」全体に通底しているものではないとしている。こうした傾向分析によって明らかになったことのなかで特に重要なのは、カストリ雑誌に描かれた〈性〉が内包している淫靡さと猟奇性である。社会的なモラルに照らして異常とみなされる行為であるがゆえに隠匿しておかなければならない体

験、秘密にしていた過去を語ること、そうした後ろ暗い〈性〉を窃視することに刺激を感じる読者の生態である。

　さらに、敗戦にうちひしがれた男たちが妄想の世界で自分を慰めようとするとき、再び戦時中の記憶が呼び起され、蹂躙する男／蹂躙される女という関係性が求められている点にも注意が必要である。カストリ雑誌の世界にあるのは、GHQによって配給された平和と民主主義が奏でる明るく解放的な〈性〉の悦びではなく、戦時中の猟奇的な記憶を追体験することで自らの身体に精力を漲らせたいと願う男たちの野蛮な欲望であり、敗戦後の荒廃した世の中を生き延びていくために身体を売る女たちのしたたかさに他ならなかったのである。

　同時代の一般的な大衆娯楽雑誌には多少なりともユーモアやエスプリの精神が漂っており、たとえエロ・グロ・ナンセンスを描くにしても現実社会への諷刺や皮肉を失うまいとするものが少なからずあったが、カストリ雑誌における官能性は、既成のモラルを破壊し、いかにして読者を煽情的な気分にさせるかがすべてだった。編集サイドには、行儀のよいユーモアやエスプリを振りかざすこと自体が権威的だという認識があり、あられもない欲望の発露に自分たちの存在価値を賭ける意識が強かった。

　だが、以後の諸研究ではカストリ雑誌と大衆娯楽雑誌の区別が曖昧にされ、戦後占領期に発行された四六倍判型（B5判）の娯楽雑誌をカストリ雑誌の呼称で包括してしまう論じ方が主流となる。たとえば、さきに紹介した福島鑄郎は、1951年1月に雑誌『キング』の付録として発行された『新語大辞典』の「敗戦後の日本に生れたエロ・グロの低級なインチキな内容の雑誌、当時カストリ焼酎といった粗悪な酒が巷にハンランしたが、それを転用して生れた名称。この種の雑誌は多く三号ぐらいで消えてなくなるのが常であるが、カストリ焼酎も、一合、二合まではともかく、三合（号）はいけませんという性質をもじったものだともいわれている」という記述を紹介し、カストリ雑誌に対するイメージや受容のされ方を考察したうえで、主な内容を、

(1) エロ・グロ
(2) 人情、家庭、大衆
(3) 講談もの（いわゆる髷もの）
(4) 犯罪、猟奇、実話、怪奇、探偵
(5) 真相、暴露
(6) 性、夫婦、恋愛

に分類している。それまでの先行論の多くが、エロ・グロ、真相もの、性愛ものを中心に論じていたのに対して、福島は人情ものや講談ものにも焦点をあてている。

1970年前後になると、編集者あるいは出版人としてカストリ雑誌ブームを体現した人々がその実態や舞台裏を明らかにした書籍が出はじめる。なかでも、長谷川卓也『カストリ文化考』（三一書房、1969年5月）、山岡明『カストリ雑誌にみる戦後史』（オリオン出版社、1970年11月）の二冊はその代表的なものである。山岡は、斎藤夜居が指摘した「カストリ雑誌」と「戦後発行の娯楽雑誌」という区別とは別に、〈読物〉と〈風俗〉（やがて〈実話〉や〈話題〉といったテーマに発展）という二つの系統があること、戦後の中間小説はカストリ雑誌のうち〈読物〉に属するものが変化したものであることを指摘し、カストリ雑誌が戦後文学の新しい潮流をつくりだしたと評価した。同書によって、カストリ雑誌は出版文化史と近代文学史に跨るかたちで正当な位置付けを獲得したのである。

　一方の長谷川は、カストリ雑誌を印刷したセンカ紙がどのようなものであったかを精緻に紹介するとともに、〝カストリ〟と名乗る出版物にはカストリ新聞やカストリ本などもあったことを指摘している。端的にいえば、それまで好事家の道楽という性格を脱しきれてなかったカストリ雑誌研究を本格的に駆動させ、同時代人の立場から貴重な証言を残した点において二著は画期的な役割を果たしているといえるだろう。

　こうした先人の記録や証言に学び、カストリ雑誌を素材として戦後日本の風俗と大衆の欲望を考察したのが山本明『カストリ雑誌研究——シンボルにみる風俗史』（出版ニュース社、1976年7月、のち中公文庫、1998年8月）である。スペインの学者 J. E. Cirlot が1962年に上梓した "Diccionario de simbolos tradicionales"（邦題『シンボル事典』）で用いた分析方法に学んで数多くのカストリ雑誌を収集し、記事に頻出する事物、事柄、事件をキーワード抽出した山本は、実際の記事を引用しながらそれぞれの意味と文脈を考察した。雑誌の外観が「四六倍判（B5判）であり粗悪なセンカ紙を使っているものが多い」こと、「ページ数は、せいぜい四〇ページ内外である」こと、装幀は「写真・さし絵ともに、女性の裸体、ぬれ場が大部分」であることを指摘し、内容的には「戦時中に抑圧されていた性をとりあつかった読物全般の総称」と定義した。実際のカストリ雑誌は、A5判で創刊されたのちにB5判に変更されたものやA5判のままで発行を続けたものなどB5判以外の例外もあるため、判型だけで厳密に区別することはできないが、同書の登場によってカストリ雑誌を学術研究の遡上にのせることができるようになったのは事実であり、現在に至る研究はほぼすべて同書の概念規定を参照しながら進められているといってよいだろう。

　山本はカストリ雑誌ブームを四期に分類し、一般的な娯楽雑誌の攻勢によって1950年5月にはほぼすべてのカストリ雑誌が姿を消したと指摘するとともに、「一九四六年十月から四九年六月までの二年九ヵ月」をカストリ雑誌全盛期とよんでいる。愛欲小説、肉体小説、情痴読物を主体とする〈性〉＝エロ雑誌を狭義のカスト

リ雑誌と定義する一方、『りべらる』（大虚堂書房）をはじめとする文芸中間誌、『真相』（人民社）、『旋風』（白文社）などの暴露雑誌や実話物語雑誌、『仮面』（ぷろふいる社）、『蜘蛛』（東京防犯協会）、『妖奇』（オールロマンス社）などの探偵小説雑誌を広義のカストリ雑誌と位置づけている。

　狭義／広義の分類は基本的に斎藤夜居の考え方を踏襲したものだが、狭義の分類に関しては、愛欲小説、肉体小説、情痴読物などを主体とする〈性〉＝エロ雑誌という総称が与えられているだけで、それ以外の明確な定義づけはなされていない。だが、実際に当時の娯楽雑誌を見ていくと、小説だけで誌面を構成する読物系と、エッセイ、コラム、取材記事などを組み合わせて多様な角度から誌面を構成する総合系に分かれている。

　前者の場合は、作家志望のライターを使って低俗な読物を書かせ、それを寄せ集めただけという印象が強いが、後者の場合は、多方面への原稿依頼や記者の取材記事など複雑な編集作業を経てようやく一冊の雑誌が仕上がっている。同じ小説でも名の通った作家、文筆家が堂々と自分の名前で作品を書いている場合と、匿名の書き手がなにやら怪しげな作品を量産している場合がある。つまり、愛欲小説、肉体小説、情痴読物などの性愛読物もピンからキリまでいろいろあり、それらをより慎重に区別する必要が生じるのである。

　その意味で、『カストリ雑誌研究——シンボルにみる風俗史』（前出）の分析に対してはさまざまな異論、反論を挟み込む余地がある。社会学者である山本は「カストリ雑誌の書誌的研究は、今後も熱心な研究者によって続けられるだろうが、ぼくには、さして関心はない」と明言し、戦後占領期の思想や大衆文化の諸相を炙りだすための材料としてのみその有用性を認めているため、本書がめざすものとはその方向性も大きく違っている。だが、少なくとも同書の登場によって実証的な言説分析がなされるようになったことは事実であり、それを議論の土台としてカストリ雑誌研究がはじまったことはまちがいない。

　そこでまずは、狭義のカストリ雑誌に関してその範囲を確認しておこう。カストリ雑誌の語源に関しては諸説あるものの、戦後の紙不足の時代にザラ紙や非統制のセンカ紙といった粗悪な再生紙で作られた雑誌であるという点においては、すべての先行研究が認識を共有している。また、カストリ雑誌という名称は敗戦直後から流布したわけではなく、当初は「桃色雑誌」「ピンク雑誌」という呼び方が一般的だったこともわかっている。その嚆矢にあたる雑誌も広く知られる『猟奇』ではなく、1946年9月に創刊された『赤と黒』（リファイン社、B5判48頁、定価10円）である。式場隆三郎と親交のあった前衛画家・峯岸義一が編集人を務め、のちに劇団「赤と黒」を主宰することになる横尾信一、性科学研究家の高橋鐵らが編集に加わった『赤と黒』

は、創刊号の特輯〈肉体芸術〉をはじめ、毎号特輯企画を設けて性愛と肉体の美を高らかに讃美して巷間を賑わせていた。また、高橋鐵が編集の中心を担うようになってからは、当時珍しかった特写ヌードのグラビアを掲載しエロティシズムを前面に出した編輯方針を貫いている。したがって、『赤と黒』は最も早い時期に創刊されたカストリ雑誌といってよいだろう。

　ただし、カストリ雑誌の流行をひとつのブームと捉えるならば、その契機となった出来事が『猟奇』第2号（1946年12月）の押収処分事件にあることは間違いない。『猟奇』は戦前に梅原北明が発行した『グロテスク』（1928年11月〜1931年8月。度重なる発禁処分を乗り越えて全21冊を発行）に倣うかたちでエロ・グロ・ナンセンスへの偏愛を前面に押し出していた。創刊号は発売からわずか二時間で完売したといわれているし、第2号（1946年12月）に掲載された北川千代三「性愛告白譚・H大佐夫人」（挿画・高橋よし於）が、刑法175条（わいせつ物頒布等）の適用を受けて押収処分されたことで逆に読者の購買欲が促されたというエピソードは、のちのカストリ雑誌ブームをめぐるひとつの伝説となっている。

　「性愛告白譚・H大佐夫人」は、B29による空襲が激しさを増しつつあった1944年末に陸軍砲兵大佐の家に寄宿しながら療養していた少年が、戦後になって、防空壕のなかで大佐夫人と関係をもったときの快感を赤裸々に語ったものである。押収処分の罪状が「わいせつ文書頒布罪」だったため、もっぱら防空壕での性愛描写が検閲にかかったと理解されているが、実際、同号の目次を見ていくと、久保盛丸「愛液奇譚」、斎藤昌三「好色燐標志」、梅原北明（遺作）「ぺてん商法」、藤沢衛彦「慎みの性生活研究」、荘原朱雄「『ガミアニ』或は『歓楽の二夜』について」、赤松真古城「最高（性交）祭典と最敬礼（性器接吻）」、宮永志津夫「王朝の好色と滑稽譚・その二」、林恭一郎「亜拉比亜秘話」、ブリー・ナアラン作／青山倭文二訳「離婚」、花町右門「春は馬に乗つて」、北川千代三「性愛告白譚・H大佐夫人」、南名散史「風俗語彙」、宮地夢丸「夫婦岩」、千葉順一郎「ハツピーシツプ」といった作品が並んでおり、「性愛告白譚・H大佐夫人」の記述だけが猥褻とされた理由は判然としない。また、刑法175条（わいせつ物頒布等）は大日本帝国憲法に基づいて1908年10月1日に施行された「罰金500円以下」の刑であり、木本至『雑誌で読む戦後史』（新潮選書、1985年8月）によれば、「旧大日本帝国においては、れっきとした雑誌書籍に適用されたことのなかった条項」だという。同事件は略式裁判となり、作者・北川千代三が罰金250円、挿画・高橋よし於は不起訴、茜書房の経営者で『猟奇』発行人でもある加藤幸雄は、罰金500円と雑誌の利益に対する追徴金16万円を支払うことで幕引きがなされている。

　『猟奇』の出版に関する内輪の事情に関しては、加藤幸雄本人が「『猟奇』刊行の思

い出 1 〜 6」（『出版ニュース』1976 年 11 月下旬号、12 月下旬号、1977 年 1 月下旬号、3 月下旬号、4 月下旬号、5 月下旬号…全 6 回連載）を書いているので、以下、この回顧録と『猟奇』の出版経緯を詳細にまとめている大木至『雑誌で読む戦後史』（前出）の記述に沿って検証したい。

　同書によれば、茜書房を立ちあげた加藤幸雄は 1934 年に旧制中学卒業すると同時に新宿区矢来下にあった南郊社に入り、『社会時報』や『法制時報』といった法律雑誌の出版に携わっていた。支那事変で応召されたものの、負傷のため 1939 年に除隊となり白木屋の宣伝部で働くようになる。1942 年、戦争の悪化とともに軍需会社に徴用となり『産報』（産業報国会の社内報）を編集。敗戦時、たまたま手配済みの印刷用紙「二百連」（一定の寸法に作られた紙 1000 枚が 1 連なので、20 万枚ということになる——筆者注）を自由にできたので、それを使って雑誌を出版することをもくろんだという。

　加藤幸雄が最初に企てたのは「〈発禁本〉の〈全文無削除〉と称し『あかね草紙』という〈性愛小説〉」だった。それが見事にあたり、3000 部の発行で「原価 2 円、売値 10 円で 2 万円の利益」を得た彼は、次なる商売として『猟奇』の創刊を企てる。発行に際しては「店頭販売しないから猟奇クラブに入会せよ（月 10 円、年 110 円）」と訴えて代金前払いの会員を約 1 万人も集めている。広告では会員への販売と断っておきながら創刊号を実質 2 万部印刷し、予約分以外はリュックに現金を詰めて買い出しに上京していた河野書店（売れ残った新刊を集めて古書として扱う赤本専門書店）に「七半の現金引取り」で横流ししている。

　事件後に発行された第 3 号に関しては、事前検閲において「これは、検閲当局への挑戦であり、民主主義の尊厳への侮辱、善意ある SCAP（連合国軍最高司令官）当局から贈られた出版の自由を故意に蹂躙することである。（中略）この種の雑誌の出版と販売に対し厳重な禁令（ban）を定めることが、日本人を道徳的頽廃と紙飢饉から救う唯一の方策である」（CCD〔民間検閲局〕の雑誌課で検閲を担当した T・オオハタの報告）と判断される。従業員の給与、紙代、印刷代、倉庫代などの支払いに追われていた加藤幸雄は、切羽詰まった状態のなかで許可なしに第 4 号を発行（1947 年 5 月 5 日、実際の発行日は 6 月 20 日。発行部数 40 万部。1 部 15 円を定価の 7.5 掛で販売し 450 万円を得た）し、現金を会社や家庭に山分けしたあと修善寺に遁走する。自身は当時のことを、「占領軍への批判や反抗は、南方へ連れていかれて、重労働をやらされる」という噂がまことしやかに囁かれていたと証言している。CCD からの執拗な要請を受けて出頭し弁明書を提出したものの、当局からは「今後のことについては、五号にこれで最終号にするということを入れればいいが、もし入れないならば、全文を英訳したものと、日本文のもの二通」を提出せよといわれてしまう。

検閲に関しても「二～三か月かかるだろう」と云われ事実上の廃刊を迫られる。

　興味深いのは、加藤幸雄がこのあと取った行動である。同年秋、彼はCCDの管轄が違う大阪に発行拠点を移したうえ、義弟を発行人に仕立てて大阪版『猟奇』（大阪文芸市場社、1946年10月15日、実際の印刷は東京でなされたといわれている）を創刊する。まさに、のちのカストリ雑誌伝説そのままに羊頭狗肉の策で同系雑誌を出そうと考えるのである。だが、大阪版『猟奇』は創刊号こそ印刷した10万部が完売したものの、第2号から第5号までが立て続けに摘発され発禁処分となる。こうして、彼は結局516万円の負債を抱えて会社をたたむ。

　一連の出版事情から見えてくるのは、雑誌の押収や発禁処分を懼れることなく様々な情報戦略を駆使して大衆を煽動しようとする商売人の姿である。出版事業に対する理念や方針はなく、どうしたら金儲けができるかという観点から編集された雑誌のありようである。それは「わいせつ」性をめぐる規範意識やGHQによる検閲の実態であると同時に、カストリ雑誌とはどのようなものなのかという問いに対するひとつの明快な解答なのである。本書では、『猟奇』をめぐる事件の経緯にこそカストリ雑誌の本質的な特性が現れていると考えている。また、その点を踏まえて狭義のカストリ雑誌を定義すると以下のようにまとめることができる。

(1)　『猟奇』を原型とし、販売戦略の面において同誌またはその系統誌を模倣していること
(2)　エロ・グロ・ナンセンスを基調とした内容であること
(3)　非統制のザラ紙、センカ紙で作られた粗悪な雑誌であること
(4)　戦前戦中から継続的な出版活動を行ってきた出版社が発行したものではないこと
(5)　B5判32頁～48頁を基本とすること
(6)　創刊から休刊／廃刊までの期間が短く、単発あるいは数号をだして消えた雑誌であること
(7)　雑誌の内容や誌面構成等に関する編集作業がほとんど行われていないこと
(8)　表紙に「〇月号」などの表記がなく内容においても時事性がないこと
(9)　編集部が求める内容の作品を匿名性の高い筆者（その領域に精通した筆者）に書かせていること
(10)　作品の内容や質ではなく煽情的な表紙や挿絵で購買欲をそそろうとしていること

以上のような区分けをすることで狭義のカストリ雑誌を選別することが可能になる

が、問題は厳密な意味でカストリ雑誌とはいえないものの、戦後の出版文化史や古書の流通においてカストリ雑誌に括られてきたもの、すなわち、カストリ雑誌と大衆娯楽雑誌の曖昧な領域に位置付けられる雑誌をどのように扱うかという点である。

3
〝広義のカストリ雑誌〟という考え方

　ここでは仮にそれらを広義のカストリ雑誌と呼び、これまでの研究史を踏まえながら非カストリ雑誌との違いを明らかにしていく。まず押さえておきたいのは、狭義のカストリ雑誌が比較的短い期間に起こったブームであるのに対して、広義のカストリ雑誌は占領期全体の問題だということである。そこで、あらためてさきに引用した山本昭『カストリ雑誌研究──シンボルにみる風俗史』（前出）の分類を紹介し、それぞれの特徴を確認しよう。

（1）前期（1946年1月〜10月）
　『風俗研究』、『りべらる』が創刊され、性表現に対する恐る恐るの試みがなされた時期。
（2）第一期（1946年11月〜1947年7月）
　カストリ雑誌の先駆ともいえる『猟奇』が新聞広告とともに書店に並ぶ。表紙は女性の顔の線画。この『猟奇』が契機となって、1947年1月から、いくつかの類似誌があらわれ、3月には20誌をかぞえる。これから8月までに、各種のジャンルの風俗誌があらわれる。
（3）第二期（1947年8月〜1949年5月）
　『オール猟奇』（8月刊）ではじめて全裸女性の絵が表紙をかざりカストリ雑誌の本格期に入る。これ以降、数百種のカストリ雑誌が店頭をにぎわし、さらにグラビア裸体写真が不可欠のものとなる。また、写真も、それまでのものが、戦前のエロ・グロ・ナンセンス時代の複写が多いのに対して、プロ写真家を起用した「本格特写」がページを飾る。いわば、カストリ雑誌の開花期である。
（4）終末期（1949年6月〜1950年5月）
　1949年6月に、鱒書房の増永善吉が別会社名でB6判の『夫婦生活』[7]を創刊し、いわゆる小型本時代に入る。B5判は少なくなり、小型本が氾濫する。B5判は中間雑誌化し、さらに、それらは『小説新潮』『オール読物』『苦楽』『小説日本』『小説公園』などの本格的娯楽雑誌の攻勢の前にあえなくつぶれてゆく。さらに、1950年5月創刊『人間探究』、1951年2月創刊の『あまとりあ』などのA5

判の本格的性研究誌の出現とともに、B5判のカストリ雑誌はゾッキ本として余命を保つにすぎなくなる。

　この分類で注目すべきは、第一期と終末期の把握であろう。戦後、最も早い時期に発行された総合雑誌には、『光』（光文社、1945年10月、1944年7月創刊の時局雑誌『征旗』の改題誌）、『新生』（新生社、1945年10月）などがあるが、これらは編集者が独自の視点と方針で誌面を構成しており、本書が対象とする広義のカストリ雑誌とは一線を画している。同年11月には、「世界の文化ニュース」というキャッチコピーを付した『雄鶏通信』（雄鶏社、編集・春山行夫）が創刊されるが、こちらも時事性を重視する時局総合雑誌であるため広義のカストリ雑誌に含めることはできない[8]。

　微妙な判断が迫られるのは翌年の1月に創刊される『りべらる』（前出）である。同誌に関しては福島鑄郎が「戦後のカストリ雑誌の代表誌として言い伝えられてきた」が、実際には「知識階級層を対象に中間読物として創刊された」（『新版　戦後雑誌発掘　焦土時代の精神』洋泉社、1985年8月）と指摘したのをはじめ、カストリ雑誌から除外する立場をとる研究者が少なくない。だが、その一方には、「〈カストリ雑誌〉は、その内容で分類すると、〈読物〉と〈風俗〉の二つの系列に大別することができる。そして〈風俗〉から、〈実話〉〈話題〉といったものが派生していく。現在の中間小説誌は〈読物〉が変化してきたものであるし、週刊誌はたいてい〈読物〉〈風俗〉〈実話〉〈話題〉のすべてを含んでおり、それぞれの占める割合で、その週刊誌の性格が定まるといってよいだろう」として、『りべらる』を〈読物〉系カストリ雑誌の嚆矢と位置付ける山岡明『カストリ雑誌にみる戦後史』（前出）などもおり、研究者によって意見が異なっている。つまり、『りべらる』は広義のカストリ雑誌という概念の枠組みを決定する重要なカギなのである。

　自由と教養をテーマに掲げたこの雑誌の創刊号（奥付は1946年1月発行になっているが、実際は1945年12月発行、36頁1円50銭、1万部）には、当時の文部大臣・前田多門と菊池寛の対談「アメリカと日本を語る」が掲載されたほか、評論・随筆として武者小路実篤「自由に就て」、亀井勝一郎「恋愛の復活」、大佛次郎「痴言」、舟橋聖一「好戦派の抱擁」、西村伊作「独言記」が、小説として小島政二郎の「男ぎらひ」などが並んでいる。だが、第2号以降の記事では、占領軍のプレスコードに抵触する内容が次々と削除命令を受けることになる。特に、パンパンに身を落とす日本人女性の実態に迫り、それを社会問題として掘り下げようとする企画、日本人女性と占領軍兵士の情事や醜聞に言及する記事には厳しいチェックがかかり、1947年1月には「物価統制令違反」の名目で摘発されてしまう。

こちらも『猟奇』と同様に継続を望む読者の声が次第に高まり、半年後に復刊した際には大変な売れ行きを示す。また、当初はリベラリズムの精神を掲げた知識人向けの文化雑誌をめざしていたものの、同時期に巻き起こるカストリ雑誌ブームの影響によって、同誌は次第に性愛、欲望、風俗といったテーマへの傾斜を強めていく。最盛期となった1948年には最高18万部が売れたという。

　つまり、『りべらる』という雑誌の軌跡を追っていくと、当初、編集部が定めていた理念や方針が読者の期待に応えるという名目で次第に変容し、結果として同時代を席捲していたカストリ雑誌へと接近する過程が見えてくるのである。狭義のカストリ雑誌における「雑誌の内容や誌面構成特に関する編集作業がほとんど行われていないこと」、「編集部が求める内容の作品を匿名性の高い筆者（その領域に精通した筆者）に書かせていること」といった条件からは外れるが、そうした編集のあり方を除けば、『りべらる』にはカストリ雑誌とほぼ類似した記事が数多く掲載されており、読者の期待もそこに向かっている。その意味で、『りべらる』は広義のカストリ雑誌におけるひとつのスタンダードとなりえている。

　では、『りべらる』を代表とする広義のカストリ雑誌にはどのような系統があり、いつ頃までそのブームが続いたのであろうか？　それを明らかにするために、まずはカストリ雑誌がいつどのように消えていったのかを検証してみよう。カストリ雑誌ブームの終焉に関しては、多くの先行研究が1949年6月の『夫婦生活』（家庭社）創刊を節目と捉えている。『夫婦生活』以後、『人間探究』（社会新報社、1950年5月）、『あまとりあ』（あまとりあ社、1951年2月）など、A5判やB6判の雑誌が次々に創刊され、カストリ雑誌の標準形態ともいえるB5判のセンカ紙に印刷された粗悪な雑誌は次第に姿を消していく。主に成人男性がひとりでこっそりと耽読することを前提とするカストリ雑誌は低俗で下品なものと蔑まれるようになり、夫婦や愛人同士が寝室で一緒に読んでお互いの刺激を高めていくことを狙いとする夫婦和合雑誌、性科学雑誌へとシフトしていくのである。それを踏まえると、広義のカストリ雑誌が隆盛を極めたのは、1946年1月の『りべらる』創刊から1949年9月までの約3年半ということになる。広義のカストリ雑誌が終焉を迎えたことを立証する客観的な根拠のひとつは、B5判とA5判が中心だった大衆娯楽雑誌の領域にB6判が登場したことに求められるということである。

　次に、第二期における広義のカストリ雑誌にどのようなタイトルがあり、内容においてどのような特徴があるのか、何をもってカストリ雑誌と規定することができるのかを考える必要がある。ちょうど『赤と黒』、『りべらる』、『猟奇』などが世評を賑わせていた1947〜1948年にかけて、占領政策の浸透に確信を得たGHQは、順次、事前検閲から事後検閲への緩和措置を進める（1947年11月以降に順次切り替わっ

た）。また、検閲が緩くなることを見込んだ業者はこぞって新しい雑誌を創刊する。当然、それぞれの新興雑誌は読者に向けて特徴を際立たせるために、外見のみならず記事や読物の内容に様々な工夫を凝らす。たびたび引用している山本明『カストリ雑誌研究——シンボルにみる風俗史』では、記事に登場するタイトル、見出しなどの名詞をキーワード抽出し、接吻、ストリップ、ズロース、猟奇、有閑マダム、自慰、没落、パンパン、未亡人、貞操、師弟の愛、エロ、阿部定、復員兵の14語を分析している。

　この方法について山本自身は、現実と記号との落差や逆説性という限界が存在することを認める一方、経営の実態、販売方法、執筆者の本名といった業界の内幕に関しては敢えて禁欲的な態度をとったと述べ、〈記号世界としてのカストリ雑誌〉を研究することの意義を強調している。ちなみに、こうしたキーワードの抽出による傾向分析は、羽島知之「カストリ新聞の流行」（新聞資料ライブラリー〔代表・羽島知之〕監修『カストリ雑誌 昭和二十年代の世相と社会』1995年8月、大空社）でも試みられており、当時、カストリ新聞とよばれたタブロイド紙には強姦、屍姦、輪姦、情交、桃色、愛撫、恥辱、淫獣、淫魔、淫奔、色魔、色慾、邪恋、快楽、不倫、嫉妬、猟奇、変態、愛欲、処女、転落、純潔、貞操、不貞、真っ裸、全裸殺人、乳房、陰毛、ズロース、売春、パンパン、毒婦、愚連隊、人妻狩、男娼といった見出しが躍っていると指摘されている。

　山本明や羽島知之によるアプローチは、占領期という時代の風潮を読むための格好の素材となりうる。敗戦後、惨めな敗残者になり果てた日本人男性が何を欲望し、女性に対してどのような妄想を抱いたのかを捉えようとするとき、カストリ雑誌ほどわかりやすい素材はない。だが、ここで問題になるのは、そうした方法が作品や記事の個別性、独創性を無視し、表現の表層部分だけを類似性というかたちで集約する傾向になりかねないことである。記号の採取者の恣意的な認識で分類がなされていくため、はたしてそのカテゴリー化が客観性を保持し得ているかどうかを判断することができないということである。

　さきにも述べたように、センカ紙で作られた粗悪な娯楽雑誌は、一時期、店頭に置いたさきから飛ぶように売れる状態にあった。たとえ売れ残った場合でも、ほとんどはバッタ屋に投げ売りされたため、いつどのような雑誌が出ていたのかを把握することが難しい。「最盛期には一誌で二十万ぐらいの発行部数をもついわゆるカストリ雑誌が月に二百万冊は出て種類も三十種以上におよんだ」（『朝日新聞』1949年5月28日）といった新聞記事があることから、いくつかの主要な雑誌が全体の売り上げを押し上げていたのだろうという推測が成り立つ一方、カストリ雑誌のタイトル数は「一〇〇〇種類を超える」（山岡明「「証言」の宝庫＝カストリ雑誌」、猪野健治編『東京闇市興亡史』草風社、1978年8月）といった記述もあり、全容はなかなか見えて

こない。

　カストリ雑誌の全体像を明らかにすることが困難であるもうひとつの理由は、現物が図書館等の資料機関に保存されておらず、網羅的な調査が難しかったことに拠る。戦後混乱期にあって、統制外のセンカ紙等で印刷され定期刊行物としての体裁を整えていないばかりか、通常の販売ルートを経由させずにヤミ市や露店において、まとめて売り捌かれることが多かったカストリ雑誌を収集の対象とする図書館はどこにもなかった。また、女性の裸体画を表紙や挿絵に散りばめ、読者を煽情的な気分にさせるところに販売戦略を求めていたカストリ雑誌は、成人男性がこっそり隠れるように読むべきものであり、一般的な家庭生活者が保存しておくにはかなりの心理的抵抗があったと思われる。実際、当時の証言を読むと一冊のカストリ雑誌をボロボロになるまで回覧し、最後は焼却処分してしまうような読み方が一般的だったことがわかる。

　そのため、これまでのカストリ雑誌研究は、同時代に編集や販売に携わっていた業界関係者や出版文化に造詣の深い蒐集家でなければそれに言及すること自体が難しかった。1970年代に入って山本明のような社会学からのアプローチもなされるようになるが、研究の条件を整えるためには古書店などを通じてカストリ雑誌を大量購入することが必須だった。つまり、カストリ雑誌は特定の研究者や好事家がコレクションとして蒐集したものを対象とするしか方法がなく、雑誌本体を所蔵していない人間には先行研究の言説が正しいかどうか、その根拠がどこにあるのかといった検証を行うことができなかったのである。

　実際、これまでの先行研究の多くはカストリ雑誌が流行した時代の当事者や自ら雑誌を積極的に収集した研究者であり、そのサンプル数はたかが知れている。管見に入った限りでいえば、斎藤夜居「350冊」（『『カストリ考』説明」、私家版『カストリ考』附録より）、山本明「千数百冊」（『カストリ雑誌研究』より）、福島鑄郎「約1500冊」（福島鑄郎のカストリ雑誌コレクションに関しては早稲田大学図書館が作成したデータベースから算出した。同データベースで占領期雑誌を数えると2077冊となったが、そのうち本書が規定した広義のカストリ雑誌に含まれないB6判雑誌などを除外して約1500冊とした）といった程度である。

　こうした袋小路に風穴を開けたのがプランゲ文庫資料の公開である。「国立国会図書館デジタル化資料」としてプランゲ文庫所蔵資料を閲覧できるようになったことで、カストリ雑誌研究はこれまでのようなコレクターによる研究という領域を脱し、所定の手続きさえ取れば誰もが占領期雑誌にアクセスできるようになった。同資料にはGHQによる検閲の痕跡も添付されているため、雑誌研究のみならずGHQによる占領政策のあり方そのものを問い直す契機ともなった。全国の資料保存機関が所蔵するコレクションと併せて研究を進めれば、恐らく第2期（1947年8月〜1949年5月）

に出版された広義のカストリ雑誌の全体像を明らかにすることも不可能ではない。

　そこで、本書では、将来的にプランゲ文庫資料の網羅的な調査を行うための基礎として、同時代の出版関連資料に注目し、業界内においてカストリ雑誌がどのように認識されていたのかを検討することにした。

　ここで格好の資料となるのが日本出版協会・草野悟一編『1951年版 出版社・執筆者一覧 附雑誌名並に発行所総覧』（日本出版協会事業部、1951年4月、のち大久保久雄・福島鋳郎監修『戦後初期の出版社と文化人一覧 第4巻』金沢文圃閣、2005年12月として復刻）の「附録1 雑誌名及同発行所総覧」が定めている雑誌ジャンルである。日本出版協会企画調査課の資料と用紙割当局の割当台帳をもとに作成されたこの一覧では、雑誌ジャンルを綜合、時局、青年、婦人、児童、大衆、文芸（学術誌、一般誌、短歌、俳句、詩、川柳）、芸能、厚生、地方、美術、労働、国家社会、外国事情、政治思想、経済、法律、哲学、宗教、歴史・地理、語学、科学一般、工学工業、医学、理学、農業、特殊に区分けしており、本書が対象とする雑誌は「時局」と「大衆」にまたがるかたちで配置されていることがわかる。

　同総覧は雑誌の判型も明記しているため、それらのリストから大手新聞社・出版社が出している雑誌、総合雑誌、文芸雑誌、専門雑誌以外のB5判雑誌を抽出すると、『漫画』『雄鶏通信』『旋風』『真相』『真相特集版』『政界ジープ』『世界画法』（「時局」B5判）、『ホープ』『ひかりの窓』『平凡』『ジープ』『クラブ』『時代読切傑作選』『モダンロマンス』『モダン日本』『モダン生活』『日本ユーモア』『ナンバーワン』『にっぽん』『ロマンス』『ラッキー』『りべらる』『青春ロマンス』『小説ファン』『小説の泉』『青春タイムス』『実話と小説』『トルーストーリー』『太陽』『読切小説集』『読物フレッシュ』『読切ロマンス』『蜘蛛』（「大衆」B5判）となる。分類の根拠となっている『1951年版 出版社・執筆者一覧 附雑誌名並に発行所総覧』（前出）は、1950年段階での雑誌名と発行所をまとめたものなので、それ以前に廃刊になっている雑誌の記録は反映されていないが、少なくとも1950年という過渡期（山本明の分類による第二期から終末期へと移行する時期）であることを考えると、それを尊重する価値は充分にある。同時代における大衆娯楽雑誌は「大衆」と「時局」に分かれており、それぞれの間には明確な線引きがなされていたのである。

　したがって、広義のカストリ雑誌を定義するためには、「大衆」と「時局」というジャンルの違いを意識し、「時局」に含まれている雑誌をどのように考えるかが課題になる。また、「附録1 雑誌名及同発行所総覧」が「大衆」に含めている雑誌には戦前・戦中からの継続誌、大衆文学雑誌なども含まれているため、そのあたりの取捨選択も必要になる。『漫画』『雄鶏通信』『旋風』『真相』『真相特集版』『政界ジープ』『世界画報』『日本週報』『新時代』などは本来のカストリ雑誌と一線を画すものとして扱う必要が

ある。

　さらにもうひとつ、カストリ雑誌の粗悪さを典型的に物語っているのは、ほとんどの雑誌が64頁以内であり、印刷用紙を二つ折りにしてノドの部分をホッチキスで止めただけの簡素な体裁（背表紙がない体裁）になっていることである。これは、1947年4月17日に新聞及出版用紙割当委員会出版部会が出版界の混乱を整理統制することを目的として、雑誌の頁数をA5判64頁、B5判32頁から48頁以内と定め、文化的価値判断に基づく厳選主義で用紙割当を決定したことと関連していると思われる。すでに述べたように、カストリ雑誌の多くは統制外のザラ紙やセンカ紙に印刷されていたが、一般に流通する雑誌がB5判32頁から48頁以内と定められた以上、その原則を逸脱した雑誌を発行して当局から睨まれることは避けたかったのだろう。以上を踏まえて、広義のカストリ雑誌を次のように規定する。

（1）B5判32〜48頁以内で背表紙のない雑誌である
（2）戦前・戦中からの継続誌ではない
（3）「りべらる」（1946年1月）以降に創刊された大衆娯楽雑誌である
（4）編集作業が行われており、著名な作家の作品や多彩な記事が掲載されている
（5）単発の発行ではなく一定期間にわたって継続された大衆娯楽雑誌である

4

『戦後出版文化史のなかのカストリ雑誌』編集の経緯と今後の展望

　次に、本書立案の経緯と今後のカストリ雑誌研究の展望をまとめておく。繰り返し述べてきたように、カストリ雑誌はほとんどが粗悪な再生紙に印刷されているため、多くの現物はすでに劣化が進んでおり保存が難しくなっている。国内で大規模なカストリ雑誌コレクションを所有している資料保存機関をみても、資料の未整理、または破損しやすい資料であることを理由に非公開となっているものが多い。

　こうした現状を鑑みて明らかなのは、カストリ雑誌研究には時間的猶予がないということである。戦後占領期の出版業界復興に大きな役割を果たし、高度経済成長期における大衆娯楽雑誌の土台をつくったカストリ雑誌だが、早急に網羅的な調査を行って資料をデジタル化しなければその全貌は永久に捉えることができなくなってしまうだろうという事実である。

　そこで、まずは国内でカストリ雑誌コレクションをもっている研究機関との交渉を開始し、プランゲ文庫資料、大宅壮一文庫、早稲田大学図書館福島鑄郎文庫、同志社大学図書館山本明文庫、大阪芸術大学図書館コレクション（科学研究費採択研究「終

戦直後の〈カストリ〉雑誌の総合的研究」で購入した雑誌コレクション）の撮影を行った。編集委員会メンバーの協力を得て学習院女子大学図書館の高橋新太郎文庫の調査を行うとともに、国立国会図書館、日本近代文学館、神奈川近代文学館、大宅壮一文庫などの所蔵リストを調査し、データベースへの入力作業を進めた。北海道立図書館栗田文庫、九州大学附属図書館桧垣文庫、福岡県立博物館の雑誌創刊号コレクション、東京都立多摩図書館雑誌創刊号コレクション、立教大学江戸川乱歩記念大衆文化研究センターが管理する旧江戸川乱歩蔵書、法政大学多摩図書館の雑誌創刊号コレクション、あきた文学資料館、熊本県立図書館山崎文庫などを調査した。全国の古書店から可能な限りの雑誌を購入し、編集委員が個別に所有するものと併せてデータ化した。

　さらに、遊郭専門出版社「カストリ出版」を経営する傍ら戦後の売春史や性風俗を研究する渡辺豪氏の協力を得て、同社が所有するカストリ雑誌ついても目次データを提供してもらえることになった。同氏はすでに『戦後のあだ花 カストリ雑誌』（株式会社三才ブックス、2019 年 9 月）上梓しているが、本書がその成果を反映できたのはまさに僥倖であったと考えている [9]。

　こうして、雑誌の現物を見ることができるところは直接出向いて撮影を行い、それが叶わない場合は目録等から対象タイトルを抽出するという方法で作業を進めた。調査を進めていくなかで、カストリ雑誌のなかには数年間に亘って継続的に発行されたものとごく短い期間しか発行されていなかったものがあり、両者は雑誌としての性格がかなり異なっていることがわかった。そこで本書では、前者に属すると考えられる30 誌、『赤と黒』『アベック』『ヴィナス』『うきよ』『OK』（『オーケー』）『オール小説』『オール猟奇』『奇抜雑誌』『狂艶』『共楽』『サロン』『小説世界』『新文庫』『青春タイムス』『性文化』『千一夜』『探訪読物』『にっぽん』『ネオリベラル』『犯罪実話』『ベーゼ』『ホープ』『妖奇』『読物時事』『ラッキー』『らぶりい』『リーベ』『りべらる』『猟奇』『ロマンス』（以上、五十音順）に焦点をあてることにした。これら主要30 誌を除くタイトルについては、カタログ頁に表紙画像、雑誌タイトル、号数、発行年月日、奥付情報（発行人、編集人、表紙、印刷所、印刷所所在地、発行所、発行所所在地など）、頁数、定価、目次情報 [10]、備考を入れることにした。

　さらに、雑誌によっては特に紹介しておきたい特徴があるため、特記事項を設けて、創刊の経緯、雑誌の性格と傾向、特徴のある誌面、記事、作品、休刊・廃刊の経緯または後継誌の情報、所蔵情報、研究史、GHQ による検閲なども記入できるようにした。また、それぞれの編集委員が調査や入力作業の過程で関心をもったテーマについてはコラムとして執筆してもらい、書誌としての性格だけでなく読物としても愉しめるものにした。目次情報については人名索引を作成し人名から雑誌タイトルを辿れるようにした。

本書の編纂によってカストリ雑誌はようやくその全体の輪郭を把握できるようになった。カストリ雑誌の種類、発行履歴、書誌情報が集約され、各資料保存機関の雑誌所有情報も一元化された。プランゲ文庫資料のようにマイクロ資料が入手できるものを除くと雑誌の内容を精しく閲覧するのは依然困難だが、今後、各資料保存機関がデジタル化を進めて情報共有を図っていくためのおおまかな枠組みはできあがったと考えている。これまでの研究においては、カストリ雑誌をめぐる諸問題をタイトル別に論じたり、出版文化の観点からカストリ雑誌が果たした役割を概説的に述べたりするしか術がなかったが、今後は記事の内容に即してもより精密な研究や議論が可能となるはずである。

　また、本書の記載情報については、将来的に検索可能なシステムへと移行させ、常に情報を更新していけるオンライン・データベースとして活用していく必要がある。質の悪いセンカ紙に印刷されたカストリ雑誌は破損や劣化が著しい。閲覧に供しながら保存していくことは極めて難しい。研究が停滞している主な原因はまさにその点にある。カストリ雑誌は戦後占領期という時代を映し出す鑑であり戦後出版文化の起点でもあるが、そこには大きな空白が存在しているのである。本書が呼び水となって各資料保存機関の連携が促進され、画像データを含むデジタル資料を自由に閲覧できる環境が整えば、常に情報を更新することが可能となり、これらの課題は解決されるはずである。

　本書の項目設定で特に重視したのは奥付情報と目次情報の人名である。カストリ雑誌に掲載されている読物や記事はその多くがエログロや娯楽に属した読物であるかのように誤解されている。だが、実際のカストリ雑誌をつぶさに読んでいくと、荒廃した社会を裏面から照射し、政治や権力のいかがわしさを愚弄してみせる反逆的な記事もある。当然、編集人や発行人はそれぞれの目的や理念をもって雑誌を作っている。読物や記事の執筆者も同様である。なかには戦後の混乱期に金儲けのために出版事業を始めたヤマ師も数多くいるし、その実態をつかむことは難しいだろうが、少なくとも編集人・発行人に関する詳細な情報を集めることでカストリ雑誌ブームを主導した人々の顔が見えてくることを期待したい。

　次に注目したのは発行所および発行所所在地である。敗戦後の日本は、戦時中の度重なる空襲によって壊滅的な被害を受けた首都圏に替わって地方の印刷所がフル稼働する。手許にあるカストリ雑誌を見ても、東京や大阪以外に静岡、愛知、岐阜、京都、兵庫など、大規模な製紙工場を抱える地域の近隣で刷られたものが多く、そこで蓄えられた資本と技術がのちの地方出版に活かされていることがわかる。本書はそうした観点からも正確なデータを導き出す役割を果たすはずである。

　カストリ雑誌の魅力のひとつは表紙や挿絵における図像デザインの斬新さにある。

戦時中に禁欲的な生活を強いられていた人々にとって、鮮やかな原色で描かれた女体の色気は何ものにも替えがたい刺激だったと思われる。したがって、本書では各雑誌の表紙をカラー図版で挿入しビジュアル的にも愉しめるものにした。挿絵や装幀なども含めてカストリ雑誌に関するデザイン研究は今後に多くの可能性を残している。

　以上の点をふまえて、最後にカストリ雑誌研究の課題と展望を述べたい。これまでのカストリ雑誌研究は、カストリ雑誌出版に携わった当事者や同時代のメディア関係者の回顧談、好事家やコレクターによる紹介、占領期文化に関する社会学的アプローチが中心であった。それぞれに有意義な価値をもっており、そこから得られる情報は膨大なものがある。特に、現在主流になっている占領期文化に関する社会学的アプローチに関しては、雑誌の内容を分析するというより記事の特徴やシンボル的なキーワードを抽出してそこから読者の欲望の地平を探りあてる手法が取られている。もちろん、そうした巨視的な傾向分析には重要な意味がある。GHQ／SCAPによる厳格な検閲がなされていた占領期前半の世相や風俗については不透明な点も多いが、大量のカストリ雑誌を横断的に見ていくことでその実態が見えてくることは確かである。今後、カストリ雑誌研究の領域における議論が活発になり、最終的には雑誌の全頁を画像で読むことができるオンラインデータベースへと進化させることが現段階での目標となる。

　次に、今後の戦後出版史研究における本書の役割について記しておく。

　第一は、研究者によって全体のタイトル数がまちまちで、その全貌が見えていなかったカストリ雑誌というジャンルに関して、狭義／広義それぞれの概念規定を明確にし、総攬と呼ぶにふさわしい文献をはじめて編纂したことである。もちろん、本書から漏れている雑誌タイトルは少なからずあるだろうし、新たな研究が進むことで本書の記述にも修正が加えられるだろうが、カストリ雑誌とその周辺に関する研究をはじめようとする際、最初に手に取って議論の土台とすべき文献が出来あがったことには大きな意味があると考えている。また、本書は雑誌の表紙をカラー図版として紹介するとともに、各号の目次情報を丁寧に拾っており、これまでの関連書とはまったく異なる観点から戦後出版文化史の空白を埋めているといえるだろう。

　第二は、カストリ雑誌に発表された文学作品を読み直し、占領期文学の新たな可能性を探ることである。これまでの占領期文学研究においては、戦後派、無頼派、肉体派などと称される一部の流行作家に焦点があてられ、彼らの文学を通して時代の世相を紹介するような語り口が常套となっているが、同時代のカストリ雑誌を閲覧すると、のちに名を成すことになる著名作家が数多く作品を発表しており、単行本や全集に未収録の作品も少なくない。いわゆる大衆小説、中間小説の領域でも数々の示唆的な作品が掲載されており、そのほとんどはこれまでテキスト・クリティークの対象とされ

ていない。つまり、カストリ雑誌は占領期文学に関する新資料の宝庫であり、それぞれの作品を読解することによって社会学的なキーワード分析では見えてこない同時代人の認識や感情を明らかにすることが可能となるのである。

　第三は、1950年代からはじまる週刊誌文化の出発点がカストリ雑誌にあるということである。当時、『週刊朝日』、『サンデー毎日』はすでに戦前からの継続誌として親しまれていたし、読売新聞社も戦時中の『月刊読売』を『旬刊読売』『週刊読売』へと進化させるなどしていたが、これらの新聞社系週刊誌がニュースや社会問題に関する報道、論説を中心にしていたのに対して、1950年代に登場する出版社系週刊誌は、一方でニュースや社会問題をとりあげつつ、同時に趣味、教養、ゴシップなどの記事を盛り込み、読者の関心を惹くようなスクープにこだわった。それはかつてカストリ雑誌が試みた手法そのものであり、そこからは週刊誌というジャンルの生成過程が鮮やかに見えてくるのである。

　第四は、本書の基本情報をもとに個々のカストリ雑誌が復刻出版されたり、デジタル保存されるようになったりすることへの期待である。カストリ雑誌のなかにはこれまで一部の研究者にしか知られていなかった全集・単行本未収録作品が数多く掲載されている。論説や特集記事に関しても興味深いものが多数ある。カストリ雑誌はいかにも短命というイメージがあるかもしれないが、実際には占領期にわたって長く継続されたタイトルも少なくない。これらをタイトルごとに復刻、あるいはデジタル保存することにより占領期の大衆文化研究は飛躍的に進むはずである。

　第五は、表紙、挿絵などのビジュアル的な側面に関する研究である。カストリ雑誌の多くは内容よりも表紙画の毒々しさで読者の妄想をかき立てようとするものが多かった。ライターによる同系統のエロ・グロ・ナンセンス読物が主流を占めるカストリ雑誌の場合、読者が雑誌の内容でその面白さを判断することは難しく、タイトルや表紙画で人気を競うしか術がなかったのだろうが、結果的にそれがビジュアル面での発達を促し、表紙画をより官能的なものにするための技法を磨いたことは事実である。大阪芸術大学の山縣熙らによる共同研究「終戦直後の〈カストリ〉雑誌の総合的研究」（科学研究費、2006年）がすでに指摘しているように、そこで培われた技法を研究することは、戦後日本のポスターや広告表現発展史を考えるうえで有益である。

　最後に、本書の執筆を分担してくださった方々、コラムをご寄稿くださった方々（いずれも敬称は省略）を紹介する。また、本書を契機とするカストリ雑誌研究に関しては、今後、より多くの雑誌タイトルに関する主要記事の目録を収録した『カストリ雑誌総攬』（仮称）を企画しており、『カストリ雑誌総攬』編集委員会のメンバーによる作業が継続されているため、同編集委員会のメンバーと編集協力者についても紹介さ

せていただく。

【「カストリ雑誌」主要30誌　解説　執筆者】
石川偉子、石川巧、大原祐治、尾崎名津子、牧義之、光石亜由美（五十音順）

【研究エッセイ　執筆者】
大尾侑子、吉田則昭、牧義之、前島志保、片岡美有季、川崎賢子、河原梓水、鈴木貴宇、光石亜由美、山岸郁子、尾崎名津子、宗像和重、渡部裕太、渡辺豪（掲載順）

【『カストリ雑誌総攬』（仮称）編集委員会メンバー】
石川偉子、石川巧、大原祐治、大尾侑子、尾崎名津子、川崎賢子、河原梓水、片岡美有季、木田隆文、鈴木貴宇、高橋孝次、立尾真士、西川貴子、牧義之、前島志保、光石亜由美、宗像和重、山岸郁子、吉田則昭、渡部裕太

【『カストリ雑誌総攬』（仮称）協力者】
天野知幸、原卓史

【注】
1)　1948年2月には新聞及出版用紙割当委員会出版部会が「低俗出版物を抑止するために、不良出版物には用紙の割当てを行わない」という声明を出したため、大衆娯楽雑誌を手がける新興出版社は、それまでのザラ紙から統制の枠外で自由に買うことができたセンカ紙に切り替えざるを得なくなる。静岡の製紙業者が砕木パルプや古紙を原料として製造・販売をはじめたこのセンカ紙は、量・価格とも統制品種から除外されていたため、印刷用紙のヤミ売買でひと儲けしようとする業者が群がりセンカ紙の量産を促すのである。1949年に入ると、婦人雑誌、児童雑誌、大衆雑誌の早売り競争が激化する。事態を重くみた出版販売連合協議会は、自粛を決議するとともに雑誌発売日調整委員会を設置して発売日調整を行う。だが、1950年6月に始まる朝鮮戦争の特需も重なり、センカ紙の生産量はその後も増え続ける。出版用紙割当事務局の調査によれば、当時の用紙流通量は正規の割当量に対して雑誌が約三倍、書籍が約二倍だったという。さらに、この頃には用紙統制撤廃の機運が高まり、和紙のすべてと洋紙の一部に関して配給統制が撤廃されていたものの、用紙の生産が需要に追いつかない状況に変わりはなく、大手の新聞社、出版社もそれを使用せざるを得なくなる。『十條製紙社史』（非売品、十條製紙株式会社、1974年3月）が、「戦後の紙不足は、中小製紙会社の台頭をうながすところとなり、GPと故紙を原料として円網機で抄いた「せんか紙」は統制外であったところから、争ってこれが生産された」、「新興出版社はこれを更紙の公定価格の数倍の価格で購入し、いわゆるカストリ雑誌にも使用された」と記すように、外地の製紙工場を失い他国からの輸入もごく一部しか許されていなかった占領期の日本にあっては、非統制のセンカ紙こそ頼みの綱だったのである。1951年5月の新聞用紙統制撤廃によってセンカ紙の需要は減少に転じるが、この粗悪な用紙が占領期の日本における印刷・出版を支えたことは間違いない。財団法人日本経営史研究所編集・制作『製糸業の100年』（王子製紙株式会社、1973年6月）は、センカ紙について、「泉貨紙による出版物が、すべて非良心的なものであったわけではない。（中略）印刷された内容はさまざまであったにせよ泉貨紙は、とにかくその独特の手ざわりで戦後わが国の出版文化史を風靡したのであった。参考までに、泉貨紙について少し説明を加えておくと、

そもそも泉貨紙とは、その昔、僧泉貨が創案して抄紙したことから泉貨紙とよばれ、いつの頃からか仙花紙とも書かれるようになった和紙のことで、楮を原料とした手漉きの厚手紙のことである。しかし、戦後のいわゆる泉貨紙（仙花紙）は、それとまったく異なった粗悪な機械漉き和紙の一種で、原料の配合割合によって次の三種があった。（中略）すなわち、戦後大量に生産消費された泉貨紙は、そのほとんどが砕木パルプや反古紙を原料とする印刷用紙であった。いわば戦後の紙不足と統制制度の谷間に咲いた文化のアダ花ともいうべきもので、しかしその役割は、またそれなりに大きなものがあった。それだけに、泉貨紙すなわち下級紙、非良質紙というイメージができてしまったわけであるが、本来の泉貨紙、つまり上質厚手の手漉き和紙としての泉貨紙は、むしろ洋紙の高級品に匹敵する品質を備えていたのである」とある。また、一般にセンカ紙ブームというが実際には、山岡明が「「証言」の宝庫＝カストリ雑誌」（前出）のなかで、「敗戦直後の出版というと、すぐセンカ紙と結ばれがちだが、それは正しくない。センカ紙が新聞をペラ一枚、二頁でしか発行できない用紙事情の出版界にピンチ・ヒッターとして登場したのは、敗戦からまる二年もすぎた昭和二十二年（一九四七）年の後半からだった。センカ紙文化とまでいわれるようになるのは、それからである。それまでは、ふつうのザラ紙が使用されていた。しかし印刷用紙としてのザラ紙が十分にあったわけではない」と指摘するように、ザラ紙（60％以上の機械パルプと化学パルプで抄造した下級紙）も混じっていたようである。なお、センカ紙の表記は「仙貨紙」、「泉貨紙」、「せんか紙」など様々である。高級和紙の「仙花紙」とはまったく別物だが、こちらの高級和紙を「泉貨紙」と表記する場合もあり、漢字表記では混同されてしまう恐れがあるため、本書では基本的に「センカ紙」の表記を採用している。

2)　GHQは日本政府に対して「言論および新聞の自由に関する覚書」（1945年9月10日）を発出し、新聞、雑誌、ラジオの事前検閲を始める。9月29日からは、新聞及び言論の自由への追加措置に関する覚書が通達され、新聞・出版その他、言論の制限に関する法令が全廃される。「出版業者、著述家への強制的組織の存続は許さない」という指示が出され、同年10月6日には戦時中の出版事業令及び同施行規則がすべて廃止される。こうして、多くの製紙工場が閉鎖され印刷業者も罹災しているなか、自由企業となった出版・取次業だけが雨後の筍のように創業・復活することになる。したがって、戦後の出版ブームはカストリ雑誌の誕生以前からはじまっており、カストリ雑誌そのものが出版ブームを煽ったわけではない。たとえば、『月刊西日本』（1946年6月1日）「編集後記」はその様子を、「◇言論も出版も不当な抑圧束縛から解放されて新鮮自由なものと一変しつゝあるが毎日の新聞紙上は文字通り雨後の筍の如く『発刊広告』『近刊予告』等の広告が氾濫してゐる。だが此の簇生出版物のうち本当に知識の飢を満してくれるものがどれだけあるだらう◇治安風俗図画が解禁されたといふので一方ではまた淫猥頽廃的なものまでが堰を切つて氾濫する傾向である。これは文学的科学的に価値あるものまでが軍閥政治により焚書されてゐたのを救ふのがその趣旨である筈で不道徳淫猥な出版を奨励するものではない。道義の頽廃に拍車をかけぬよう出版同業者の自戒を望む。◇最近本誌主幹と詐称する者が各地に徘徊してゐるが講読予約等は本社へ直接申込まれたい」と記しているように、カストリ雑誌がブームになる以前から「淫猥頽廃的」な出版物は数多く出回っていたようである。ちなみに、当時の統計をみると、1946年の年間発行書籍総点数3,466、年末雑誌総数2,904という数字が、1947年には年間書籍発行総点数14,664、年末雑誌総数7,249に、1948年には年間書籍発行総点数26,063（年間出版部数約5,500万冊）、年末雑誌総数6,778（年間出版部数約1億5,000万冊）へと拡大していく（荘司徳太郎・清水文吉編著『資料年表 日配時代史──現代出版流通の原点』（出版ニュース社、1980年10月）。敗戦直後300社しか残っていなかった出版社は、わずか3年で4,581社を数えるまでになっている。

3)　メリーランド大学教授という肩書きのまま GHQ 参謀第II部の文官修史官（歴史専門官）となり、戦史編纂作業にあたっていたゴードン・W・プランゲ（Gordon William Prange 1910-1980）は、GHQ による検閲が終了に近づいたとき、検閲のために集められた膨大な資料の収蔵を希望し、当時、GII部長だったウイロビー少将らを説得した。その結果、1950年から翌年にかけて約500箱の木箱に詰められた資料が太平洋を渡り、メリーランド大学カレッジパーク校マッケルディン図書館に収蔵されることになった。その量は新聞16,500タイトル、雑誌13,000タイトル、図書お

よびパンフレット82,000冊、ポスター90枚、地図40枚、通信70頁に達した。だが、当初はその価値が認められず、検閲資料は段ボール箱に入ったまま書庫に眠っていた。その後、1962年から本格的な整理が始まり、1978年に「ゴードン・W・プランゲ文庫 1945―1952年 日本における連合国の占領」が正式に誕生する。現在、プランゲ文庫はデジタル化が進んでおり、日本国内でも国立国会図書館の施設内で閲覧することができる。同館 HP によれば、コレクションは「雑誌約13,800タイトル、新聞・通信約18,000タイトル、図書約73,000冊、通信社写真10,000枚、地図・通信640枚、ポスター90枚」に増加しており、「約60万ページの検閲文書」も閲覧できる。また、山本武利を理事長とする NPO 法人インテリジェンス研究所は「20世紀メディア情報データベース」を立ち上げ、有料サイトでプランゲ文庫資料の目次データベースを公開している。

4)　江藤淳は自らがアメリカ国立公文書館分室で調査した内容を『閉ざされた言語空間』にまとめている。同書によれば、GHQ は「削除と発行停止のカテゴリーに関する解説」を作成し、検閲対象となるカテゴリーを30項目にわたって詳細に規定していた。そのなかには「SCAP（連合国最高司令官もしくは総司令部）に対する批判」や「軍国主義の宣伝」はもちろんのこと、「占領軍兵士と日本女性との交渉」、「闇市の状況」、「暴力と不穏の行動の煽動」などの項目があり、戦後日本社会の混乱状況を赤裸々に描くことさえ許されていなかったことがわかる。ただし、性描写に関する規定は設けられておらず、カストリ雑誌を取り締まる際は、日本の警視庁を通して旧刑法一七五条（わいせつ物頒布等）を適用させたり、統制外の用紙を調達したことに対する「物価統制令違反」で摘発したりすることが多かったようである。また、加藤幸雄「『猟奇』刊行の思い出1～6」（前出）にも記されているように、わざわざ全頁英文訳の提出を求めて検閲にパスできない状況を作ったり、検閲用に提出させたゲラの返却を遅らせたりすることで圧力をかけることもあったようである。

5)　1945年9月10日、GHQ は覚書を発し、「日本の軍国主義的国家主義の根絶」と「自由主義的傾向の奨励」のために占領下にある日本の「言論及新聞の自由」に関し、「最小限の制限」を加えることを布告する。この布告にもとづき1945年9月19日にプレスコード（日本に与うる新聞遵則）が発せられ、民間通信（郵便、無電、ラジオ、電信電話、旅行者携帯文書、及びその他一切）、新聞、雑誌、単行本などのあらゆる出版物、放送、通信社経由のニュース、音楽、映画、演劇などあらゆるメディア、表現を統制した。検閲に関しては CCD（民間検閲局）がそれを担い、1948年7月までは事前検閲が実施された。その後、徐々に事後検閲に移行したのち CCD は1949年10月に廃止された。

6)　私家版として発行された斎藤夜居の著書二冊については、大尾侑子編『カストリ雑誌考 完全版』（金沢文圃閣 文圃文献類従63、2018年9月）として解題を付した復刻版が上梓されている。

7)　「夫婦生活」は1937年4月に菊池寛の文藝春秋社が創刊した『話』（1944年3月号で休刊し、1945年10月に復刊。しかし、1946年3月に文藝春秋社が解散宣言をしたため再び休刊状態となり、同誌に関心をもっていた鱒書房社長・増永善吉が発行権を譲り受けるかたちで復刊）の改題誌である。1949年6月に新たなタイトルに解題した増永善吉は、アメリカの雑誌『セクソロジー』をはじめとする科学雑誌にヒントを得て雑誌サイズを B6 判に縮小して販売し、創刊号は数日で7万部を売り切ったうえ2万部の増刷をかけるほどの大成功を収めた。

8)　「雄鶏通信」創刊号は B5 判16頁、60銭で発行された。目次を見ると、清水幾太郎「生活の方法としてのデモクラシー」、上野陽一「アメリカ的能率について」、板垣直子「新文学の動向」、林髞「スピード感覚と生理」、樺俊雄「西田と三木」、ヘミングウエイ「作家と戦争」、内山敏「小国への視野」、木村毅「官学と官僚」、西川正身「英語と米語」、短波でとつた科学放送、双葉十三郎「映画界の動向」、雄鶏通信（世界ニュース）、文化の周囲、菊（季節の窓）などが並んでおり、編集の春山行夫も「終戦直後の日本はたしかに暗澹としてゐるが、それは戦争中の前途が気味悪いまでに不安で、暗澹としてゐたのとは根本的に違つてゐる。大転換をとげつつある日本の前途は国民の思想や生活をどれだけ明るくするか知れない。ジャーナリズムの任務も、古い、非文明的な、暗いものを失くしようといつた気持だけではなく、明るい日本を再建する積極的な、力のある、大きな努力でありたい」と宣言している。こうした記事内容からみても、「雄鶏通信」は本稿

が扱う広義のカストリ雑誌と一線を画しているといえるだろう。ただし、同誌も含めて、のちのちカストリ雑誌ブームの影響を受けて内容が軟派系に傾いていった事実がないわけではないので、この点は正しく認識しておく必要がある。

9) 渡辺豪のカストリ雑誌は、もともと新潟県十日町市在住の西潟浩平が収集したコレクション（西潟浩平『カストリ雑誌 創刊号コレクション』カストリ出版、2018年4月として刊行されている）を買い取ったものだが、渡辺はそれをもとに緻密な分析を試み、『戦後のあだ花 カストリ雑誌』（前出）には「カストリ雑誌小研究」（「統計でみるカストリ雑誌」、「戦後初の発禁処分『猟奇』2号」、「収録カストリ雑誌 書誌情報一覧」、「目次コレクション」）を収録している。

10) 主要な資料保存機関で実物を確認したカストリ雑誌に関しては、それぞれ表紙、目次、奥付、裏表紙をワンセットとして撮影を行ったため、記事の内容については目次情報をもとに記載するしかなかった。カストリ雑誌の場合、目次と本文でタイトルが違っていたり目次に省略されている記事があったりするため、不備が生じる可能性もあるが、各タイトルを全頁撮影するのは極めて困難なため、現段階では目次情報で統一するしかないと考えた。

第1部

「カストリ雑誌」
主要30誌 解説

はじめに

　ここでは、膨大なカストリ雑誌のなかから主要30誌を紹介する。30誌を抽出するにあたっては、①『りべらる』『猟奇』『赤と黒』など、カストリ雑誌を語る言説のなかで象徴的な役割を果たしてきたタイトル、②短命で終わるものが多いなか、比較的長期間に互って刊行を続け、読者からの信頼を得ていたと考えられるタイトル、③戦後占領期の世相を的確に反映し内容的に優れた記事が多いタイトル、④探偵小説雑誌、犯罪実話雑誌、性風俗雑誌など、カストリ雑誌の多様性を如実に示していると考えられるタイトル、⑤しっかりした編集体制が取られ、著名作家の作品が掲載されているタイトル、⑥本来はカストリ雑誌に含めてよいか判断が分かれるところだが、「広義のカストリ雑誌」に含むことができると考えられるタイトル、以上の基準を設けた。

　ただし、ここに掲げた主要30誌でさえ全号が揃っているわけではないし終刊が不明となっているものもある。したがって、この「解説」は現段階において把握できている記事内容を可能な限り詳細に報告するものであり総攬とはなっていない。

　一般に、カストリ雑誌はエロ・グロ・ナンセンスを基調とする低俗な娯楽雑誌と見做されがちだが、個々の記事や作品のなかには同時代の世相や人々の生態を鋭く抉り取ったものが数多くある。多くの既存出版社が検閲を恐れて萎縮するなか、新興出版社だからこそ斬新なアイディアを打ち出すことができたのも事実である。また、カストリ雑誌には読者を煽情的な気分にするためのさまざまな仕掛けや工夫がなされているが、そのあざとさもまた戦後占領期という時代の特性を的確に映し出しているといえる。その意味において、この「解説」は、カストリ雑誌というジャンルの多様性と奥行きの深さを理解するためのインデックス（索引）として機能するはずである。

　　　　　　　　　　　　　　　　　　　　　　　　　　　　　　　　［石川 巧］

赤と黒

『赤と黒』は 1946（昭和21）年 9 月、東京のリファイン社（中央区槇町 1-5）から創刊された（定価30円、48頁）。創刊号は編集人・峯岸義一（1900 ～ 1985）による半人半獣像が表紙を飾る「肉体芸術特集」号であった（**図1**）。以後、同年12月までに 3 冊を刊行するが休刊し、1947（昭和22）年 6 月に「『赤と黒』改題」として『人間復興』（通 6 号（1948年 8 月）まで）が刊行されたのち、ふたたび『赤と黒』（1948年 7 月および 1950年 1 月）へ復刊するという変遷を経る。なお、終刊時期は不明である。

誌題『赤と黒』について、峯岸は「赤はつまり情火、その歓喜の焔」「黒は陰影である。人も物象も、なべては影の世界」であり、「赤は光で黒は影」との考えから付けたと述べ、画家を本業とする彼の志向がよくあらわれている（創刊号所収「TRASH」）。峯岸義一は 1930年代に古賀春江、東郷青児らとともに超現実主義の代表的存在として活躍した人物で、空襲によりアトリエを焼失してからは画業と並行して文筆をとり、随筆集『千零夜』（粋古堂、1952年）を皮切りにポルノエッセイ『お好み青色申告』（美和書院、1956年）、小説『丁半』（朱雀社、1958年）などを刊行した。また峯岸は、『赤と黒』が休刊し復刊するまでにカストリ雑誌『VENUS』（耽美館→マロニエ社、1947年 5 ～ 12月）の編集にも関わり表紙や挿絵を担当している。

第一次『赤と黒』編集の中心には、峯岸とともに高橋鐵（1907 ～ 1971）がいた。高橋は、1949（昭和24）年にセックスを心理的・肉体的・技術的に分析した『あるす・あまとりあ』（あまとりあ社）を世におくる性科学研究の第一人者だが、彼の本格的な雑誌編集の嚆矢が『赤と黒』である。そして高橋の影響もあり、本誌の執筆陣は大槻憲二（精神分析学）、式場隆三郎（精神病理学）、林髞（別名：木々高太郎、生理学）など多くの専門家が寄稿し、それぞれの記事が「日本一贅沢な、日本一立派な文献的価値のあるものをつくつて行かう」とする方針のもとに編まれた。表紙や誌面のグラビアも資料性を重視したためいかにもカストリ雑誌といったものでなく（**図2**）、他誌との差別化が図られている。この点について、斎藤夜居

図1　創刊号（1946年9月）表紙

は『カストリ考』（此見亭書屋、1964年）にて、「知識人と称するグループは面白がったかも知れぬが」「娯楽雑誌や性啓蒙雑誌の生命は庶民が軽い財布をはたいても買いたいと思う——面白さ——に欠けると失敗する」と指摘している。

この第一次『赤と黒』で注目される記事として、大久保康雄によるヘンリー・ミラー「北回帰線」の翻訳がある。大久保は2号（1946年10月）に「ヘンリーミラア北回帰線」と題して翻訳の一部を寄稿したのち、3号（1946年12月）に「ヘンリ・ミラア「北回帰線」其二」として「赤い寝室」を発表した。以降、翻訳は掲載されていないが、1953（昭和28）年に新潮社より大久保康雄訳『北回帰線』は刊行され

図2　1巻3号（1946年12月）表紙

ている。また大久保は自作小説も寄稿しており、改題誌『人間復興』4号（1947年11月）から連載小説「黒い熱帯魚」（最終回不明）を、第一回復刊『赤と黒』に筆名「奥羽辺里」として「密通」を、第二回復刊『赤と黒』では大久保康雄として「ジャマイカの女豹」を発表している。「密告」末尾には「作者は、著名なる英文学者で数々の翻訳書も著されて居られますが此の度特に本誌の為初めて本格的に長編小説を書かれました」とある。裏表紙には「翻訳者として有名なO先生」とある。また「辺里」の名はミラーを連想させる。読む人には奥羽辺里が大久保であることは明白だが、内容によって自身を明かすか筆名を使用するかを判断しており、カストリ雑誌における書き手と編集部の戦略がみてとれる。

第一次『赤と黒』は3号を刊行後、印刷用紙のヤミ取引をしたとして警視庁の摘発を受けて休刊する。このことを『読売新聞』（1947年1月19日）は「〝赤と黒〟〝りべるる〟の二誌が物価統制令違反で同生活課の取調べをうけている」、『赤と黒』は「用紙約三百十　公価の二倍から四倍」で買い、「昨年九月から雑誌〝赤と黒〟を三回に四万五千部発行、約五万円の利益を得ていた、近く書類送局」と報じている。また『読売新聞』は翌月の2月6日、警視庁による池袋・渋谷に集まる若者の一斉取締の際、渋谷で「〝赤と黒〟をもつた女学生五名が学校をサボリ映画見物中を婦人警察官に発見され説諭された」とし、「〝赤と黒〟読む女学生　不良狩の網に百十七名」と大きく報じている。ここで問題となるのは多くの若者が学校に行かず歓楽街に出入りしていたことだが、それよりも女学生が『赤と黒』を所持していたことが注目されてお

図3 『人間復興』創刊号（1947年6月）
表紙

り、このことからも当時のカストリ雑誌に向ける一般の視線がどのようなものであったかを推し量ることができる。

こうして、次号予告「情愛祝福号」を掲載しながらも休刊した第一次『赤と黒』は、編集人を峯岸から高橋鐵へ交代し、『人間復興』へ引き継がれる（図3）。高橋は創刊号で「随分御心配をお掛けしましたが、「赤と黒」誌は「毎日新聞」でも誤報として訂正してくれたとほり「発禁」などくつた事実はありません」と断り、「自己反省した結果色彩的に刺激し易い文学的誌名をこの際改題して、新「人間主義」の学的根拠から、真の企画をハツキリ名乗ることにしました」と述べる。また、編集後記では「新しき指標たるべき精神分析の分野を基調と致しまして、あらゆる面の人間性を極めて行きたい」と考え、「息苦るしいまで真摯な態度で掘り下げ」るため、「読者諸賢の息を安める様な軽い読物・小説類は其の存在を許しませんでした」との編集方針を示し、『赤と黒』路線をさらに強化する姿勢を打ち出している。しかし、高橋は『人間復興』3号（1947年10月）において、「本誌を以て私は街の生活を切上げ、本来の書斎にこもつて学業に専念することと決した」として編集人を西村圭三に交代する。高橋は向学のためとするが、前号が発売禁止となつており無関係ではないように思われる。これ以後、3冊の『人間復興』が刊行されたが、「肩の凝らない読物満載」として「笑笑笑笑の解剖号」を組み（5号、1948年3月）、6号（1948年8月）では鹿島孝二のユーモア小説「より良き半分」や「スタアばかりの座談会」、この年に女優復帰した高杉早苗の特集など娯楽記事が増え、『人間復興』の色彩は変貌していく。

そのようななかで『赤と黒』は復刊する。復刊号として異なる2冊（1948年7月、1950年1月）がある。まず『人間復興』刊行中に出版された1948年7月刊行のものは、表紙と目次頁に「復刊第一号」、奥付に「第二巻第一号」と印刷されており、編集人は横尾眞一、発行所は三喜出版社（中央区銀座1-5）とある。後記には「終戦後、出版界に一大論議をまき起した、「赤と黒」を再び二年振りに復刊することになつた」とある。「今迄のものを一新した内容をもつて、大衆娯楽誌として分野を開拓して行き度い」とある通り、同号の内容は後期『人間復興』の娯楽路線を踏襲するものとなっている。さらに、1950年1月に刊行された復刊第一号では、編集人が横尾眞一で継

続されているものの、発行社は青鳳社（千代田区神田三崎町2-1）に変更されている。こちらも娯楽性を追求した一冊となっているが、2冊の復刊号は雑誌の編集方針は変化しながらも、執筆陣の顔ぶれや表紙を峯岸義一が担当していることから、第一次『赤と黒』とのつながりがみてとれる。

　第二回復刊『赤と黒』は「田中英光（遺作）／石塚喜久三（連載）／火野葦平（四十枚）／角田喜久雄（四十枚）／北村小松（四十枚）」という興味深い次号予告を掲載しながらも1号のみで消息不明となっている。『赤と黒』は専門性の高い内容と、編集方針の変化も含めたその変遷において、カストリ雑誌が刊行された最初期から終焉までを代表するものといえるだろう。　　　　　　　　　　　　　　　　　　　　　　　　　［石川偉子］

アベック

『アベック』はアベック社（東京都千代田区神田仲町二ノ二〇）から発行された。創刊は1948年7月である。創刊号の「編集室より」では、本誌の特色を「グラフ」だとしつつ、「肉体を軽視してきた在来の日本人に、肉体をもっと美しくと云ふ意味合ひから」、「脚線美」を特集したと書かれている。

表紙は創刊号から1949年いっぱいまで、毎号必ず水着（ビキニ）の西洋女性の絵が一面に描かれていた（図1）。1950年に入ると、体線が出るワンピースを着用した西洋女性の図像に変わっていく。しかし、表紙を一枚めくれば、そこにはグラビアで日本人女性のヌード写真が豊富に掲載されている。

本誌はこうした写真だけでなく、カラーの口絵では多くの場合、男女の情交を描いた物語が付されたり、西洋文学の翻訳や、寒川光太郎や柴田錬三郎などの小説、色事が中心に描かれる時代小説、齋藤昌三や高橋鐵などの座談会や随筆、マンガ、コントが掲載されたりするなど、ジャンルや話題も多岐にわたり、誌面の構成の面においてよくバランスが取れている。

創刊当初は「編集室より」にあった通り「脚線美」特集や温泉特集（2号）、艶笑文学特集（3号）など特集主義が目立ったが、徐々に上述のような安定した構成が定まっていったことがわかる。

1950年4月（17号）には、本誌の目次が片面から見開きになり、記事の数も増大する。雑誌の隆盛を伝えるようである。また、この前年から「ストリップ」の文字が誌面でしばしば見られるようになる。「キンゼイ報告」の解説や、同報告のパロディ「キンセイ 金精 報告」という記事も出た。

バラエティに富みバランスの良い誌面だということが、すぐさま退屈さを意味するわけではない。本誌については、上記のようなパロディが特徴だといえる。本誌の用語でいえば「贋作」であり、誌面ではしばしば何かの「贋作」であることを主張する記事があらわれるようになる。たとえば、『アベック』1949年5月（8号）の特集は「贋作文学大会」である。そのラインナップは次の通りである──氷井何鳳「腕しらべ」、大宰治「斜陰」、村野古堂「平次トチる」、横尖刊一「月論」、江戸川散歩「河畔亭事件」、田林秦次郎「肉体の門」。こうした駄洒落に過ぎないようにも見える遊びが、毎号を賑わせるようになっていく（図2、図3）。

その後、『アベック』は1950年10月に終刊したと、斎藤夜居は伝えている（『続カストリ雑誌考』此見亭書屋、1965年7月）。

【雑誌に掲載された主要作品リスト】

1948年7月（1号）　倉光俊夫「ある五月の雨の夜のこと」、三宅正太郎「添ひ寝」、矢野目源一「美女と足」、三井三郎「諸国色修業　仙次郎旅日記」（連載、～1950年6月）

1948年8月（2号）　池田みち子「夫と情人」、齋藤昌三「混浴風呂開業記」、式場隆三郎「沐浴」、矢野目源一「深夜の裸女」

1948年12月（3号）　寒川光太郎「姉妹賭」、梶野豊利「荷風先生裸レビューを語る」、齋藤昌三・岡田甫・高橋鐵・花町右門・原比露志「紙上録音　風流五人男滑稽談」

1949年3月（6号）　柴田錬三郎「温泉宿」

1949年4月（7号）　宮内寒彌「白い花」、モーパッサン／小西茂也訳「窓」、高橋鐵「膝枕ものがたり」

1949年6月（9号）　柴田錬三郎「肌絵」、ジョン・クレランド／中村哲夫訳「ファニイヒルの思ひ出」（連載）、モーパッサン／小西茂也訳「罪つくり」

1949年7月（10号）　北里俊夫「長篇小説　女体秘史」、

図1　表紙（4号、1949年4月）　　　図2　目次
（10号、1949年7月）

図3　フロオイレル「マダム　ヨクヴアリイ」（13号、1949年10月）

仁村美津夫「情炎のブギー」

1949年8月（11号）　モーパッサン／青柳瑞穂訳「やぶへび」

1949年10月（13号）　柴田錬三郎「戦後派女学生」

1949年11月（14号）　宮内寒彌「けがれなき欲望」、有馬頼義「夜のひまわり」

1950年4月（17号）　有馬頼義「心と肉体と生活の夢」（連載）、北里俊夫「銀座愛欲詩」

　　（連載）　　　　　　　　　　　　　　　　　　　　　　　［尾崎名津子］

◎解説
ヴィナス

　第1巻第1号は「超パラダイス号」48頁
（図1）。表紙は峯岸義一、奥付には「「ヴィナ
ス」第1巻第1号 金参拾円（送料一円半）昭和
二十二年四月廿五日印刷納本 昭和二十二年五
月一日発行 編輯兼印刷発行人 宇佐美稔 発行
所 東京都文京区根津宮永町廿九 耽美館 会員
番号（Ａ 二二〇二一七）配給 日本出版配給統
制株式会社 直接予約購読料 一ケ月 参拾円（送
料一円半）三ケ月 九拾円（送料本社負担）六ケ
月 百八拾円（送料本社負担）」とある。目次を
見ると、読物として高橋邦太郎「探偵小説 井
戸底の傑作」、武野藤介「コント 知つていた女」、
峯岸義一「創作 尼と貝殻」が掲載されている。
また、その他にも、「美術」欄に高橋鐵「愛神
の戸籍簿」、原比露志「稀書「リヂストラアタ」」、

図1 『ヴィナス』創刊号（1947年5月）
表紙

清川秀敏「日本女性の美」、中野江漢「中日秘画史」が、「随筆」欄に奥山儀八郎「話
題の市」、宇佐美稔「三味線の国の女たち」、市村襄次「ダンス夜話」、玉川一郎「ネオ・
トーキョー談奇」、無署名「青天白日旗と日章旗」が、「性科学講座」には大槻憲二「冷
感症と不能症」、無署名「オナニイと性感」が、「エツセイ」には仁村美津夫「愛恋の
俳句」、藤本弘道「濡れ場への抗議」がそれぞれある。
　同号には、後記「世界人」には編集に携わる三名がそれぞれ文章を寄せており、「私
たちは世界人としての文化乃も学術、技芸を究め、平和国家の明朗な建設の為に、先
づ未開人の頭を教化しようと云うのだ。／日本文化の癌を最初に切解するの荒療治を
不抜の理念によつて断行しない限り、絶対に文化の福祉は訪れないだろう」（峯）、「世
界に誇る歌舞伎劇の良さ採り入れ、新劇の殻にも泥まない、新時代の尖端を行く素晴
らしい劇団「耽美座」が結成された。第一回公演は野心作を引提げて世に問ふべく目
下準備中。現代のトップを目指して進む「耽美座」の成長を読者諸賢氏の熱烈なる御
協力に俟つ」（齋）、「本号の講座を受持つて下さつた大槻先生は人も知る心理学、精
神分析学の日本に於ける大家だし、橋爪先生は媚薬の研究家として有名なことは先刻
皆様が御存知のこと〻思ふ。本講座は毎号夫々専門家にお願ひして、続けて行くつも

りである。／美術に、随筆に、特殊研究に読ものに、夫々貴重な原稿を寄せて頂いた
ことは、編輯者としてまことに感激にたえない」(字) と記している。

　耽美社の実質的な経営を担っていたのは毎号の表紙を担当し、記事も寄せている峯
岸義一である。戦前、耽美雑誌『芸術市場』(芸術市場社、1927年3月～1927年10月、
全7冊) を発行していた峰岸は、1932年12月に開催された「巴里東京新興美術展」で、
フランスのシュルレアリスム絵画作品を日本で初めて企画展示したことで知られてい
る。同美術展に際しては、峰岸自身がパリの画家たちを訪ね、パリにおける最新の美
術動向を紹介しようとした。実物のシュルレアリスム作品が日本で展示紹介されたの
はこの美術展が初めてであり、日本の若手画家たちに多大な影響を与えたとされてい
る。ただし、峰岸自身の履歴については詳細が明らかになっていないため、ここでは、
自著の「著者略歴」を紹介する。ひとつは『粋人随筆 パパの好きな赤帽子 峰岸義一集』
(住吉書店、1956年6月) における「明治33年埼玉県に生る。日本美術学校卒業後
昭和6年渡仏、ピカソの弟子となり、帰国後ピカソ及び超現実派絵画を初めて日本に
紹介す現在二紀会審査員として画壇に特異な位置を占めるとともに、ユーモア・コン
ト、ストリップ劇演出など各方面に活躍す。千葉市登戸5の182」という記述である。
同書では「ピカソの弟子」と明言しているが、随筆集『血にそよぐ葦』(株式会社虎
書房、1957年12月) では「埼玉県生、昭和二年日美卒、昭和五年渡欧、ピカソの知
遇を得て、巴里東京新興美術同盟を作り、昭和八年帰朝と共に、シュールレアリスム
作品を、始めて日本に紹介した。画歴は戦前二科会会員であったが、現在は二紀会委
員。戦後ストリップの演出で鳴らしたが、内外タイムスの粋人随筆のレギュラーとな
り、随筆、コントで知られ『千零夜』『パパの好きな赤帽子』等、数々の著書がある」
と書き直されており、かなり情報が不正確である。

　第1巻第1号には「驚異の劇団 耽美座生る!! 七月初旬 三越劇場で旗揚げ公演予定
日本に於ける最先端の芸術線上を往く耽美派、超現実派、新浪漫派の集団が演出の自
由を誇る熱血の噴泉として此の画期たる催しを大方に贈る。御期待を乞う」という広
告が出ており、予定演目には、エルンスト・トルラー「去勢された男」、ショウ「歌
麿傑作を描く」、ジヤン・コクトオ「エツフエル塔の花嫁」が掲げられている。また、
劇団のスタッフとして「演出部 峯岸義一、高木康雄 文芸部 高橋邦太郎、矢野目源一、
橋爪檳榔子、三浦逸雄 企画部 宇佐美稔、清川秀敏 主事 齋藤竹治」が紹介されており、
『ヴィナス』の主要執筆メンバーが深く関わっていたことがわかる。

　第1巻第2号は「香匂新感覚号」。奥付には「本号に限り 金廿五円 (送料一円半)
昭和二十二年九月十日印刷納本 昭和二十二年九月十五日発行 編輯兼印刷発行人 佐
藤民雄 発行所 東京都江東区深川枝川町二ノ五 発行所 マロニエ社 電話深川 (64)
〇九八七番 日本出版協会々員番号 (A 二一三一三七) 配給 日本出版配給株式会社 直

接購読料 三ヶ月 九十円（送料兼）六ヶ月 百八十円（送料共）」とある。同号には矢野目源一「人類と香料」、佐藤紅霞「民族学上より見たる女の性の匂ひ」、仁尾正義「匂ひをかぐ」、高橋鐵「体臭の分析美学」、高橋邦太郎「古今の詩に現はれた匂ひ」、橋爪檳榔子「香料ロマンス」、原比露志「リジストラアタ」、仁村美津夫「愛恋の俳句」、市村羹次「ダンス無駄噺」が掲載されている。創作としては、峯岸義一「尼と貝殻」、春野山彦「鎌倉にて（新感覚句）」が、性科学講座には藤井千枝子「女性ホルモンの話」が、コントには城昌幸「香水殺人」がある。

　後記「世界人」では、「香匂特輯」を組んだ理由が、「敗戦の惨めさを、せめても巷にない香薫を求め乍ら、幸福な人生でありたいと、紅紫の花咲く彼岸に呼びかけ、友を知り友と語る―誠心の慰藉を此の篇に盛つた」と説明されている。また、その末尾には「此度、新規出版計画に伴い業務拡張の為め、左記の所に事務所を移転し、同時に旧社名「耽美館」を八月一日から「マロニエ社」と改めて月刊「ヴィナス」は日本性科学研究所機関報告書として、更に内容の充実を図り、好学諸家の御参考に資する事にしました。何卒、今後の編輯に特別の御期待を願ひます。／追て、曩に「ヴィナス」編輯兼印刷発行名儀人として耽美館勤務の宇佐美稔君には都合にて去る六月十四日限り解職退社を願つた故、自今、耽美館並に本社とも何等の関係ない事を茲に公告いたして置きます」とある。文面から推察する限り、宇佐美と峰岸との間に何らかのトラブルまたは意見の対立があり絶縁したものと思われる。

　第1巻第3号は「エチケット研究号」。奥付には「定価25円（送料1円半）昭和22年11月25日印刷納本 昭和22年12月1日発行 編輯兼印刷発行人 佐藤民雄 発行所 東京都江東区深川枝川町二ノ五 マロニエ社 電話深川（64）〇九八七番 日本出版協会々員番号（A 二一三一三七）配給 日本出版配給株式会社 直接購読料 三ヶ月七十五円（〒四円半）六ケ月百五十円（〒九円）」とある。第3号の目次をみると、特集としては、鳥居清長筆「日本版画に評言された接吻之図」、世良保利「キッスのスタイル」、中野江漢「接吻談戯」、佐藤紅霞「礼儀の接吻」、杜牧雄「現代接吻考」、橋爪檳榔子「ベーゼ・ア・ラ・モード」、佐藤民雄「性愛接吻の研究 性科学講座」、原比呂志「接吻と美術」、林直太「接吻の歌」、岡部龍「キッスとハダカとシネ」が、創作としては高橋邦太郎「小説 井戸底の傑作」、武野藤介「コント 指に惚れた女」、峯岸義一「小説 尼と貝殻」が掲載されている。同号の編輯後記を書いた佐藤民雄は「私はこの雑誌を我国唯一の性科学知識普及、性道徳向上、指導の国際的な雑誌にすべく努力を続けてゐる」と述べている。

　第2巻第1号は「青春官能萬談号」。奥付には「第二巻第一号（青春官能萬談集）定価金三十円（送料一円半）昭和23年6月15日印刷納本 昭和23年6月20日発行 発行兼編集印刷人・齋藤忠三、発行所・東京都中央区日本橋室町一ノ五 ヴィナス社、日

本出版協会々員番号 B 二〇二一〇〇、配給・日本出版配給株式会社、直接購読料（第二巻一号より）三ケ月 百五円（〒共）六ケ月 二百十円（〒共）」とある。誌面には、武野藤介のコント「音のない恋」、春野山彦のコント「蛔蟲の恋」、峯岸義一の長編創作「尼と貝殻4」が掲載されている。読物としては、高橋邦太郎「覗きのマルセーユ」、辻周里「愚にもつかぬ恋」、山岡志郎「ハンブルグの闇女」、中野江漢「中華美人の性生活艶史」、清川秀敏「閨房と煙草」、林仙芝「春宵葉莖の下露」が、生科学講座として岡田道一（医学博士）「性の生理学」、佐藤紅霞「女の下湯の研究」が掲載されている。

　同号には「好評裡に発行された世界魔都物語は定価六十五円（〒五円）の処第一集第二集と、用紙の都合で二部発売と致しましたので、予約金が余つて居りますが、第二集発行迄一応お預り致します。但「ヴィナス」第二巻第一号以後を残金から送付御希望の方はその旨御申込下さい。／なお当社は臨時増刊のみの発行所となりましたから右御諒承願います。「マロニエ社」」という「社告」が掲載されている。

　斎藤夜居は、『続・カストリ雑誌考』（此見亭書屋、1965年7月）でこの雑誌に言及し、「〈性啓蒙雑誌〉で斯道のベテラン達が花々しく名乗りを上げたもので、今日の眼でこれを見ればもうみんなが知っていることばかりだとも云えるが、当時は先づその〈性〉の解説に忙しかったのである。一種の先駆者の事業で、大衆娯楽面から日本人の性生活指針を与えようとした仕事であるとも云えよう」と指摘している。ただし、第2巻第1号に続く号はいずれの資料保存機関でも所蔵が確認できていない。次々と出版社名が変わり、編集体制も混乱している様子が見受けられるため、同号をもって終刊となった可能性が高いのではないだろうか。同誌に関しては国立国会図書館のプランゲ文庫にも所蔵されておらず、部分的に所蔵している機関は同志社大学図書館（山本明文庫）と鶴見大学図書館のみである。

　なお、1949年9月1日に同一タイトルの『ヴィナス』（編輯兼発行人・室井二一、印刷人・宇野唯男、発行所・大阪市北区曾根崎上一丁目 太陽社）という雑誌が創刊されており、日本近代文学館所蔵の第1巻第2号（1949年11月）まで確認できているが、こちらはまったく別の代物である。　　　　　　　　　　　　　　　[石川 巧]

◎解説

うきよ

　正式名称は『猟奇犯罪実話 うきよ』。第1巻第
1号は18頁立てだが、奥付や裏表紙にまで記事、
広告が掲載されており、誌面全体がビッシリ使
用されている印象がある。奥付には「うきよ 第
一巻第一号 定価十五円（送料三円）昭和二十三
年二月廿五日印刷 昭和二十三年三月一日発行 編
輯兼発行者 肥野肇潤 印刷者 大沼正吉 発行者 東
京都江戸川区上一色町九二八 京都市右京区西院
西寿町二二 民生本社 印刷所 東京都港区赤坂溜
池四 株式会社技報堂」とある。目次には「創刊
号主要内容」とあり、記事としては、紅頭巾X
一号「性に戯れる女達」、青地しげる「色魔罷り
通る」、本見代知也「犯罪実話 越年小屋の殺人」、
江美安「貞操帯異聞」、無署名「おゝでかめろん」、
本誌M記者「乳房を含んだ説教強盗」、一色純子

図1 『うきよ』創刊号（1948年3月）
表紙

「精液殺人事件」、黒門一臣「制服の遊女」、森比呂志「犯人さがし 五百万円盗難事件」
が掲載されている。また、その他のコーナーに「川柳バレク物語」、「コント枠の中」、
「笑散苛里 男性美」がある。「創刊の辞」や「巻頭言」に属する文章が一切ないため、
この雑誌の性格については記事から類推するしかないが、印象としては、この頃に一
世を風靡していたカストリ雑誌の典型といえる内容である。タイトルも含めて和風の
雰囲気を重視しており、挿絵には女性の上半身裸体画が多用されている（図1）。
　当時の民生本社は、伊那勝彦『実話小説 毒殺怪事件』、守安新二郎『猟奇小説 情
炎歌』、武田麟太郎『恋愛小説 絵看板』、同『恋愛小説 宵待草』、舟橋聖一『小説集
白い腕』、田村泰次郎『小説集 春婦伝』、角田喜久雄『推理小説 歪んだ顔』、清閑寺
健『転落の処女──夜の女の告白──』などの新刊を次々と出していた新興出版社で
ある。東京と京都に社屋を構えていることからもわかるように、カストリ雑誌を発行
していた事業者のなかでは比較的まともな文芸出版社であったといえよう。ただし、
憎んでいる男を強姦殺人の犯人に仕立てるために敢えて肉体関係をもったうえで精液
をスポイトで採取し、自分が殺した女性の陰部にその精液を流し込む方法を取る女を
描いた「精液殺人事件」をはじめ、その内容は低俗なエロ・グロ路線であり、いずれ

も読物としては低俗なものが多い。

　「新人原稿募集」欄には「◇猟奇小説　◇犯罪実話　◇珍聞奇聞（未発表にして興味あるもの長編随意）但し風俗を乱すが如きものは遠慮されたし。採用分には稿料を呈す　原稿送付先　本社編輯部」とあるため、タイトルにある通り、「猟奇小説」「犯罪実話」を中心とした誌面構成で読者の興味を惹こうとした雑誌であることは確かであろう。

　次に各号の目次情報である。創刊号の奥付には「第1巻第1号　昭和二十三年三月　編集・発行　肥野肇潤　民生本社　十八頁　定価十五円　第二巻六号　昭和二十四年八月　六十八頁　定価六十円　第二巻八号　昭和二十四年十月　六十八頁　定価六十円　第二巻九号　昭和二十四年十一月　六十八頁　定価六十円」とあり、月刊誌を謳っているものの、恐らく印刷用紙の調達ができず、以後の刊行は不定期である。二カ月に一度ということもあれば、ごく短期間のうちに別冊を出したりすることもあった。

　第1巻第2号の奥付には「定価二十五円（送料三円）昭和二十三年四月廿五日印刷　昭和二十三年五月一日発行　編輯者　西尾鹿次郎　発行者　肥野肇潤　印刷者　加藤新　発行所　民生本社　印刷所　東京都江戸川区上一色町九二八　印刷所　文化印刷株式会社　東京都千代田区神田神保町一ノ四六」とある。目次をみると、創作として泉本三樹「女」、鮎澤浩「すてられた薔薇」が、「情痴読物」として奥村眞津子「癩病娘の復讐」、太田元「女行者の恋」、立花進吾「狂える裸女」、石尾良光「部屋のぞき」、林田辰三「渦巻く愛欲」、無署名「女にあらず」がある。その他、大木悦二の〔応募〕川柳、「うきよあれこれ」「ももいろ二重奏」「性のうずき」「エチケットと性愛」「下馬評ニューフエイス」「スカート奇聞」「犬の性」「ラク町アラベスク」「不埒な因習」などの記事がある。後記には「三号よりグラビア、マンガ、コント笑話と豪華な異色篇を取り入れ増頁により一層充実したものとする予定があります」とある。

　1948年10月には、同誌の第1回懸賞小説（応募総数534篇）の当選作を掲載した「懸賞当選小説特集号」（奥付には「昭和二十三年九月五日印刷　昭和二十三年十月一日発行　特価三十円　編輯兼発行者　肥野肇潤　印刷者　東京都中央区銀座西三ノ一　横山重喜　発行所　東京都江戸川区上一色町九二八　民生本社　出協会員番号Ａ二一三〇四二」とある）が組まれている。掲載作は平尾幾「告白」、北島清三「飯粒と女」、中山都徳夫「肉感を超えて」、阿久津猛「十八才」、大澤清治「邂逅」、藤田盛次「愛の翳り」、箕川偵次「或る姉妹」、木本三郎「恋の権利金」、龍沼貞二「霧の夜の女」の九編。

　恐らく、このあと通巻第4号として発刊された雑誌がプランゲ文庫資料に含まれている。ただし同号に関しては、奥付はもちろん発行記録に関する記載が一切なく、唯一の手がかりは目次にある「うきよ　第四集」の表記のみである。同号の目次には詩・小田ふみ子、画・古澤恒誼「色刷詩物語　悲恋二ツ星　姦婦の狼狽　浄火炎」、藤田節子「妻は嘆かん」、一龍齋柳山「尾花屋美乃吉」、小宮山敬介「禁断の木の実」、加藤正雄

「女手首事件」、清水洋子「愛憎の劔風」、粟並浅夫「廃墟の一夜」、千倉政治「乙女狐物語」、柳家権太楼「ラブレター」、黄山木精「僕の怪談」、伊藤秀一「ホテルの裸婦」、西丘二朗「愛慾まんじ」といった読物が紹介されている。また、その他のコーナーとしては「笑散苛里」、「コント傑作選」、「読者文芸 応募川柳発表」などがある。

　第2巻第5号（通巻5号）は「うきよ特選読切小説集」。奥付には「昭和二十四年四月五日印刷納本 昭和二十四年四月十日 うきよ 第二巻第五号 編輯兼発行者 肥後肇潤 印刷人 加藤保幸 発行所 東京都千代田区神田五軒町一八 株式会社民生本社」とある。目次を見ると、小田ふみ子「四色刷絵物語 狂恋のカレニーナ」、大澤清治「今日に生きる愛情」、間山恭「蛇身の女」、古河敏彦「運命の戯れ」、小野田巧「自殺犯人の手記」、乾信一郎「イタ松の洋服」、沖野白帆「恋愛妄想狂」、中山忍「妖火燃えて」、西丘二郎「雪晴れ峠」、平野幾「愛欲の一夜」、平井庄一「肺患者の恋」、泉本三樹「美しき瞳」が掲載されている他、コント傑作集、読者文芸「応募川柳発表」などがある。

　第2巻7月号（同号のみ「7月号」と表記されており、通巻にも含まれていない）は「うきよ特選読切小説特集号」。奥付には「昭和二十四年六月十日印刷納本 昭和二十四年七月十日発行 うきよ 第二巻七月号 定価五十五円 編輯兼発行人 肥野肇潤 印刷人 横山重喜 発行所 東京都江戸川区上一色町九二八 株式会社民生本社」とある。目次を見ると、表紙・石井治、四色刷絵物語「盗賊と男爵夫人」（文・小田ふみ子、画・古澤恒敏）、千倉政治「恋愛の運命」、峰兼朗「女とゆうものは」、西丘二郎「簪のお柳」、長井龍「恐怖の夫」、廣田進「無言の騎士」、樹下佐久進「膿を啜る男」、平野幾「悲しき心中」、乾作之輔「男を知る女」、山上寒三郎「酒場へ来た女」、東勝次「脱走の前に」、松本節子「浮人形」、X・Y・X「肉体の追跡」、山本茂「甘い男」、小田ふみ子「命名ほがらか」とある他、読者文芸「応募川柳発表」がある。また、同号には「新進作家養成機関 うきよ作家クラブ」の会員募集が掲載されている。

　第2巻第6号（恐らく通巻6号）は第2巻7月号のあとに出ている。同号の奥付には「うきよ 第二巻第六号 定価六十円（送料二円）予約購読料概算 半年分三七〇円（郵税共）昭和二十四年七月五日印刷納本 昭和二十四年八月十日発行 編輯兼発行人 肥野肇潤 印刷人 横山重喜 発行所 東京都江戸川区上一色町九二八 株式会社民生本社」とある。目次を見ると如月文造「ロマンス強盗をめぐる女達」、宇津大兒「秘密ショウのプリマドンナ」、夕月郁太郎「十七号美人殺人事件」、宮太加男「狂欲の一夜」、久慈章子「故郷の哀愁」、杉山君夫「毒殺した女」、伊賀四郎「女護ヶ島」、神林三千夫「愛情履歴書」、轟幸男「自惚れの悲劇」、杉山鏡史「恋娘源氏車」、その他には「漫画集」、「珍物集」がある。

　第2巻第7号（通巻7号）は国会図書館のプランゲ文庫にしか所蔵がなく、同誌は奥付が破損しているため、詳細な情報が不明となっている。ただし、表表紙には「昭

和二十四年八月五日印刷納本 昭和二十四年九月十日発行」と記されており、かろうじて発行日は確認できる。目次には「うきよ 九月号」とあり、画・伊澤七呂、文・千葉誼「中国情艶小説絵物語 楊貴妃」、井上友一郎「一つの季節」、設楽實「肉体はひらく」、西野平三郎「戸板に浮ぶ影」、岡部武之助「秘密郷の掠奪結婚」、小野田功「三号館前」、谷川流助「謎の裸体死体」、川名綱次「厭しき欲情」、平野幾「市之助愛慾絵巻」、柳田菊子「結婚の日まで」などの読物、および、珍話集、漫画集、コントが掲載されている。同号にも読者文芸川柳発表がある。

　第2巻第8号（通巻8号）の奥付には「うきよ 第二巻第八号 定価六十円（送料二円）予約購読料概算 半年分三七〇円（郵税二円）昭和二十四年九月五日 印刷納本 昭和二十四年十月十日 発行 編輯兼発行人 肥野肇潤 印刷人 横山重喜」とある。目次を見ると千葉誼「色刷口絵 古今男女愛欲絵巻」、覆面作家「女体ぐるま」、北條誠「奈津子の情熱」、神尾秀二「白い肌」、檜山眞砂志「エニセー河の恋」、須藤誓「女教師の悩み」、北川春男「賭の代償」、佐藤敏雄「鬼畜の記録」などがある。

　第2巻第9号（通巻9号）の奥付には「うきよ 第二巻第九号 定価六十円（送料二円）予約購読料概算 半年分三七〇円（郵税共）昭和二十四年十月五日 印刷納本 昭和二十四年十一月十日 発行 編輯兼発行人 肥野肇潤 印刷人 横山重喜 東京都江戸川区上一色町九二八 発行所 株式会社 民生社 振替東京一三二九七八 日本出版協会会員番号Ａ二一三〇四三」とある。

　目次には、表紙「花嫁衣裳」（伊澤いづみ）、口絵「遊女変遷情炎絵巻」（文・千葉誼／画・伊澤いずみ）に続き、小説として、栗並浅夫「不思議な情慾」、千倉政治「愛慾の火焔」、宇津大兒「恋の密輪船」、杉山鏡史「首の抜ける女」、山下久「魅惑の肉体」、平野幾「哀傷の雨」、近見昌三「愛情限りなく」、太田元「運命の結婚相談所」が並んでいる。その他の読物としてはコント集、笑話集、漫画集といったコーナーがあり、読者文芸川柳の発表もなされている。同号には「新人作家養成機関 うきよ作家クラブ」という会員募集が掲載されており、「入会規定其他詳細は返信料同封照会の事 東京小岩局私書函2号」とある。『うきよ』の刊行記録に関する詳細は明らかになっていないが、上記の第2巻第9号で終刊した可能性が高い。なお、1948年3月19日付の『東京新聞』には、「警視庁では十八日雑誌「うきよ」をわいせつ文書として押収、同誌編集責任者江戸川区一色町民生本社……をわいせつ文書頒布罪の容疑者として検挙、取調べをはじめた」という記事がある。　　　　　　　　　　　　　　　　　　　　［石川 巧］

オーケー

創刊は1947年12月で、発行所はオーケー社（東京都中央区銀座）。後述するように、その後の号において発行所には変遷が見られるが、発行人（ないし編集兼発行人）としては田中裕彦の名前が一貫してクレジットされている（図1）。

愛住三郎「カストリ雑誌興亡史」（大尾侑子編『カストリ雑誌考【完全版】』別冊所収）によれば、田中裕彦は「所謂カストリ雑誌はこゝから始る」と目される雑誌『ナンバーワン』に参加した5人の学生の1人であり、のちにここから分離して『オーケー』を創刊したという。愛住はこの雑誌について、「昭和廿五年まで正味二年間以上続刊した」ものの、「二十三年に大衆雑誌「大都会」をだした」ことが「命とりになった」と評している。以下、その具体的な展開について確認する。

図1 『オーケー』第2巻第8号（1949年11月）

創刊号（第1巻第1号）は、表紙に女性の裸体画をあしらい、田村泰次郎「肉体解放論」のほか、高橋鐵・高橋邦太郎・佐藤紅霞・原比露志による座談会「古今東西性愛放談」を掲載するなど、肉体と性の問題を前面に打ち出した編集が行われている。同号の「編集後記」には次のように記されている。「田村氏の言をそまゝ借用するわけではないが、日本人の「性欲」は従来儒教の悪影響を承け、あまりにもゆがめられ又浅薄であつたがこれに対し戦後急激な桃色出版のはんらんも、泥臭く下品なもののみでなんら取るべき所がない、われわれはこの両者いづれにもつかず、独自の立場から〝明るいのびのびとした綜合娯楽雑誌〟を目指して今後ともどんどん新分野を開拓していきたい（S）。執筆者のイニシャル「S」は、当該号の編輯人としてクレジットされている島田順二を指すと思われる。

続く第2号（第2巻第1号、1948年1月）も、井上友一郎の小説「白痴の花」や創刊号掲載の座談会「古今東西性愛放談」の続編が掲載されるなど、創刊号の路線が踏襲された。第3号（第2巻第2号、1948年2月）においても田中英光「嫁切り」、田村泰次郎「獣にも似て」（いずれも小説）が掲載され、田村は同号掲載の座談会にも

図2 『オーケー』復刊第1号（1949年
2月）

参加している。「飲み・打つ・買う　お披露目座談会」と題されたこの座談会の出席者は、田村の他にラ・マヌエラ、梅林平八郎（漫画家）、ナイトクラブシローの幸枝、小野佐世男（漫画家）の計5名であるが、戦中に上海の租界で国籍不明のダンサーとして名を馳せ、戦後は東京で活躍したダンサーであるラ・マヌエラ（和田妙子）の参加が目を引く。なお、「ナイトクラブシロー」は本誌にも何度か広告が掲載されている店で、所在地は本誌編集部と同じビル（東京都中央区銀座8－2出雲ビル）の地下。座談会の内容は、戦前の上海やハルピンの風俗と、現代の東京におけるそれとを対比しながら語るといったもので、挿入されるカットは梅林と小野による。

　同号の「編集後記」でＳ生（編輯人・島田順二）は「他誌をぐんと抜いた、〝明るい楽しい綜合雑誌〟として発展して行きたい」と記していたが、その後、雑誌の展開はいささかの停滞を見せることとなる。第4号（第2巻第3号、1948年3月）の巻末で予告された井上友一郎「胸に咲く花」の掲載が第5号（第2巻第4号、1948年4月）では実現せず、また第6号（第2巻第5号）から連載小説として北條誠「独りゆく径」（挿画：富永謙太郎）と組坂若松「東京西遊記」（挿画：赤松俊子）の第1回が掲載されたものの、直後に雑誌の刊行そのものが中断してしまう。なお、具体的な事情は詳らかでないが、第5号から発行所の名称が創世社に変わり（所在地には変更なし）、編集人が加藤喬一に交代している。

　約半年の休刊期間を経て復刊第1号（図2）が刊行されたのは、1949年2月のことだった。巻末の「編集者のことば」には、以下のように記されている。「去年の夏から休刊して居りましたが、今度、愛好家の皆様からの御要望に応えて、復刊することに致しました。／又エロ雑誌とおつしやる前に、御一読願ひたいと云うのが、私達編集部の弁。／（中略）／弁解がましく聞えないうちに止めます。でも本当のところエロをぬいたら、人生は面白くないと思うんですけど」。なお、復刊時の発行所名称は創世社ではなくオーケー社に戻っているが、所在地は福岡市鴈林町とされ、編集兼発行人は竹淵孝夫である。

　復刊第2号として刊行された第2巻第2号（1949年3月、復刊前の巻号と重複するが、奥付および表紙の表記に従う）以降の号では、休刊前のように文壇作家たちから

の寄稿は見られなくなるが、西洋人女性を描いた表紙と記事の基本的な方向性は維持された。以下、復刊直後における主だった記事を挙げる。南條良平（伊豆浩平・画）「銀座の女」、田村喬司・久保敏三・佐伯順（座談会）「当世女学生気質」、高橋鐵（述）「恋愛熱度観破法」、田島新太郎「私は復讐と結婚した」（以上、第2巻第2号［1949年3月］）、郡山千冬（伊豆浩平・画）「S 春に目覚める女学生―同性愛―」、松山新平（加東康一・画）「漂泊する女」、高橋鐵「新妻の寝室秘帳」、北村文雄（植草實・画）「湯の町エレジー」（以上、第2巻第3号［1949年5月］）、北村文雄（於保弘・画）「哀愁」、原比露志「終電車の女」、玉川一郎「やくざ改心」、野田淳「鉱脈を掘りあてた女」（以上、第2巻第4号［1949年6月］）、北村文雄（加東敏郎・画）「恐るべき女」、政子・蘭子・お時・瀬戸口寅雄（司会）「問題の告白 男娼座談会」、野田淳「商工省瀆職事件異聞 強姦を買った男」（西村豊彦・画）、高橋鐵（秋黄之介・画）「性科学小説 家鴨とR博士」、川本不二雄（久保田遊子・画）「嬲られた女体」（以上、第2巻第5巻［1949年8月］）。性風俗関係の書き手として多くの著作を発表していた高橋鐵などを例外として、あまり著名な書き手の寄稿は見られないが、性風俗に関する記事に注力していることは明らかである（復刊第2号［第2巻第2号、1949年3月］以降、毎号の表紙では「OK」というタイトルの下に「EROS AND HUMOUR」という文字が書き添えられていた）。

　このような誌面構成について、第2巻第4号の「編集後記」には次のように記されている。「現今の雑誌には医学雑誌が多すぎる。大衆雑誌も婦人雑誌も殆んど性医学の解説文を掲載して、こんなものから読者のエロを挑発せしめんとしている。そんなものにエロがある訳はない。それは飽くまで、勝手な類推遊戯の許されない現実の、そして真実の科学なのだ。そんなものから、若し読者がエロを感ずるとすれば、それは正に大変な罪悪だ。／エロはそんな固苦しいものではない。もっと融通性のあるものなのだ。強いて言えば「性の夢」なのだ。／だから、明るいもっとスマートな、誰でもが平気で話題にすることが出来るものなのだ。私はそういうエロを目標にして、電車の中でも平気で読める雑誌を作りたい。そういう雑誌を横目で睨んで、敬遠する人間の方が余程ゆがんでいるのだ。」

　実際、この「編集後記」が掲載された第2巻第4号は、編集部の意気込みを感じさせる記事として、ロシア文学研究の大家・昇曙夢による「ロシヤ文学に現れたる変態性欲の種々相」が掲載されている点で目を引くほか、柴田錬三郎の小説「月の夜の童貞」（伊豆浩平・画）が巻頭を飾った。なお柴田は、続く第2巻第5号（1949年9月）でも巻頭掲載の小説「痴情の幽鬼」（加藤敏郎・画）を発表している。

　その他、復刊後の誌面における注目すべき記事としては、北里俊夫による「O・Kテアトル・エロス」と題した連続企画がある。新宿・帝都座に端を発する「額縁ショー」（名画を模して額縁の中で女性のストリップを見せる活人画）の発案者とも言われる

図3 『オーケー』第3巻第2号（1950年2月）

劇作家・北里によるこの企画は、ユーモアの効いたエロを扱ったショート・コントの連載であるが、初回の冒頭には以下のような「ごあいさつ」が掲載されていた。「わがO・Kテアトル・エロスは、小粒でも、原子力のような威力を発揮して、あらゆる芸術の形式を綜合圧縮した、最も近代的な娯楽の提供を意図して蓋を開けます。／気の利いたエロ！洒落た企画！／ウキットに富んだ内容で、政治、社会、風俗E・T・C………あらゆる現代の空気の中から、新しい材料をとりあげ、読者諸賢の御覧に供します。」毎号必ず掲載されていたこの企画は、ある意味でもっともわかりやすく本誌の性格を体現するものだった（図3）。

なお、本誌の刊行がいつまで続いたのかという点については判然としないが、少なくとも第4巻第5号（1950年6月）までの刊行は確認されている。　　　　　　　　　　　　　　　　　　［大原祐治］

オール小説

　『オール小説』は1948（昭和23）年4月、東京の江戸書院（中央区日本橋浜町
1-15）から刊行された娯楽読物雑誌である。創刊時期や内容ゆえに、いわゆる〈カ
ストリ雑誌〉の範疇に含まれない一冊だが、一般的に広く読まれた娯楽誌である。終
刊時期は不明だが、合併号を含めて創刊時から月一回の刊行を守り、3巻5号（1950
年5月）まで26冊が確認されている。

　発行元の江戸書院は戦後に創設された新興出版社でありながら、麻生豊『新版ノン
キナトウサン』、長田幹彦『愛の山河』（ともに1946年）、長谷川伸『国定忠次』（1947
年）、香山滋『剝製師Mの秘密』、郡司次郎正『じやぱん物語』（ともに1948年）な
どの単行本、デュマ『椿姫』（藤沢次郎訳、1946年）、メリメ『カルメン』（藤沢次郎
訳、1948年）などの翻訳本を刊行して充実した出版ノウハウと豊富な人脈を持って
おり、『オール小説』にはそれらが活かされている。編集人は創刊から2巻8号（9号
との合併号、1949年8月）まで木村学司（1909～1982）が務め、2巻10号（1949
年9月）から鈴木敏夫へと交代した。木村学司は戦前に浅草を中心に芝居の脚本を担
当し、女剣劇の普及に尽力していた人物で、戦後すぐに江戸書院へ入社する。1950
（昭和25）年前後にNHK専属作家となり、ラジオ・映画・テレビドラマの世界で活
躍した。晩年には自作浪曲に力を入れ、日本の名僧を題材にした『日本名僧浪曲列伝』
刊行を目指すも他界、著作は遺族により限定出版されている（二十一世紀会、1982年）。
このさまざまな演芸に通じた木村が編集する『オール小説』は、創刊号の編集後記に「屁
理屈をこねくつたり、やたらに官能を揺さぶつたり、又物知りらしく史実を克明に陳
列することが大衆小説の本領とは云へません」と述べるように、読者対象を選ぶこと
なく、安心して読みやすく面白い「大衆小説」が揃う。なかでも時代小説が充実して
おり、城昌幸、村上元三、山岡荘八、山手樹一郎らが顔を揃え、とくに長谷川伸の「大
岡政談」シリーズが好評を得て連載された。加えて、香山滋や木々高太郎、橘外男な
ど当時第一線の探偵小説、また、ユーモアやエロの第一人者であった鹿島孝二や石塚
喜久三らの寄稿もあり、『オール小説』はバラエティ豊かで質の高い小説作品が一冊
で楽しめる雑誌であった。

　しかし、2巻2号（1949年2月）を境として変化があらわれる。2巻2号は「愛欲
傑作小説特集」と銘打ち、小説の目玉として、旦那の子供と関係した女／父の愛人と
関係した男という二人の懊悩を官能的に描いた南川潤「肉と脂」が掲載され、誌面を
飾る挿絵も、入浴中の女性やしどけなく布団に横たわる女性など、それまでには見ら

図1　2巻3号（1949年3月）表紙

図2　2巻7号（1949年7月）表紙

れなかったものが登場する。さらに続く2巻3号（1949年3月）では「特集 続肉体の門」として背中の刺青を見せる半裸の女性が表紙を飾る（図1）。この誌面の変化について、読者へ丁寧に雑誌編集の様子を伝えていた後記の掲載が1巻6号（1948年9月）からなくなったため編集部の意図を知ることはできないが（後記は鈴木の編集人就任とともに「編集室録音」として復活する）、この『オール小説』のカストリ雑誌化ともいえる変化は、当時、以前より続く当局の取締り強化や駅売店での取扱い停止、同業者の自主規制などによってカストリ雑誌全般が勢いを失いつつあった潮流に逆行するもので興味深い。また『オール小説』は2巻7号（1949年7月）で表紙に印刷する表題のフォントをゴシック風のものから太字で力強い明朝体へ変更し、次号ではさらに大きく太く変更する（図2、図3）。この変更は雑誌に賭ける編集部の気概の現れとも考えられるが、同じ女性を描いていてもより色鮮やかに胸元や諸肌を強調するような表紙絵のテイスト変化と合わせて見ると過剰にも感じられる。

　こうしたカストリ雑誌路線は継続され、2巻8号では「ガラリと変つたので、読者の皆さまもアツとお驚きのことと思います」「今後もこの方針でゆくつもり」と読者に断って、記録小説やモデル小説の掲載に力を入れるようになる。この2巻8号には、「秘められた真実を血と涙で綴る」としてシベリア抑留の実態を暴く掛川勇の「第二ハバロフスク 残された人々」、極秘軍事機密とされてきた戦時中の飛行士たちの死の真相を告白する斎藤寅郎「A-26の悲劇」の2作品が掲載され、これらは4回目の8月15日を迎えたが、いまだ〈終戦〉の言葉では受け入れることのできない事柄があると再認識させるもので、また、事実を告白するという小説のスタイルが読者に与えた衝撃も相当なものであったと思

われ、以後、毎号にわたって同じスタイルの小説が掲載されるようになる。その内容は〈戦争〉に限るものではなく、当時話題の事件や人物に関するものも多く、2巻10号の長田幹彦「国鉄労働組合」、永村健三「古賀元帥の最期」、2巻11号（1949年11月）の松田ふみ子「政治モデル小説 悲しからずや」、2巻12号（1949年12月）の松田ふみ子「哀しき特ダネ」、旗一兵「田中絹代物語」、3巻3号（1950年3月）の金原光夫「小平事件始末記」、3巻4号（1950年4月）の上田敏「幻兵団の真相」、そして野球選手の大下弘、女優の李香蘭、作家の林芙美子、画家の岩田専太郎、歌手の二葉あき子、共産党党員・野坂参三のモデル小説を掲載した3巻5号（1950年5月）などがある。なかでも、

図3　2巻8号（1949年8月）表紙

ソ連がシベリア抑留中の日本人にスパイとなることを強要し、数千人に及ぶ一団（幻兵団）が組織されているという『読売新聞』（1950年1月11日）のスクープに端を発した事件の内実を描いた「幻兵団の真相」には力が入っており、小説とともに編集部による記事採用までの経緯「特別記事〝幻兵団〟掲載について」が掲載されている。編集部は記事を掲載するうえで徹底した調査を行い、上田の告白も読んだうえで編集部独自の幻兵団に対する解釈を提示している。しかし、誤情報であるかもしれない告白に真正面から取り組み、また日を増して高まっていく〈真相〉を求める読者の声に応え続けることに疑問を抱いたのか、『オール小説』は3巻3号で新企画「新立川文庫」を立ち上げる。これは雑誌創刊時の編集方針に立ち戻るものであり、少年時代に誰もが夢中になった「かつての立川文庫のスターたち」を再び小説の舞台に呼び戻し、「現代のおとなの世界で立派に通用する、新しい大衆文学としての〝新版立川文庫〟、立川文庫の悪い処を棄ていい処だけを採り、新しい一つの大衆文学ジャンルを切り拓こうというのが私たちの願い」と開始されたもので、笹野権三、幡随院長兵衛、相馬大作、山中鹿之助、奴の小万、由比正雪、上泉伊勢守、猿飛佐助、雲隠才蔵が主人公の小説8篇が掲載された。菊岡久利は新立川文庫に寄せて「日本の古い人情を支えて来た、忠臣蔵や立川文庫が、いつかまた懐かしまれる時が来やしないか」「どんな荒々しい時代でも、僕ら決して失うまい。「人間の人間に対する信頼」を」との詩を贈っているが、前年には3つの怪事件（下山事件、三鷹事件、松川事件）や泡銭を摑んだ光クラブ事件の容疑者自殺など、世間をにぎわせた大きな事件が明らかにならない

まま、その後ろ暗さが社会全体を覆い、人々が出口の見えない金詰まりに喘いでいた当時、一時の清涼を与えるものであった。この新版立川文庫企画が成功したか否か、3巻5号以降の雑誌刊行とともに発行元・江戸書院の継続も不明であるため結末は推測することしかできないが、『オール小説』は創刊時から一貫して読者に大衆小説をどのように見せ、届けていくのかを問い、実践を続けた雑誌として注目に値する一冊だろう。

[石川偉子]

◎解説

オール猟奇

『オール猟奇』は 1947（昭和 22）年 9 月、石神書店出版部（岐阜市柳ケ瀬 4-3／東京都神保町 3-17）より刊行された。創刊号は定価 18 円・32 頁・発行部数 5 万部、編集後記には「隅から隅まで、みんな読める雑誌、そして楽しめる雑誌を作る。之れが「オール猟奇」の編集方針です」とある。本誌はまず『オール猟奇』として 1947 年 9 月から 1948（昭和 23）年 4 月まで 7 冊を刊行、これを『オールナイト』（1948 年 6 月と 7 月）が引き継いだが、休刊期間をおいて、再び『オール猟奇』として 1949（昭和 24）年 3 月から 8 月まで 5 冊が刊行された。終刊は不明である。こうした変遷に当時、「摘発されると直ぐ経営者と題名を変えて売り出すという悪どさ」（『読売新聞』1948 年 2 月 17 日）

図1　4号（1948年1月）表紙

と非難されたカストリ雑誌の性格の一端をみることができるだろう。本誌は創刊時、発行者は石神安雄であったが、2 号（1947 年 10 月）から発売元は石神書店のままに発行元をオール猟奇社とし、和泉仁へ交代した。この体制は 6 号（1948 年 3 月）まで続き、7 号（1948 年 4 月）からは耽美社と改称、発行者は安田夢生へ交代、復刊後（1949 年 3 月）は爛美社、丹羽寛一となる（丹羽の名は同年 7 月号で丹羽薫、8 月号で立花薫となっている。なお、この年の 3 月には丹羽薫の名で別冊『オール猟奇』[5 号、1948 年 2 月]の内容そのままに色違いの表紙を付けたものを刊行している）。この改称・交代のありようは、『オール猟奇』が受けたわいせつ物頒布等罪での 3 回（創刊号、2 号、7 号）の摘発と無関係ではないだろう。特に 3 回目となる 1948 年 6 月の摘発では、「警視庁風紀係ではこの程オール猟奇四月号、リーベ四、五月合併号を摘発、雑誌全部を押収、同雑誌の発行者千代田区神田須田町一ノ二〇安田五百二（二三）および夫々の筆者四名は取り調べが済み次第送検の予定」（『東京新聞』6 月 11 日）として代表者が送検され、雑誌は休刊状態となる。

　この『オール猟奇』の内容について、佐々木桔梗は「全国各地の猟奇記事等ひどい内容で所謂一銭の価値もない雑誌」（『猫眼石』1 号、1962 年）とするが、裏返せば

図2 『ベーゼ』創刊号（1948年7月）表紙

最も〈カストリ雑誌〉色の濃い雑誌であるともいえる。さらに、本誌はカストリ雑誌で初めて女性のフルヌードのイラストを表紙としたことでも記憶される（4号、1948年1月、図1）。こうした『オール猟奇』の編集を担った中心人物に木村一郎がいる。木村は珍書研究家であり、1947年6月に刊行した自著『昭和好色一代女 お定色ざんげ』（石神書店）が同年9月に摘発をうけ、その月のうちに阿部定から名誉棄損で告訴されたことで知られる。この一件は『オール猟奇』の躍進にも貢献し、裏表紙では宣伝文句として「阿部定さんが訴へ今や全日本話題?」、「新聞で問題の書愈々発売」と利用し、誌面では自ら筆をとり「阿部定の半生」（創刊号）を、そして「訴へられた「お定色ざんげ」を木村氏に訊く」（2号）を掲載している。このなかで木村は「モデルにはしましたが、悪意を持つて書いた訳ではありません」「小説であつて、事実の記録じやないのですが、其処をよく考えてもらいたい」と弁解するが議論を呼び、坂口安吾は雑誌『座談』（1947年12月）において、同じ阿部定をモデルとした織田作之助の小説「妖婦」（『風雪』1947年3月）は評価できるが、『お定色ざんげ』は阿部定いわく「下品」であり、作者の木村は「文筆家じゃない」と批判する。対して木村は、自らが文筆家ではないとされたことよりも、「下品だとかゲヒだとかいう事に対しては、その定義を求めたい」と物事のなにを下品とするのかを問い、安吾は従来のように「貴族共が宮殿深く」で「幾人かの寵姫をめぐつての酒池肉林」を繰り広げる世界こそ下品の極みであり、「焼けビルのパンパンガール売淫」こそ上品であると応じている（「阿部定と坂口安吾の対談会に応ふ」『オール猟奇』3号、1947年11月）。二人のやり取りは噛み合わないまま終わるが、この一件は人々に戦前の猟奇事件を思い出させ、再び世間の注目を阿部定に集める呼び水ともなった。木村はこの後も『オール猟奇』編集に関わるが、休刊時には創刊間もない『ベーゼ』（岐阜・櫻文社中部出版部）へ移動、1948年7月号には「木村一郎主宰娯楽雑誌」と銘打って活動の場を他誌へと移すこととなる（図2）。

　『オール猟奇』を発売していた石神書店は当時、短期間のうちに誌名だけでも『オールナイト』『完全なる夫婦の生活』『綺談』『傑作読切』『講談と読物』『シーク』『耽奇読物』『花形作家傑作集』『夜話』『読物と実話』『リーベ』『猟奇読物』などを同時に扱い、ほかに類を見ないカストリ雑誌の一大工場であった。このなかで『オール猟奇』

は、読者投稿によって誌面を構成していたという特色がある。そのため執筆者の多くが無名となり、かつ投稿者の筆力に頼るため雑誌の号によって内容の質に差が生れるという難点がある。投稿テーマについては、編集部が「別に規定も、制限もしませんから、猟奇的なものなら、自作でなくともいゝので送つて下さい」(3号)、「オール猟奇社は、世界のあらゆる猟奇をあつめたいと思います／それは読者諸君の協力がないと出来ないのです」(6号) と述べるように〈猟奇〉という明確なキーワードがあるため揺らがないが、投稿内容の出来不出来には苦労し、「一般的に、猟奇、軟派と云う事をはき違えて居るようです。猥本を作るのでない、正しい意味の猟奇的な軟派物が欲しいのです」(3

図3　1949年8月号表紙

号)、また「投稿の中には本誌をはき違いをして居るのか、あまりに露骨なのが多いのに驚きます。何卒自重して本誌に発表してもいゝようなのを願います」(5号) と編集部から注文を出している。こうして寄せられた雑多で猥雑な投稿こそ先に引用した佐々木桔梗の言につながるが、この混沌とした誌面こそ『オール猟奇』の魅力ともなっている。

　こうして「裸は人間の生れた時の姿。それが何故悪いのか」(2号) と〈エロ〉を肯定してきた『オール猟奇』だが、当局による処罰の前に変化をまぬがれず、休刊を引き継いだ『オールナイト』創刊号 (1948年6月) には「新しいエロティスズムの道」と題する宣言が掲載されている。そこでは、「エロが悪いのではなくて、その解釈が悪いのです、つまりこれからはエロは心(ハート)の問題にうつゝてこなければなりません。生殖器丈の問題に止つている限り、エロは永久にウスギタナク、ミジメですが、それを本当にたのしむという心(ハート)の問題に及ぶ時、はじめて人間的な美しさをもつ事が出来るようになるのです」として「我々耽美社の意図する処も亦実にここにあります」と締め括る。これはエロを動物的本能でのみ捉えてはならないということだろうが、誌面に反映されているとは言い難く、山本明は「この文章には、「生殖器から心臓へ」と見出しがついている。これまで、「編集部同人」はエロとは生殖器のことと考えていたのかと唖然とするが、そんなことだから、『オールナイト』もさして変りばえすることなく、いつしか消えてしまった」(『カストリ雑誌研究』出版ニュース社、1976年) と指摘する。この約半年後に復刊した第二次『オール猟奇』

も同様で、編集部の意気とは反対に、復刊3冊目の「好色大鑑号」（1949年8月、図3）をもって消息不明となる。しかし、変遷を経ながらも編集部がただ掲載したい記事を掲載するという『オール猟奇』の変わらない姿勢はカストリ雑誌にとって理想形ともいえ、再評価されてよいタイトルだろう。　　　　　　　　　　　　　　　　［石川偉子］

奇抜雑誌

　『奇抜雑誌』は1949年4月に創文社から創刊された娯楽雑誌である。現在のところ、1949年に9冊、1950年に11冊、1951年に9冊の発行が確認されている。また、1950年9月には『奇抜雑誌 別冊』として『猟奇生活』も刊行されている。

　現物を確認できなかった号の目次・奥付については、若狭邦男『探偵作家発掘雑誌第1巻』（日本古書通信社、2016年）に掲載されている目次・奥付情報を参照した。また、創刊の経緯については、創文社の社長であり、編集・執筆にも携わった秩父甚次郎の回想録「エロ雑誌出版者の記録」（『風俗科学』、1954年6月）、「エロ出版懺悔録（2）」（同、1954年8月）、「エロ出版懺悔録（4）」（同、1954年9月）と、松沢呉一『エロスの原風景』（ポット出版、2009年）を参考にした。

　『奇抜雑誌』第1号（1949年4月）は、同じ創文社から創刊されていた『怪奇雑誌』の別冊として創刊された。創文社は『怪奇雑誌』『奇抜雑誌』のほか、『奇抜世界』『猟奇雑誌』『猟奇生活』などを発行していた出版社である。第1号の「編集後記」には、「「怪奇雑誌」の別冊として、奇抜な読物を満載して、「奇抜雑誌」の第1号を世に送ることになつた。世の中が落着くに従つて、私たちの求めるものは、暗い印象を与える犯罪ものでもなければいかがわしい猥セツものでもない。心をほのぼのとする奇抜な空想である。この一本が皆さまの心をやわらげ、明日への生活への素晴らしい慰安になることを切に祈つている」とある。「心をほのぼのとする奇抜な空想」を雑誌の特色とするところから『奇抜雑誌』というネーミングとなったことが窺える。後述するように、確かに奇抜な内容が多い。

　『奇抜雑誌』の定価は、1949年4月の創刊号当初は45〜50円、一周年を記念する1950年3月号から、それまで56頁だった頁数が倍近い92頁となる際に、65円に値上げしている。1951年1月発行の「新春魅力号」から頁数が120頁に増え、定価も80〜85円となる。同年5月発行の「明朗号」からは、小型B6判サイズに変更され、定価も75円に下げられる。『奇抜雑誌』はほぼ各号に「○○号」という特集名が記されていることが多い。

　編集兼発行人は、創刊号は手塚正夫、第2号にあたる1949年5月号から1950年2月発行の「2月号」までは柳研太である。「3月号」（1950年3月）から第2巻第7号（1950年7月）までは編集人が高野義輝、発行人が手塚正夫、第2巻第8号（1950年8月）からは、発行人が秩父甚次郎に変更となっている。手塚正夫は秩父の本名であり、柳研太は高野義輝のペンネームである（唐沢俊一「漫画についての怪談」『幽』2008年7月）。

秩父甚次郎（本名・手塚正夫）は、20代のころは、東北や北海道で中学校の教師をし、また、中国経済の研究もしていたが、敗戦で職がなくなる。新生社という出版社に入社するが、そこの給料だけでは妻子を養うことができず、カストリ雑誌の出版に踏み切る。1948年に創文社を作り『怪奇雑誌』を出版する。そのうち資金を提供するという人物が現れ、『奇抜雑誌』を創刊しようとしたが、その人物からの資金提供はなく、結局、秩父の自己負担で創刊した。『怪奇雑誌』『奇抜雑誌』の売れ行きは良く、一時は一か月5万部づつ10万部売れたという。

　高野義輝は東京に生まれ、学生時代から「新世紀漫画集団」というマンガ集団を結成して漫画家をめざしていたが、法政大学在学中に予備士官学校に入学。戦後、新生社に入社し、そこで秩父甚次郎と出会い、『奇抜雑誌』の編集に携わる。「柳研太」「高野よしてる」の名前で表紙や挿絵、マンガを描いた。その後、少年・少女雑誌に漫画を連載し活躍する。代表作は「赤ん坊帝国」である（宇田川岳夫『マンガゾンビ』太田出版、1997年）。

　創刊号（1949年4月10日発行）は、『怪奇雑誌』の「別冊」として発行された。表紙はピンクの水着を着た女性の図像である。柳研太（高野義輝）が描いている。以後、かなりの号の表紙や挿絵を高野が描いている。『奇抜雑誌』の表紙はほぼ毎号、鮮やかな原色に、水着や半裸の女性のデザインが多い。創刊号のグラビアは、「男性恐怖時代」として、レビューや待合での接待の様子を、男性が踊り子や芸者になり、女性をもてなすという性別役割を逆転して写したものである。特集は「東洋デカメロン」として、日本・中国・朝鮮の艶笑話が掲載されている。以下、特徴のある記事・事項のみ紹介する。

　『奇抜雑誌』というタイトルだけあって、早川哲次「処女奇聞　投げ飛ばす女」（1949年5月号）、今井辰也「妖気夜話　臍のない花嫁」（情熱号、1949年8月）、佐久間十郎「奇抜実話　深山の怪淫女」（歓喜号、1949年12月）、南條哲夫「奇抜夫婦　くっついたお尻」（明朗号、1950年4月）など、「奇抜○○」、「○○奇聞」といった角書をつけて、読者の興味を煽る読物記事が多い。また、高澤與志夫「猟奇探訪　裸体クラブ探訪記」（1949年5月号）、本社調査部「共同便所の落書を調べる」（明朗号、1950年4月）など、探訪記事や調査記事も雑誌の主要な読物であった。歓喜号（1949年12月）から、巻頭の漫画や記事が多色刷となる。また、明朗号（1950年4月）から、目次がカラー印刷となる。

　『奇抜雑誌』は本当とは思えない奇抜な実話、ありえそうもない怪異記事、荒唐無稽な艶笑話や、風俗探訪記事、漫画などで構成されている。書き手は発行人の秩父甚次郎、高野義輝のほかに、南條哲夫、高澤與志夫、今井辰也、櫻井とし子、平野元、巽千代吉、北川安吾の名前がしばしば登場するがいずれも経歴は不明である。有名人

としては、第3巻第9号（1951年9月）に、「やりくり漫画特集」に『アンパンマン』の作者である「やなせ たかし」の名前が見えるくらいである。秩父甚次郎によれば、1948年に発行した『怪奇雑誌』について、最初の二年間は表紙から記事まで全部自分で書いたと告白している（「エロ雑誌出版者の記録」前出）。1949年から1950年初めのまだ頁数が少ない『奇抜雑誌』の記事も相当の部分を秩父が名前を変えて書いているのではないかと推測される。

　また、『奇抜雑誌』の呼び物は、巻頭グラビアの「奇抜写真」企画である。裸体の女性と写真や漫画をコラージュした写真で、高野義輝が企画・制作した。例えば、1949年5月号には「ヤジキタ肉体の探検」は女性の裸体を山に見立て、小さくなったヤジキタが登山するもの、情熱号（1949年8月）の「女ターザン張り切る」ではジャングルの写真を背景に実際の裸体の女性がヘビやワニと闘う図像が巻頭を飾っている。毎号、巻頭グラビア写真ではこのような、複数の写真や絵を組み合わせたフォト・コラージュの写真漫画が掲載されている。モデルにはプロのモデルやストリッパーを使うこともあったが、新聞で素人女性を募集したこともあったという。

　現在のところ、1951年9月5日発行の『奇抜雑誌』第3巻第9号まで確認できている。しかし、これが最終号かどうかはわからない。「編集後記」には、「次号を怪奇雑誌と共に御期待下さい」とあるので次号以降も出ていた可能性がある。また、秩父によれば、『怪奇雑誌』と『奇抜雑誌』で「金も出来たし、要領も分かつたし、いつまでもエロ本でもあるまいと思つて」（「エロ雑誌出版者の記録」前出）、まず恩師のマルクス経済学者の本を出版しようとするが実現せず、次に若いころから好きな短歌雑誌を出そうと思ったが売り上げが少なそうなのでこれも断念、最後に考えたのが芸能雑誌であったという。その芸能雑誌は未確認であるが、秩父によると、それまで約1千万の黒字だった創文社は、芸能雑誌を発刊することで、毎月百万、2百万円と欠損して、とうとう1952年の末には1千万円の赤字をつくってしまって、倒産したという。もしかしたら、ある時期から『奇抜雑誌』を廃刊して、芸能雑誌に乗り換えたのかもしれない。また、秩父は別のところで、1952年秋にエロ雑誌の取締強化の方針が警視庁から出され、『怪奇雑誌』の12月号と1月号が摘発されてしまい手形が不渡りになり会社を閉鎖せざるを得なかったと語っている（「エロ出版懺悔録（4）」前出）。芸能雑誌の失敗と『怪奇雑誌』の摘発のダブルパンチで創文社は潰れてしまったのだろう。

［光石亜由美］

◎解説

狂艶

『狂艶』は1947（昭和22）年8月に岡山県の興文社（玉野市田井7-351）から創刊された。当時、少なからずあった地方発行のカストリ雑誌として注目される一冊である。終刊は不明であり、1948（昭和23）年6月刊行の通巻8号まで確認されている。出版地の岡山県玉野市は瀬戸内海に面し、航路によって四国（香川県高松市）との玄関口として栄えた県内第四の市である。県の中心である岡山市と隣接しているとはいえ、編集や東京とのやり取りには相応の困難があったことが想像されるが、雑誌奥付には、発行元のほかに東京事務所・関東発売所として興文社東京支社（東京都渋谷区氷川町46）が置かれており、この住所は、編集兼発行者・佐武淳治（4号、1947年11月より田部喜太郎に交代）が代表を務めていた「新刊図書雑誌卸サタケ書房」東京事務所と同じであり、創刊時から地方で印刷した冊子（印刷所は共同印刷［岡山市大供186]）を全国に取次ぐ体制を備えていたことが推測される。佐武は1946（昭和21）年に興文社を設立、書籍や文具の販売と並行して出版業を行った。同社からは『狂艶』のほかに『だんらん』（1948年2月創刊）を刊行している。『だんらん』は3号（1948年5月）のあとがきに記された「最近雨後の筍のように濫立してきた軟派雑誌、それらいみじくも名付けたり「カストリ雑誌」と。／即ち一号（一合）から三号（三合）まで位なら大丈夫だが、それから先は危険という凝つた意味ださうである。／全くそ

図1 『だんらん』3号（1948年5月）表紙

う云われても仕方のないヒドイ雑誌も多い。創刊号即終刊といつたテアイであるが、本誌はどうやら「カストリ雑誌」の汚名を脱却しそうです」というカストリ雑誌の語源〈三合（号）〉説を記録した雑誌として知られるが、『だんらん』こそ3号で消息不明という皮肉な結果となっている（図1）。また興文社では、犯罪事件を掘り下げる旬刊新聞『浮世タイムス』を「狂艶の弟分」として刊行していたようだが、現在では確認することができない。

『狂艶』の創刊号と2号（1947年10月）はカストリ雑誌の一般的なサイズ（B5判）の半分の大きさ（B6判）で刊行され、3号（1947年11月）からB5判に変更、表紙絵も妖艶な

現代女性の肖像画から浮世絵の美人画に統一
された（図2、図3）。創刊号後記には、「日本
に民主々義の黎明来り若人希望の時代、迷信と
暴力と威嚇から解放され、真に自由に眼醒めた
青春の血たぎる皆様に娯楽教養の明朗豁達な
る雑誌「狂艶」第一号を送るは、たゞに食糧不
足敗戦の傷手から来る陰影を一掃する封建国
家日本人の体臭を根本的に覆すのみならず真
の民主々義国家を建設せん使命を帯びて誕生
した新しい自由主義雑誌として広く皆様の御
愛読を賜り度偏に御願ひいたします」と雑誌の
目指すところが語られている。まるで輿論雑誌
のような創刊の辞は異彩を放っているが、続く
2号でも、『狂艶』は「巷間の有害無益な悪書」
ではなく、「性は神秘なるものとして、性智識
は云ふべきもの、聞くべきものに非ずとした旧
い封建思想を打破して、性を面白く平易に理解
する指導雑誌」であると述べている。これらの
裏側には『狂艶』が他のエロ雑誌とは異なるこ
とを強調したい思惑が見えるが、加えて、新た
な時代にいまだ残る封建主義を打ち砕かんと
する編集方針であったことがわかる。

図2　創刊号（1947年8月）表紙

図3　3号（1947年11月）表紙

　こうした編集方針のもと、毎号5〜6本の小
説と変態や裏街などをテーマとした読物が掲
載された。執筆者は今日では無名の人物がほと
んどで、ペンネームを使用した者も多い。毎号、
賞金付きで読者から原稿を募集しており、3号
には「「返討ち」を御寄稿くださいました生土
港の菅徳三様御住所御通知下さい。船名不明の
為御送金出来ません不悪」と投稿採用の痕跡があり、実際に読者の原稿を誌面へ活か
していたことがわかる。そのなかに、『アルキメデスは手を汚さない』で1973（昭
和48）年度江戸川乱歩賞を受賞した小峰元（1921〜1994）がいる。当時、小峰は
毎日新聞社社員として大阪在住であり、『狂艶』には「嬲り者」（4号）、「殺人綺譚」（5
号、1948年2月）、「可愛い男」（6〜8号、1948年3〜6月、未完）を寄稿している。

すべて小説で、「嬲り者」では夫が戦地で死亡し未亡人となった二人の女性が男子中学生を誘惑、「殺人綺譚」では殺してしまったパンパンとの顛末を復員兵が語り、「可愛い男」では少年がその美貌のために夫の出征後に日々を憂う婦人や入隊した軍の上司に翻弄されるというように、時代のキーワードをちりばめながらカストリ雑誌の面目躍如といった内容である。また、小峰のデビュー作は1948年に『犯罪百面相』（大阪・出版研究社）に発表した「仮面の花嫁」だといわれ、『狂艶』への寄稿はこれに先んずるものとしても注目される。また、戦前に探偵雑誌『ぷろふいる』の編集者として、多くのペンネームを使い分けて活躍した九鬼紫郎（1910〜1997）が三上紫郎として「京都乙女」（7号、1948年4月）を寄稿している。

　そして、小峰とともに誌面に多く登場する名として「夏目原人」「小酒井喜久夫」がいる。この2名は、岐阜の石神書店から刊行されていた『オール猟奇』3号（1947月11月）に掲載された次号予告「小児愛好症 夏目原人」が4号（1948年1月）では「小児愛好症 小酒井喜久夫」として発表されたことから同一人物であるとされる（若狭邦男『探偵作家発掘雑誌 第1巻』日本古書通信社、2016年）。『狂艶』には3号から登場し、夏目原人として「血をすゝる男」（3号）、「上海お信エロ行状記」（6号）、「踊り場の『赤い花』」（8号）を、小酒井喜久夫として「好血の処女神」（4号）、「残忍性色欲異常症」（6号）、「鉄窓夜話」（7号）、「千一夜物語 南国性愛夜話」（8号）を寄稿している。表題から推測することは難しいが、夏目名義の寄稿は小説・コントであり、小酒井名義は論説または神話などからの逸話紹介となっている。『オール猟奇』は小酒井が「医学博士」であるとしており、ここから正体は不明であるが、原稿内容によって筆名を使い分けていたカストリ雑誌における書き手の姿が浮かびあがってくる。

　このように投稿原稿を中心として構成された『狂艶』は、馬屋原成男『日本文芸発禁史』（創元社、1952年）によると、わいせつ物頒布として3、5、7、8号が摘発を受け（5、7号は一部地域での押収）、なかでも3号「肉体文学特集」は、ほとんど全編の内容と挿絵について問題になったという。前述の編集人交代もこの処分によるものと思われる。数多あるカストリ雑誌のなかで、現在確認できる8冊中4冊が処分をうけるという例は際立っている。それだけ本誌が当局から注視され、また一地方に留まらず広く読まれていたことの証左でもあるが、『狂艶』と同じ発行元・編集部であったためか『だんらん』も創刊号から発売禁止となった。これに対して『だんらん』は当局に睨まれているカストリ雑誌であるという点を逆手にとって、次号（1948年4月）ではあえて伏字を使用して対抗策を講じている。姉弟の近親相姦を描いた美園薫「不倫」における「妙子はエキサイトして上気した頬をしきりに春夫にすり寄せていた。灼熱したような春夫の体は、白魚のやうな姉の指のあひだにあつた。沸騰したオルガムスは二人に早く訪れた。…（引用者注：51字分の三点リーダ）…春夫は泥沼に陥

つてゆく、肉の淵にぐんぐん嵌り込んでいるような気持で肉欲をフルに作用させていた。」がその例であるが、伏字にしたことで読者の好奇心をより刺激しており、編集部の作戦勝ちといった感がある。このように『狂艶』編集部は、カストリ雑誌の放つ妖しさや多くの投稿原稿を活かしており、中央に頼ることなく地方にあって奮闘した小出版社の好例として記憶されるにふさわしい雑誌であるといえよう。　［石川偉子］

◎解説
共楽

図1 『共楽』創刊号（1947年7月号）

『共楽』は1947年7月に蓬書房から創刊された（図1）。現在のところ1948年5月まで6冊の発行が確認されている。「創刊に際し」（第1号）には「大体、こんな疲労した世の中で、物を考へるのは嫌だ。それより面白おかしく世の中を過したい。それは誰でもだと思ふ。〔中略〕我々の双肩には平和国家再建の重任がある。そして建設の為に疲れた身体を癒す時、何を求めるだろう。酒は高い、甘い物も少い、果実などとても手が出ない、とすると、何を求め、何に頼るのだろう結極、一番手の出し易いのは書籍ではないだろうか―と浅慮乍考へたので、早速こんな本を編輯してみた」と創刊の意図が語られている。戦後の「平和国家再建」の重任と復興の疲労を、この雑誌で癒してほしい、「兎に角、本誌は何も難しい問題は抜にして唯、楽しんで戴ければ充分です」といった表現で娯楽本位の雑誌であることが創刊号から目指されており、そのメッセージが『共楽』という雑誌タイトルにも込められている。

末永昭二によれば、戦前、1931年に同じタイトルの雑誌が発刊されていたそうだ。この戦前版は、長谷川伸の時代小説が呼び物で、講談、現代小説、探偵小説、時代小説などが掲載された娯楽読物雑誌であったが、戦後の『共楽』とは連続性がないようである（「昭和出版街第5回 戦中雑誌と消えた作家たち」『彷書月刊』2001年10月）。

また、『共楽』といえば、第2号の表紙に描かれた、大きな眼と煙草をくわえた唇の大胆なデザインが印象的である。第2号の目次には「表紙及カット 桂木秀」とあるが他の号には表紙やカットの担当画家の記載はない。

第1号から第6号まで、編集兼発行人は岩下義秋であるが、第5号のみ岩下義秋の名前が傍線で消され、「五十嵐三太郎」と、あとから印鑑で訂正が加えられている。また、発行所である蓬書房の住所は、第1〜3号までが「東京都渋谷区代々木本町851」であるが、第4号から「東京都渋谷区代々木西原町930」に変更されている。すべてB5判で、定価は第1号から第5号までが20円。第6号が35円に値上げしているが、

奥付、裏表紙の「三十五円」という価格表示の「五」の部分が青い丸の印で消されており、第6号は30円で販売されたと思われる。蓬書房からの刊行物としては、1,000部限定出版の『世界好色文学史』（戦前、文藝市場社から出版されたものの復刻）が広告で確認できる。また、蓬書房は避妊具・衛生器具の販売店も兼ねていたらしい。誌面には「花柳病予防」と「産児制限」用の「プレンヂャーサック」「プレヂヤースキン」を販売する「友交社」の広告があるが、住所が蓬書房の住所と同じである。

　現在確認できるのは第1号から第6号までである。第6号の「共楽亭」という記事には、「本誌『共楽』も二年目を迎へて、断然充実した新年号を皆様のお手元にお送りする事が出来ました。私達一同増々張切つて素晴しいプランを計画しております。明るい楽しい雑誌。皆様が必ずや満足して頂ける雑誌。『共楽』といふ雑誌の意味もお分りの事と思ひます。／何卒、二月号三月号を御期待下さい」とある。さらに、創刊号から「直接申込は受付致しません」と読者からの直接申し込みを受け付けていなかったが、第6号掲載の営業部からの「御知らせ」では、地方読者からの要望で今後は直接申し込みを受け付けると告知されており、第6号以降も継続する予定であったことがうかがえる。しかし、第7号は現在までのところ確認できないので、第6号（1948年5月）で終刊となったと思われる。継続の意志はありながらも何らかの理由で継続が困難になったと推測される。

　その理由の一つとして度重なる摘発が考えられる。長谷川卓也によれば、『共楽』6冊中、第1、2、4号の半分が摘発されたという（『《カストリ文化》考』三一書房、1969年）。また、1947年10月1日発行の『共楽』第3号の裏表紙には、10月下旬発行予定の『月刊雑誌　一日一夜』の広告が出ている。「猟奇と名のつく世のエロエロのことゞもをイヂクリまわし、さても楽しき「一日一夜」を過し給へかし」「乞御期待」と謳われている。現物を確認できていないので確かなことは言えないが、猟奇・エロ系のカストリ雑誌であったと思われる。第4号、第5号にも『一日一夜』の広告が裏表紙に掲載されているが、出版社が「青文社」（代々木上原町）に変更している。「青文社」は蓬書房のダミーの会社だったかもしれない。第3号の「共楽亭」という通信欄には、『共楽』の「弟分」として『一日一夜』を発行するので『共楽』と同様に可愛がつて下さい」とあるので、『共楽』『一日一夜』の二誌で経営を支えようとしたがうまくいかなかったのではないか。

　『共楽』は、第1号から第5号まではほぼ毎月発行しているが、第5号の「共楽亭」には、「毎月千八百円ベースのやりくりでまごまごしてゐる間、師走に入つてしまつた」とある。そして、1948年5月発行の第6号は、前号の第5号（1947年12月発行）から約半年の時間がかかっている。第6号の「共楽亭」には、「本誌『共楽』も二年目を迎へて、断然充実した新年号を皆様のお手元にお送りする事が出来ました」と「新年

号」をうたっているが、実際発行できたのは、5月である。1947年冬から、翌1948年はカストリ雑誌の取締が強化された時期にあたる。また、1948年からはインフレも加わって多くの出版社が倒産した。こうした状況も加わって、継続したい意志はあるが、経済的に継続が困難になったのだろうと思われる。

『共楽』第1号（1947年7月1日発行）には10本の記事・小説が掲載されているが、その最後を飾るのが、探偵鴨川清一が登場する杉山清「獣鬼の後裔」である。杉山清は探偵小説家で、「杉山清詩」「覆面作家」「青空晴子」「白壁角平」「岡虹二」の筆名でも執筆をしている（若狭邦男『探偵作家発見100』日本古書通信社、2013年）。『共楽』では、「アムステルダムの大魔窟」（第2号）、「逆光線の魔巷」（第3号）を執筆している。杉山は1951年10月、『オール・ロマンス』に「曝露小説 特殊部落」を発表。当時杉山は京都市の保健関係に勤務する公務員だったこともあって、部落解放同盟は京都市を糾弾、のちにオール・ロマンス事件といわれる事件の渦中の人物である。

第2号（1947年9月1日発行）には、鹿火屋一彦（かびやかずひこ）「留置場古今譚」、凸凹寺法主「呂の字談義」などが掲載されている。鹿火屋一彦は、カストリ雑誌『猟奇』にも寄稿、また、ゲイバー、女装、同性愛についてルポ『夜の異端者』（南旺社、1958年）を執筆した作家である。凸凹寺法主は、四国の神官で、久保盛丸という名前で戦前から活躍した性器崇拝研究家である（長谷川卓也《カストリ文化》考』前出）。第3号（1947年10月1日発行）には古書蒐集家・研究家である斎藤昌三による、露伴が『しがらみ草紙』に発表した「艶魔伝」の紹介記事「露伴の粋文学艶魔伝」、「過淫症」や「性的倒錯症状」など性科学の知識を紹介した夏目原人「色慾亢進と性慾異常」などがある。第4号（1947年11月1日発行）には、田崎末郎「貞操と女優のヅロース」、花房四郎「結婚・性愛問答」などがある。花房四郎、本名・中野正人。戦前、『文藝市場』『グロテスク』などを発刊したエログロの旗手・梅原北明の片腕として活躍した人物である。第5号（1947年12月1日発行）には斎藤昌三「粋な兼好の随筆」、花房四郎「南欧奇談 女人禁制」、民俗学者である藤澤衛彦「雪女との交婚譚」、鹿火屋一彦「ちようふぐれ談話」などが掲載されている。第6号（1948年5月1日発行）は花房四郎「愛欲追放」、壇譲治「事実小説 霧の夜のホテル」、ナンセンス作家である武野藤介「妻の本音」などが掲載されている。

以上のように、『共楽』には、杉山清、花房四郎、鹿火屋一彦、斎藤昌三、藤澤衛彦、武野藤介など比較的著名な作家が多数執筆している。また、創刊号から一般読者に向けて論文、小説、随筆の原稿募集も行われている。論文は「性慾の研究等」、小説は「軟文学を正しく見て猥褻に流れないもの」、随筆は「明朗にして、芸術味のある、エロテシズム」という注文が付けられている。どのくらい投稿があったかは不明である。斎藤夜居は『続・カストリ雑誌考』（此見亭書屋、1965年）で、『共楽』を「別に特

色のある雑誌ではない」としているが、「兎に角、本誌は何も難しい問題は抜にして唯、楽しんで戴ければ充分」という創刊目的は当時の「時代相」をよく表しているとしている。6号中3号が摘発されたというが、雑誌の内容は当時のカストリ雑誌からすれば穏当なものであるといえよう。

　なお、『共楽』に関しては、原卓史が「『共樂』総目次」(『尾道市立大学芸術文化学部紀要』15号、2015年) で解説と総目次を執筆・紹介している。　　　　[光石亜由美]

◎解説

サロン

　創刊は1946年8月で、発行は銀座出版社。東京都京橋区西銀座の電通ビル7階にあった同社は、坂口安吾『堕落論』（1947年6月）など文芸書を多く刊行した出版社である。本誌の創刊は1946年8月（第1巻第1号、図1）だが、同号の「編集後記」によれば、「三月創刊の予定が七月に遅延した」という。創刊時の編集方針は、「高踏を避け低俗に流れず、をモットーに疲れた人々に心豊かな人間らしいひとときを過して頂き度いといふ切な希望で出発する心算です」（同「編集後記」）というところにあった。編集兼発行人は首藤恒。判型は当初 A5判で、後述するように2巻3号（1947年3月）から B5判となる。なお、プランゲ文庫に残されている GHQ/SCAP の検閲資料によれば、創刊号に掲載を予定していた有馬頼義「父よ」（A 級戦犯容疑を受けた父・有馬頼寧の裁判に言及する内容）が「SUPPRESS」（公表禁止）とされ、掲載されなかった。創刊号には、丹羽文雄「再婚」（長編連載の第1回）が掲載されたほか、美川きよ「硝子の中の人」、芝木好子「女二人」、野澤富美子「鎌倉ぐらし」など女性の書き手の文章が多く並ぶ。

　続く第1巻第2号（1946年10月）では井上友一郎「夏帝」、田宮虎彦「天人」などを掲載。「編集後記」では、「娯楽雑誌に純文学作家とは変だ」という声があるが「本誌は面白い小説を掲載するのを目的としてゐるので、決して純不純を問題にしてゐな

図1　『サロン』創刊号（1946年8月）

い」と反論、「現在敗戦といふ條件下に文化国家を創らうとする日本に問題なく許されるのは芸術部門」であり、「その意味で本書の如きものが活躍する余地は十分あるのです」という自負を示している。このような「芸術」志向が全面的に展開されたのが、「小説特輯号」と銘打った第1巻第3号（1946年11月）であり、坂口安吾「続戦争と一人の女」、宮内寒弥「時間」、富田常雄「閑古鳥」、森三千代「白い鳩」、倉光俊夫「少女」、フランシス・カルコ（青柳瑞穂訳）「逮捕」、新居格「奇人変人」、大屋久寿雄「日本のモナコ」、岩下俊作「あきれた話」など多くの小説が掲載された。「編輯後記」では特に坂口安吾に言及し、「最近の氏に対する

批判は此作品を無視しては困難と思ふ。敢えて御一読をおすすめする」と推挙している。創刊当初における基本的な方向性は「新しい時代の市民一般及びサラリーマンの雑誌」「大人の雑誌」（第1巻第4号「編輯後記」）というところにあったようである。

　創刊2年目の第2巻第1号（1947年1月）は、プランゲ文庫に編集作業中の段階と思われる校正刷だけが残されており、実際には刊行されなかったものと推測される。目次には林房雄「煙草と悪魔」、新田潤「月の夜」、田村泰次郎「娘たち」、エーラ・イムベル（米川正夫訳）「鶯とバラ」、西川満「雪衣娘」、今日出海「邂逅」などが並んでいるが、林、新田、田村、今の作品は、後日第2巻第3号（1947年3月）に掲載された。また、プランゲ文庫資料の中には、目次には記載のない「私の村私の町」（読者からの投稿を掲載する欄）の校正刷もあり、複数箇所にわたって「delete」の指示がなされている。

　今の「邂逅」にも一箇所「delete」の指示がある。「編輯後記」では西川や今の作品を特に推挙したうえで、「本号でサロンはぐつとくだけた面白い品のある娯楽雑誌になつた。もう一息で必ず他誌を圧倒しうると信じてゐる」としていた。

　その後、第2巻3号（1947年3月）から判型がひとまわり大きいB5判となり、巻頭にカラーページが配されるようになる。同号ではオフセット3色印刷の「東西やくざ風俗」と題した特集が組まれ、瀧川太朗、赤松俊子、木村荘八、三雲祥之助による絵と文を掲載している。また、目次上に置かれたカットは猪熊弦一郎による女性裸体のスケッチであり、ダンサーらしき女性を描いた表紙絵とも相俟って、この頃からわずかに「カストリ雑誌」めいた雰囲気が現れ始めているともいえるが、その直後から用紙事情の悪化によりページ数は大きく減少する。最もページ数の減少した第2巻第7号（1947年8月、総頁数32）の「編輯後記」には「建頁が減つて、正に皿数の少ない料理のやうだ」という嘆きの言葉が見られる。

　その後も巻頭にグラビアページが配される構成は続き、第3巻第2号（1948年2月）では初めてヌード写真（大木実撮影「春を待つ裸婦」）が掲載された。また、誌面全体の構成も創刊当初の「芸術」志向から大きく推移し、巻末に置かれた「サロン・フラッシュ」（編集後記）では、いささか内輪受けめいたゴシップ調の文言が掲載されるようになる。たとえば、「最近高木というのが（引用者注、編集部に）迷ひ込んで来たが、入江青年と結んで時々若い女性帯同でカストリ（恐るべし）パーテイとしやれる。（以下略）」（「サロン・フラッシュ」第3巻第2号、1948年2月）といった調子である。この件については第3巻第7号（1948年7月）に掲載された坂口安吾「集団見合」でも言及されているが、文中の「入江青年」とは『サロン』編集者として安吾宅に出入りし、のち河出書房『知性』編集部に移籍、詩人としても活動した入江元彦のこと。「高木」は、もと春陽堂『新小説』編集者で、のち銀座出版社『サロン』に移籍した

図2 『サロン』第4巻第8号（1949年9月）

高木常雄。いずれも安吾の弟子のような形で親しく行き来した人物である。なお、先述の安吾「集団見合」には「岩田専太郎先生の小説を持ってきて、私にサシエをかけ、という難題をフッかけにきたサロンのチンピラ記者、高木青年」という記述も見られるが、ここで言及されているのは第3巻第6号（1948年6月）の特集「非小説六人集」のことで、文章と絵それぞれについて専門家でない者を宛てるという遊びが行われていた。また、本誌の展開の中で見逃せないのは、「サロンカーニバル」と題した読者招待イベントの開催である。第3巻第8号（1948年8月）以降くり返し告知されたこのイベントは、東京（コロンビア後援）と大阪（大阪新聞社後援）で計4回にわたって盛大に行われた。

　その後、本誌は通常号に加え「特選小説集」と題した臨時増刊号をくり返し刊行するなど、大衆文芸誌としての色彩を明確にしつつ発展していった。1948年に3回にわたって刊行された臨時増刊号の掲載作品は以下の通りである。菊池寛「約束」、獅子文六「夏の餅」、長田幹彦「踊り子日記」、濱本浩「牡丹桜」、富田常雄「明日香」、野村胡堂「白髪の恋」、長田秀雄「二重人格」、中野実「裸体の流行」、邦枝完二「延津賀殺し」（以上『別冊特選小説集第一輯』1948年3月）、坂口安吾「アンゴウ」、井上友一郎「仇花」、北條誠「愛の季節」、芹沢光治良「結婚の鐘の音」、尾崎士郎「粧虎伝」、寒川光太郎「雑沓街」、南川潤「火あそび」、田村泰次郎「中央線夜色」（以上『サロン別冊特選小説集第二輯』1948年5月）、富田常雄「残夢」、林房雄「村一番の鍛冶屋の女房」、木村荘十「女の衣裳」、西川満「ハイビスカスの女」、邦枝完二「旅芸人」、尾崎士郎「ねぼけ丸」、大林清「灰色の雨」、火野葦平「恋女房」、舟橋聖一「桃割れの女」（以上『サロン 臨時増刊号特選小説集第三輯』1948年9月）。

　以上のような路線に変化が現れるのは1949年に入ってからのことで、同年6月の第4巻第5号の吉田満「小説軍艦大和」掲載が転機となる。この作品は本来、「戦艦大和ノ最期」として『創元』創刊号（1946年12月）に掲載される予定だったが、GHQ/SCAP の検閲により全文削除処分となったものである。その後、吉田は「細川宗吉」名義で、文語体だった文章を口語体に改め『新潮』1947年10月に「戦艦大和」という題で発表しているが、『サロン』への再掲にあたっては改稿を行ったうえで「小説軍艦大和」と改題、吉川英治、小林秀雄、林房雄、梅崎春生の跋文と共に掲

載されている。続く第4巻第6号（1949年7月）には火野葦平「暴力の港」が「セミ・ドキュメンタリー小説」として掲載されるが、千葉県銚子を舞台にした任侠物語が、末尾に「よく似た事件はあつたが、モデルにしたわけでないことを、お断りしておく」という断り書きがなされたものの物議を醸し、第4巻第8号（1949年9月、図2）の巻末には改めて「編輯部」名義で「一部には同篇を以てすべて事実の如く誤解され為に迷惑を感じられてゐる向きもあるやうに承知しますので茲に重ねて同篇が「小説」であつて事実ではないことを明らかに致します」という弁明が掲載された。その後も、第4巻第7号（1949年8月）〜9号（1949年10月）に戦争末期の昭和天皇や政治家たちを描いた丹羽文雄の記録小説「日本敗れたり」や佐藤太郎

図3 『サロン臨時増刊号 大日本帝国始末記 第1輯』（1949年12月）

「小説軍艦武蔵」（4巻10号、1949年11月）や榊山潤「小説山本五十六」（4巻11号、1949年12月）など、にわかにドキュメンタリー色の強い誌面構成となり、『サロン臨時増刊号 大日本帝国始末記 第一輯』（1949年12月）（図3）も刊行されるが、この辺りで『サロン』の刊行は実質的に止まっている。『サロン』というタイトルを冠した最後の刊行物は第5巻第4号（1950年3月）の臨時増刊号だが、「野球特集 ストーブ・リーグ始末記」と題されたその誌面は、それまでの『サロン』とは全く関係のないものである。

[大原祐治]

◎解説
小説世界

図1　創刊号（1948年7月）表紙

図2　1巻3号（1948年9月）表紙

『小説世界』は1948（昭和23）年7月に創刊された娯楽雑誌である（定価35円、44頁）。発行所は北光書房（東京都中央区銀座7-4）、編集人は浮世絵研究で知られる吉田暎二（1901～1972）が務めた。吉田は1923（大正12）年に歌舞伎座へ入社、雑誌『歌舞伎』の編集を担当したのちに木版画集の出版や浮世絵の復刻を主とする高見沢木版社を経て1943（昭和18）年頃に北光書房へ入社した人物で、入社後は『東州斎写楽』『浮世絵美讃』（ともに1943年）、『浮世絵辞典 上巻』（1944年）の自著を北光書房から刊行し、『小説世界』創刊に携わる。本誌の表紙は、創刊号はこちらを見つめる女性が印象的な硲伊之助の油絵だが、1巻2号（1948年8月）から大蘇（月岡）芳年の浮世絵が（1949年1月まで）、2巻2号（1949年2月）からは五代目鳥居清言の美人画が飾っており（1949年8月まで）、浮世絵に通じた吉田の影響がうかがわれる（図1、図2）。なお、終刊は不明だが3巻5号（1950年5月）まで23冊が確認できる。発行元の北光書房は1942（昭和17）年頃から開始した出版業を1950（昭和25）年中頃に停止しており、『小説世界』は2巻1号（1949年1月）から北光書房と同住所の小説世界社（発行人・友部浩幸）へと発行元が移るが、北光書房の終止が雑誌の終刊だろうことが推測される。

　誌面は、創刊号「編集のあと」に「実があつて、誰でも楽しく面白く読める雑誌、たゞそれだけが私達の願ひ」とあるように、読みやす

く愛される一冊として広範囲の読者を獲得することを目指して編まれた。『小説世界』の名が示す通り、毎号8～10本の小説が掲載され、顔ぶれは川口松太郎、谷崎潤一郎、田村泰次郎、丹羽文雄、広津和郎、吉川英治、吉屋信子ら当代一流の布陣であり、時代小説では子母澤寛、角田喜久雄、野村胡堂、長谷川伸、村上元三ら人気作家を揃えるなど、同時期の他誌と比べて誌面の豪華さにおいて突出した存在であった。これら作家のほとんどが北光書房から単行本を刊行しており、作家と信頼できる発行元との良好な関係が誌面の充実につながっている。この執筆陣には編集部も自信があったようで、雑誌の最初期には「まねの出来ない堂々の三つの長篇小説」(1948年8月)、「絶対他誌に見られない豪華さ」(1948年10月)、「真似の出来ない最大の豪華内容」(1948年12月)と強調して購読者を増やす一策としている。なかでもとくに永井荷風の新作4篇(「新作 脚本腕くらべ」(巌谷眞一との合作、1948年9～11月)、「停電の夜の出来事」(1949年4月)、「春情 鳩の街」(1949年7月)、「裸体」(1950年2月))が掲載されたことは注目される。このうち、「停電の夜の出来事」、「春情 鳩の街」は懇意にしていた女優・高杉由美のために書かれ、どちらもが発表と同時期に高杉主宰の劇団美貌によって浅草で上演された、荷風が戦後に発表した戯曲の代表作である。荷風は雑誌にとって特別な存在であったようで、編集部は「いつもお心にかけられ、数多い雑誌の内で、本誌のみが御作を戴けること」、「これこそ〝小説世界〟の特徴」、「まことに小説雑誌の覇者たるの貫禄を示したものとして、本誌の誇り」(3巻3号(1950年3月))と感謝している。

こうした執筆陣や内容から、本誌を所謂〈カストリ雑誌〉と呼ぶことは困難であるが、創刊一周年となった2巻7号(1949年4月)に掲載された「応募総数八万八千五百八十一と云ふ大盛況」という懸賞企画の結果から、応募は雑誌綴じ込みハガキを使用したものであり、そして応募しなかった読者も相当数いたことを合わせると、想像よりも多くの人々に読まれていたと考えられる。宇野浩二は、荷風の「春情 鳩の街」に寄せた評論で「「小説世界」といふ大抵の人が知らないやうな大衆むきの雑誌」「「小説世界」という全く名も知らない大衆雑誌」と、『小説世界』が無名であることを強調するが(『独断的作家論』文藝春秋新社、1958年)、当時の大衆娯楽を考えるためには外すことのできない一冊といえる。

創刊以来、順調に号を重ね、1949(昭和24)年に入ると「今後は、今迄の小説ばかりと云ふ編集から漸次ぎつしりつまつた独特の面白い読物も並んだ番組を御覧に入れ度く存じます」(2巻2号)と編集方針にすこしの転換が図られるが、雑誌の大きな変化はこの年の後半に訪れる。それは戦時中の事柄を赤裸々に告白するルポルタージュや事実小説の登場である。2巻8号(1949年8月)から2回に分けて、「私達は敗れた! そして茲に満四年を迎へた。私達は敗戦の事実をもつと切実にしらなけれ

図3 3巻4号（1950年4月）表紙

ばならない」、「如何に全国民が馬鹿々々しい戦争に引きづられてゐたかを知るべきだ！」として元海軍少佐・赤城滋雄による「日本海軍の末路」が掲載される。これを出発点として2巻9号（1949年9月）には、「引揚者が描くナホトカから舞鶴迄の深刻なルポルタージュ」である北崎学「引揚第1船」が掲載された。次いで2巻10号（1949年10月）には木村毅「問題小説 アメリカの日本侵略作戦」（11号まで）が、そして「引揚第1船」が好評を得た北崎が2巻12号（1949年12月）に「敗戦前後の地獄絵にも似た『満州国』最後の表情を、筆者が当時見聞した記憶のなかから整理して綴つた」「ソ連軍進駐の日」を発表する。また、「一看護婦が手記した切々たる病院船の情痴と悲情！」として弓田みね「事実小説 病院船の愛欲」（2巻10号）や、米国人将兵を「宝塚ガールを動員して、女の手で暗殺することを陸軍大臣から命ぜられた女性が描く告白小説！」と宣伝された比田秋子「花の刃」（2巻12号）など、女性の告白も掲載された。これらは赤城や北崎のものに比べて、事実というよりもゴシップ要素の強いものであるが、誌面には〈終戦後四年〉となってようやく語ることができるようになったとする事柄が続々と発表される。この傾向は同時期の他誌（『オール小説』など）と共通するものであるが、〈戦争〉を振り返って記録しようとする姿勢と、眼に見えない事実を知りたいという人々の欲望に、1949年後半の社会には時間の経過が生んだ一種の余裕が生まれており、大衆誌はそれを敏感に感じ取っていたと見ることができる。

　しかし、この流れは新年を迎えると従来の編集方針に戻り収束する。3巻3号と続く4号（1950年3月、4月）には「モデル小説の決定版」として明治文壇を描く覆面作家「実説 金色夜叉」が掲載されるものの、〈敗戦〉をキーワードとする前年度の事実小説とは異なっている。また、3巻3号では「本号から、小説世界は日本一安い雑誌を目指すことになりました」として、続く3巻4号では表紙にひと際大きく「50円」と印刷し、それまで特集名や目玉記事の題名、「大衆娯楽雑誌」としていた表題の冠に「日本一安い50円の読物雑誌」と銘打って、雑誌の売りをそれまでの誌面内容から値段の安さへと変更させている（図3）。さらに、初めて読者に向けて「お願ひ」をする。それは「本号の小説読物の内、どれが一番面白かつたか、お葉書をいたゞき

たいと存じます」「尚、読者の皆様のお好きな小説家の御名前をお書き添え下されば更に幸甚と存じます」というもので、読者は何を求めているのか、『小説世界』は何を掲載すればよいのか、雑誌の行く道を模索する編集部の姿が浮かびあがる。こうした迷いを反映してか、次号の3巻5号を前後して消息不明の状態となる。順調に見えながらも突然に終焉を迎えるという最後にも、いまだ混乱の時代であったことが想像され、『小説世界』はその内容と編集動向から当時の日本に漂っていたムードを体現する雑誌であるといえよう。 ［石川偉子］

◎解説
新文庫

　1947年5月に創刊された当初の発行所が鉄道弘済会新文庫社（東京都千代田区丸
ノ内）であり（図1）、第2号（1947年7月）以後には表紙に「列車時刻表附」と記
され、巻頭および巻末に「主要列車時刻表」を掲載していたことから明らかなように、
本誌はもともと駅売りの雑誌として編集されていたものである。広告欄にも「旅行や
通勤に快適なポケット版」で「全国駅売店にて発売」の書籍シリーズ「手帖文庫」（発
行所：地平社、配給元鉄道弘済会）や、各駅にあった「弘済会ストア」（鉄道弘済会
直営）の広告が掲載されるなど、創刊当初における本誌は、販売され読まれる場所が
明確に意識されたメディアであった。

　内容としては、題簽を尾崎行雄が書き、久米正雄、阿部眞之助、大佛次郎による「世
相よも山ばなし」や矢部貞治「新憲法を生かす途」といった記事が掲載されていた創
刊号のあり方からも明らかなように、本誌の基本的な路線は、もともとリベラルな総
合雑誌といったところにあった。創刊号のあとがき直前に置かれた「文化雑誌として
の一つの型」と題した文章には、次のように雑誌の方向性が示されていた。「[…] こ
れまで大衆娯楽雑誌と言われていたものが、果して民衆的な価値をもつていたかどう
か？　民衆の正しい文化に役に立つていたかどうか？　厳粛に考えるべきである。／
『新文庫』は今まで分類的に言われていたようないわゆる総合雑誌でもないし、大衆

図1　『新文庫』第1号（1947年5月）

娯楽雑誌でもないし、さりとてその中間をゆく
雑誌界で言う中間雑誌と言うようなものでは
ない。編集者の抱負としては、今まで形ちづく
られていなかつた『文化』の肉体ずけをする気
組みがあり、そのためには、それぞれの深い独
自なハタケをもつ執筆家の、積極的な協力をね
がいたいと思つている。[…]」（傍点および仮
名づかいは原文ママ）。このような編集方針は、
編集主幹だった武川重太郎（雑誌『不同調』の
同人でもあった山梨県出身の小説家）によるも
のだろう。

　続く第2号（1947年7月）で小汀利得・高
神覚昇・林芙美子・猪熊弦一郎・石川栄耀の座
談会「美しい町　復興をどう美しくするか」の

ほか、正宗白鳥「文学雑感」、川端康成「山水巡礼」、横山五市「賠償撤去と日本産業」、岡田三郎「酔へぬ人々」など、第3号（1947年10月）で仁科芳雄、堀内敬三、今和次郎、木々高太郎、新居格による座談会「明るい生活を語る」のほか、戸川貞雄「影のうすい女」、野尻抱影「銀河」、長谷川伸「花火」、尾崎行雄「実用的なものへ」、上司小剣「墓」などが掲載されていたことからも、創刊当初のこの雑誌が穏当なリベラル志向を示していたことがわかる。第3号の「編集後記」によれば、「「新文庫」のような雑誌は（発行所や、その経営体から言つても）あくまで車内で読まれるところに生命があると信じているから、主として旅客に読んでいただけること

図2　『新文庫』第2巻第6号（1948年9月）

を目的として編集する。しかし、これは旅というものを研究する雑誌ではないし、また、旅客というものは、これは旅行する一つの社会であるから、その誰でもが平易に読めるような、万人向きの、いい意味で面白い、明るい雑誌にしたい」、というのが編集側の明確な意向だった。なお、第3号に掲載された上司小剣の文章は、入稿後に上司が急逝したために絶筆となったことが「上司小剣氏逝く」という記事で報じられている。

　以上のような雑誌の性格に変化が生じるのは、第2巻第6号（1948年9月）からである。この号より発行所名は「新文庫社」（東京都中央区京橋湊町）となり、それまで掲載されていた鉄道主要駅の時刻表や料金表が姿を消すなど、誌面から鉄道および旅行関係の要素がなくなる。まさに、「（発行所や、その経営体から言つても）あくまで車内で読まれるところに生命がある」とされていた、この雑誌の基盤となる部分そのものに変更が生じたことになる。

　このとき編集主幹も伊倉賢治郎に変わっているが、以後、雑誌の性格は少しずつ変化していった。もともと本誌の表紙には女性を描いた絵柄が用いられていたが、発行所が変わり編集主幹が交代したことで、いわゆる「カストリ」雑誌的な雰囲気への接近がにわかに出現し始めることとなる。リニューアル第1号にあたる第2巻第6号（1948年9月、図2）では志村立美の美人画を表紙にあしらい、巻頭には岩田専太郎の画および文による「喝采」が掲載された。内容は舞台での成功を獲得したものの、そのことをきっかけに恋人だった売れない作家の男と別れることとなった女優が、観客からの喝采を浴びながら満たされなさを感じる、といった感傷的な物語である。そ

図3 『新文庫』第3巻第7号（1949年7月）

の直後にも「海浜アラモード」と題した水着姿の女性たちをあしらったイラストが掲載され、「夏の花」と題した高峰秀子の水着写真や、「夏姿」と題した赤坂芸者たちのピンナップなどが続く。その後に掲載される文章も、田村泰次郎「肉体の真夏」を筆頭に、丸木砂土、加藤武雄、長田幹彦、西川満、長谷川伸など、これまでの本誌には登場しなかったタイプの作家たちの名前が並ぶ。また、それぞれの文章には必ず挿絵が付けられているが、画家として名前が並ぶのは高沢圭一、志村立美、富永謙太郎、岩田専太郎らである。

　第2巻第7号（1948年10月）も、巻頭には岩田専太郎によるいささか煽情的な挿絵があしらわれた林房雄「月の夜の物語」が置かれ、舟橋聖一「君ありて美しき夜」と田村泰次郎「真昼を生きる女」の連載が開始されるなど、大衆雑誌としての新機軸が明確に示されている。同号には他にも井上友一郎「恋愛架橋」、木村荘十「紅燈」、邦枝完二「をんながた」などが掲載され、続く第2巻第8号（1948年11月）でも、巻頭に置かれた長田幹彦「菊がさね」（志村立美・画）に始まり、香山滋「死の接吻」、北條誠「愛欲の位置」、村松梢風「薊のお紋」などが掲載された。第2巻第9号（1948年12月）は巻頭カラーページに子母沢寛「お辰街道」（志村立美・画）や高峰三枝子や柳橋芸者らの写真が配されたほか、読物としては濱本浩「紅い布団」、南川潤「人生の午後」、山手樹一郎「艶聞士かつぎ記」のほか、「特集探偵課題小説集」と題して水谷準、城昌幸、海野十三の作品が掲載される小特集も組まれた。

　さらに、3巻1号（1949年1月）からは表紙に「大衆娯楽雑誌」という文字が配されるようになるとともに、新企画として「誌上百美人コンクール」が告知され、読者に対して写真での応募が呼びかけられる。「かならず和服を着用した写真にして下さい」という条件が課され、「着用している着物の地色、模様の色、帯の色など」を書き添えることが求められた。これは、1948年9月以降の「新出発」以降、この雑誌の売り物としてきた巻頭の「五色刷グラフ頁をひろく一般に開放」するものだとされている。審査員としては花柳章太郎、長田幹彦、宇野千代、久米正雄、志村立美が名前を連ねた。また、第3巻第4号（1949年4月）で口絵の裏に掲載された秦豊吉「ガクブチ・ガール」は写真入りで「額縁ショー」（名画を舞台上で再現する活人画）の

様子を紹介しているが、これが本誌で初めてヌード写真が掲載された事例となる。

　その後さらに第3号第7号（1949年7月）（図3）から問題作「天皇」の続編と称する長田幹彦「女官」の連載が開始され、第3巻第8号（1949年8月）には、林房雄の推薦文とともに、「戦後肉体小説の最強巨篇」と称して野田開作「女の密林」が掲載されるに至って、本誌の性格は大きくセンセーショナリズムに傾くことになる。とりわけ後者は、戦時下の南洋における慰安所の女性たちと主人公である将校とのあいだでくり広げられる官能的な物語が三木秀による挿絵と共に展開され、強いインパクトを与えた。さらに同号では、巻頭グラビアにおいても大竹省二によるヌード写真が3ページにわたって掲載された。

　その後も、掲載時点で東宝による映画化が決定していた寒川光太郎によるモデル小説「脱獄囚」（第3巻第10号、1949年10月）や、安田樹四郎によるセミ・ドキュメント「横浜暗黒街」（第3巻第11号、1949年11月）などの掲載が続き、この頃になると創刊当初の面影がほとんど感じられない誌面構成になっている。なお、11月・12月合併号となった第3巻第11号以降の刊行状況については未詳である。

〔大原祐治〕

青春タイムス

図1　表紙（3巻1号、1950年1月）

『青春タイムス』は1948年11月に創刊された。発行は新英社（東京都新宿区早稲田鶴巻町四二番地）、編集人は田中澄である。なお、3巻8号（1950年11月）の奥付から、発行所が「株式会社青春タイムス社」となっている。しかし、住所は以前と同様である。また、この社名変更の事情については誌面からは全く窺えない。さらに、5巻1号（1952年1月）からは、株式会社弘和書房（東京都千代田区神田多町二ノ二）に変更されている。これについては、同号の「雑記帖」（編集後記）に「今回、「青春タイムス」は、弘和書房から出版致すことになりました。内容其他皆様のお気づきの点、又こちらの手落について、その旨御投書戴ければ幸甚です」とある。編集人も今井明夫という人物に変わった。

　本誌の表紙は1951年末までほぼ毎号顔を寄せ合う男女が描かれていることに特色がある。2巻1号（1949年1月）の「編集後記」でも「表紙と口絵のすばらしさとは、今後も雑誌界の驚異として、絢爛たる印象を残して行くでしよう。」と自信を見せている。2巻2号（1949年3月）の最終ページには編集後記ならぬ「編集ごっこ」があり、その文句の調子からは、この雑誌の雰囲気がよく伝わるだろう。

　　この青春タイムスは、あのウ、ロマンス豊かな南国の情緒と、マロニエの花咲くフランスの匂ひを抱いた新鮮な雑誌であると……あれツ、舌がもつれそうになつちやつた……

　「フランス」を持ち出しているところ、同じ傾向の他のカストリ雑誌と一群にまとめられるかもしれない。しかし、掲載された記事を見ると、「生殖ホルモン講座」など科学を装うものや、銀幕のスターたちのゴシップ、小説が多くを占め、ヨーロッパに関する記事は見られない。また、編集部は「二十代ばかりの青年」で構成されていることが、2巻6号の（1949年7月）「編集後記」に書かれている。

『青春タイムス』の特色の一つに、読者が書き手となる賞を設け、実際に受賞者を発表、作品を掲載したことが挙げられる。2巻5号（1949年6月）の43頁に、「第一回懸賞募集作品発表」の記事がある。それによれば、賞の名前は「第一回青春大衆小説」であり、応募作品は463通、予選通過が23通だったという。そのうえで、成瀬洋一郎「意馬心猿」が最優秀作、浅沼健「未完の少女」、田中美麿「混血児エリー」、今井裕「裸体画」が佳作となった。このうち、当該号には浅沼と田中の作品が全文掲載された。最優秀作品の作者である成瀬は「作者の一身上の都合に依り誌上発表はせず」、佳作の中でも今井は「枚数の都合で今回は省く」とされている。一方、掲載された二人は略歴も紹介されている。浅沼健は「昭和元年東京に生れ、立教大学の予科を卒業後、演劇に趣味を持ち、劇団を組織して都内や地方に巡歴し、その間、脚本、小説を書いて現在に至つている」。田中美麿は「大正六年、神戸市に生る。会社員、新聞記者等を経て、現在は古本業。週間朝日、オール読物、講談倶楽部、オール小説などの懸賞短篇に当選せしことあり。神戸三民社出版社発行「短編小説集」の著書あり」とある。田中はその後、2巻9号（1949年10月）に小説「その夜雷鳴す」を寄せている。「青春大衆小説」募集企画は、この一度で終わった。

　また、2巻9号（1949年10月）以降は、口絵に続いて写真のグラビアページが設けられるようになる。当初は「写真小説」と名付けられ、物語に場面写真をつけたものが載っていたが、3巻（1950年）の間には「写真小説」と名乗りながらも、「小説」そのものはおざなりにされ、男女の性行動を示唆する写真が多勢を占めるようになる。

　2巻（1949年）の終わり頃になると、「新婚」や「初夜」がキーワードになってくる。2巻10号（1949年12月）は「新婚初夜特集号」とされ、「新婚初夜に強盗に暴行された新妻の手記」や「新婚初夜に部屋を間違えて見知らぬ男に処女を捧げた花嫁の告白」などが載る。この傾向は翌1950年1月の3巻1号にも引き継がれ、「花も差じらう新妻日記」や「新婚初夜からママになるまでの性愛実験記」が載った（図1、図2）。

　こうした傾向も数ヶ月で衰え、『青春タイムス』は有名人の暴露記事に重きを置くようになっていく。3巻6号（1950年7月）の「編集後記」では、同号掲載の「色魔近衛秀麿」の掲載に際して、「彼の澤蘭子に対する冷酷な事件が、一般の道徳的立場から見て断固ゆるすべからざるものがあると思い掲載を強行した」と釈明しつつ、「青春タイムスは社会人の私生活をバクロするためにあるのではない」と述べている。また、「最近、青春タイムスに色気がなくなつたと評する者がある」ことにも触れられ、これについても釈明を重ねている。しかし、『青春タイムス』の煽情性の要は暴露であるという特色が鮮明になったのがこの時期である。

　3巻8号（1950年11月）の「編集雑感」には、次のように書かれている。

図2　目次と別冊附録（3巻1号、1950年1月）

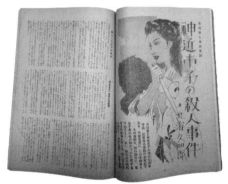

図3　北海久四郎「名流夫人情痴実話 神近市子の殺人事件」（4巻1号、1951年1月）

神近市子女史が、去る夕刊朝日の紙上で、望ましくない雑誌として「青春タイムス」「人間探究」を挙げている。若し女史の云う通り此の世の中のうちで「青春タイムス」を追放したならば、いつたいあとには何が残ると云うのだろうか？

その後、この筆者はかつての日蔭茶屋事件や神近が「追放したい筈の「人間探究」の何月号かに、座談会のメンバーとして列席している事実」を持ち出し、彼女が「青春タイムス誌上にこそ綴られてもよい筈の愛欲史」の持ち主であると主張している。神近の新聞での発言は、管見の限り確認できなかった。その後、4巻1号（1951年1月）の『青春タイムス』は、10頁にわたって北海久四郎「名流夫人情痴実話 神近市子女史の殺人事件」を掲載する（図3）。もちろん、日蔭茶屋事件を描いたものである。その冒頭には「今を世に時めく女流評論家の彼女が、長夜ひそかに褥の襟を嚙んで、ヨヨとばかりに忍び音を洩らし、身も世もあらぬばかりに悔恨の涙に咽ぶこの事件は、人間の醜いまでの露わな情痴の世界を、まざまざと見せつけてくれるものだ」とある。これが、『青春タイムス』が神近に発したメッセージだったともいえる。

この、神近市子の「情痴実話」が掲載された号の目玉は、「全国美人肉体コンクール」だろう。巻頭に17人の女性たちのオールヌード写真が掲載され、この中で「日本一の裸体美人」を当てるという試みである。賞金は総額10万円と謳っていた。応募券が当該号に挟まれており、一枚で投票と予想の両方を行う形になっている。投票数は

8126通だったと報告されている（4巻4号、1951年3月）の編集後記にあたる「「青春タイムス」雑記帖」参照）。

　1950年以降は、記事の種類もエロティックなものに限らない実録物に変容してきていたが、1952年に発行元と編集人が変わるとこの傾向が顕著になり、「国際スパイ」、「犯罪」、「事件」といった文字が躍動するようになる。こうした流れと、城戸礼の作風とは相性が良かったと思われる。城戸は1931年2月に『新青年』でデビューしていた書き手だったが、『青春タイムス』では実録風の小説を書くようになった。『青春タイムス』に掲載された城戸の作品は、後にこの作家独自の作風（ハードボイルド）が認められるようになる前段階のものと位置づけられる。4年ほど続いた『青春タイムス』のうち、後半の「顔」として城戸礼を挙げてもよいだろう。

　なお、筆者の手元では5巻9号（1952年9月1日発行）まで確認できたが、それ以降も発行されたかどうかは未詳である。

【雑誌に掲載された主要作品リスト】
1948年11月（1巻1号）　寒川光太郎「噂さの女」、森三千代「不倫の残骸」
1949年1月（2巻1号）　北條誠「悔恨の記憶」
1949年3月（2巻2号）　柴田錬三郎「偽れる恋人」、長谷川幸延「のんき好色」
1949年5月（2巻4号）　田村泰次郎「夢を咬む女」、伊馬はるべ「恋の吹き流し」、山手樹一郎「花嫁変化」
1949年7月（2巻6号）　井上友一郎「初夜」、石塚喜久三「愛欲の女体」
1949年10月（2巻9号）　宮内寒彌「たそがれの貞操」
1950年1月（3巻1号）　石塚喜久三「肉体ざかり」（連載）、柴田錬三郎「色魔の位置」
1950年11月（3巻8号）　城戸礼「銀座風雲児」
1950年12月（3巻10号）　池田みち子「運命の女」
1951年3月（4巻4号）　石塚喜久三「新篇　月形半平太」（連載）
1951年4月（4巻5号）　城戸礼「急襲東京麻薬街」
1951年5月（4巻6号）　城戸礼「銀座カルメン」
1951年7月（4巻7号）　城戸礼「悲恋拳銃無宿」
1951年10月（4巻10号）　大宅壮一「冷たい性欲」、城戸礼「浅草三四郎」
1952年4月（5巻3号）　城戸礼「アプレ水滸伝　血桜の龍」
1952年5月（5巻4号）　城戸礼「アプレ水滸伝　浅草の龍巻」
1952年6月（5巻5号）　城戸礼「アプレ水滸伝　銀座の鉄血漢」
1952年7月（5巻7号）　城戸礼「アプレ水滸伝　急襲　ラク町秘密警察」
1952年8月（5巻8号）　城戸礼「アプレ水滸伝　侠児の鋪道」　　　　　　[尾崎名津子]

性文化

図1　表紙（1号、1947年2月）

『性文化』は1947年2月に、神保町を所在地とする株式会社畝傍書房が創刊した。創刊号の「後記」に「文化日本の新発足とともに、畝傍書房が復活した」、「畝傍書房によせられた絶大な社会的信用を裏切らない決意のもとに、堂々出した雑誌である」とあるように、畝傍書房は1940年から九段に社を置き、歴史や宗教学を中心とした、主として単行本の刊行を続けていた。戦時中と本誌とでは、刊行物の発行人や出版社の所在地が異なっているなど差異もある。

　1号（1947年2月）（図1、図2）の編集兼発行人は金光好雄で全60頁。東京ではニューブック社、大阪では法政書房が「一手販売」となっている。奥付にある定価の表記については、管見の限り2パターンある。定価60円で「（一萬部限定）」となっているものと、定価28円と印字されている左に「加算額　弐円」と捺印され、「（一萬部限定）」の印字がないものである。おそらくこれは用紙の違いに因る。斎藤夜居は本誌を「総アート紙印刷の豪華雑誌」として紹介しつつ、発行部数を1万部と紹介している（斎藤夜居『カストリ考』此見亭書屋、1964年7月。引用は『カストリ雑誌考【完全版】』金沢文圃閣、2018年9月による）。ゆえに斎藤が見ていたのは上記2パターンのうち前者の、いわば豪華版だったのかもしれない。

　1号の表紙にはボッティチェリ「春」が使用され、『性文化』のタイトルの上に「The Sexual Culture」と銘打たれている。表紙の下部にも英語で「Tokyo Japan」、「UNEBI PUBLISHING CO LTD」との表示があり、同時期の他のカストリ雑誌とは雰囲気が異なっている。

　斎藤夜居は「発行年代から云つてどうして出現したか、判らない。性研究専問誌という表看板の割合に内容はかたもので、挿入図版も珍奇な絵画に乏しい」と述べ、「編輯者は人間の持つ性器の位置が、頭よりづーと下だということを忘れていた。一号で廃刊になつたのも無理はない」と評している（典拠は前掲）。

　この証言の、1号で廃刊したという指摘について補足をすると、畝傍書房が発行す

る『性文化』は、少なくとも第5号まで確認で
きる。ただ、斎藤のように認識するのも致し方
ないかもしれない。2号の表紙は西洋絵画では
なく石川亨の女性画が採用され、雑誌タイトル
のロゴも赤地に白抜きで「性文化」と、大きく
印字されている。表紙絵は毎号異なる画家の手
によるものになるが、ロゴは2号から5号まで
同じものが踏襲されている。なお、赤地に白抜
きで雑誌タイトルを表示するスタイルは、畝傍
書房から発行されていた『犯罪実話』（1947年
7月）でも同様である。また、1号は本文の文字
が黒と緑の2色刷りになっているが、2号以降は
黒一色である。このように、1号とそれ以降と
では、雑誌の雰囲気が別物に見えるほど大きく

図2　「創刊の辞」（1号、1947年2月）

変わっているのであり、斎藤のように捉えるのも無理からぬところがある。

　2号（1947年4月）（図3）は「後記」に誌面1頁分を割いている。執筆者も複数
署名されており、「K」、「野瀬皎一郎」、「岩波凍光」、「悦治」、「成瀬」の五名である。
このうち「成瀬」は、「先日某作家を訪問したら、「性文化が発禁になりましたそうで
すね。」と言はれる。「あゝ、そうですか。」──全くお笑ひごとではない。当の編輯
者が知らないのだ。そんな噂さの飛ぶのも仕方がないと考へた」、「「性文化」といふ
誌名だけでは、かつての煽情的な或は変態的な雑誌を連想されるといふことは止むを
得ない」と書き残した。ここに窺えるとおり、『性文化』は他の「文化的価値のごく
低い雑誌」（成瀬）とは異なり、「人間生活の心理」を「探究」（野瀬）するという、
高踏的な態度を鮮明に示しつつスタートした雑誌だった。この態度は「創刊の辞」の「人
間の解放をうらづけるために、ぜひとも、性の問題を解放し、これに科学性と社会性
を與へ」、「正しい性のあり方を究明確立して、社会啓蒙の重大使命を顕現したい」と
いう宣言にも顕著である。斎藤は、「執筆陣は、木村謹治、長谷川如是閑、北川冬彦、
中野好夫等々の大先生ばかりで、性事を談じても間違つたことを云う方々ではない。
然し、その点が面白くなかつたのであらう。」（典拠は前掲）と示唆に富む評価を下し
ている。「間違つたことを云」はないのは面白くない、むしろ、正確か否か、適切か
否かといったことを問題化するような、〈正しさ〉を追求する態度は、〈性文化〉にお
いて「面白」さを求めるうえで不純物と化す。

　しかし、性を〈正しく〉理解するという態度は、4号（1948年2月）の「編輯後記」
でも変わっていない。「東京太郎」は、「巷にエロの風が吹く。演劇に出版に凡ゆる分

図3 表紙（2号、1947年4月）

野にエロは煩乱している。然しその中に、果して性を正しく理解しようと勉めているものがあるだらうか。」と問うてみせる。そして、「「性文化」を常に正しい方向に進ませようではないか」と読者に呼びかけているものの、高尚な理想とは裏腹に、4号では1号にはそれほど見られなかった女性の裸体画が点数を大幅に増やし、1号で盛んに掲載されていた彫刻（裸像）の写真などは姿を消し、総じて他のカストリ雑誌に傾向が近づいている。

　5号（1949年2月）は、前号から1年も時間が経っているようだが、発行人が金光から松田篤也に変わったこと以外は4号と大きな変更はない。これ以後も発行された可能性はまだ残っているが、現状で確認できるのはここまでである。

　最後に、『性文化』は警視庁管内で摘発を受けたという指摘があることに触れておきたい（笠野馬太郎編「戦後取締られた風俗出版物総目録」（『近世庶民文化』第21号、1954年2月））。1947年中に一度と、3号とのことである。1947年の一度という指摘については、号数は不明である。1号か2号のいずれかとなるが、先の通り「成瀬」は2号の「後記」で「発禁」のことに触れていた。しかし、「成瀬」自身が取り締まりの事実を「知らない」と表向き書いてはいるので、これを根拠に「摘発を受けたのは1号だ」と確定することはできない。

【雑誌に掲載された主要作品リスト】

1947年2月（1号）　長谷川如是閑「性の倫理と科学」、北川冬彦「性と文学」、中野好夫「好色文学の問題」、西村伊作「性教育について」、東郷青児「近頃の男女」

1947年4月（2号）　中野好夫「性愛と情痴」、藤澤衛彦「淫獣としての蛇」、古谷綱武「風俗時評　若い男女」

1947年11月（3号）　柴田錬三郎「裸像の宴」、美川きよ「口説き」、深尾須磨子「女性と肉体」

1948年2月（4号）　石塚友二「陰になつた肉体」

1949年2月（5号）　中野栄三「月華のはなし」、宮地嘉六「好色画家華川」、矢野目源一「見たり聞たり触つたり」　　　　　　　　　　　　　　　　［尾崎名津子］

千一夜

　第1巻第1号（1948年6月）の発行所は明星社（東京都荒川区日暮里町）、編集兼発行人は有吉玄蔵。誌名にちなんで巻頭カラーとして「アラビアンナイト」の内容を紹介する絵入り記事が置かれ、その後にもカラーの挿絵を付した藤沢桓夫「幸福の所在」が続く。そのほか、読み切り小説として北條誠「夢多き日」、井上友一郎「愛の傷口」、寺崎浩「酒乱の一夜」、吉田定一「ヴンガワン・ソロ」などが掲載された。プランゲ文庫に残るGHQ/SCAPの検閲資料では「erotic magazine」と記述されており、特に「erotic」だと見なされたのは吉田定一の作品だったようだが、特に削除指示等がなされたわけではない。

　しかし、この検閲結果に関する通知を受け取ったであろう版元は、「風俗壊乱」について厳しく取り締まった戦前戦中における検閲に関する記憶を念頭に、続く第1巻第2号（1948年7月）をにわかに『オール物語』と改題して仕切り直しを図ろうとしている（ただし、発行所の名称・所在地、編集兼発行人は変更なし）。同号の「編輯後記」には「今回、「千一夜」を「オール物語」と改題、新発足いたしました本誌は、皆様の御家庭で一家揃って楽しく読める健全で明るい娯楽雑誌として御満足いたゞける様」にしたい、という文言が見られるが、巻頭に「アラビヤンナイト」の紹介カラー記事を配置する構成は基本的に変わっておらず、田村泰次郎「彼女たちの恋愛と結婚観」、長沖一「火中の娘」、倉光俊夫「昼と夜の女」などが掲載された。なお、巻末に掲載された出版広告によれば、版元の明星社は藤沢桓夫『幸福の所在』、賀川豊彦『二羽の雀』、大庭さち子『夜の奇跡』を新刊書として刊行している文芸関係の出版社である。

　続く第1巻第3号（刊行月不明）は未見。第1巻第4号（1948年11月）はさっそく『千一夜』に復題しているが、その経緯について巻末「編集だより」には次のように記されている。「本誌は「千一夜」として創刊したのだが種々の事情で第二号、第三号は「オール物語」と改題した。しかし各方面の声援もあり、こゝに再び「千一夜」として世に送ることにした」。巻頭カラー口絵は「オペラの幻想」と題していくつかのオペラ作品を絵とキャプションで紹介するもので、その後には「街で拾つたラブシーン」と題して様々なシチュエーションで男女が寄り添う姿を撮影した写真集が続く。小説としては長田幹彦「人斬り坊主」、木村荘十「燃ゆる薔薇」、大下宇陀児「落語家変相図」などが掲載された。

　第2巻第1号（1949年1月）は、中村武羅夫の連載小説「愛は花ひらく」の第一回

図1　『千一夜』第2巻第2号（1949年3月）

が掲載されたほか、宮内寒弥「夜の厚化粧」、北條誠「道化と花束」などが並ぶ。また巻頭近くの差し込み記事で、「五〇〇〇〇円大懸賞小説募集」の告知がなされた（選者は中村武羅夫および長田幹彦）。奥付によれば編集兼発行人は引き続き有吉玄蔵、発行所は明星社だが、所在地については、関東社（東京都荒川区日暮里町）と関西社（大阪市北区梅田町）の二つが記されるようになった（以後しばらくこの表記が続く）。

　第2巻第2号（1949年3月）（図1）は、長谷川伸「獄門お蝶」の連載が開始されたほか、北村小松「靴帰る」、丸木砂土「媚薬ホルモン亭」などが並ぶ、全54頁。巻末には引き続き「五万円大懸賞小説募集」の告知なされているが、「題材」として「現代もの、時代もの等題材は自由なるも特に猟奇・爆笑・諷刺・魅力に富んだ恋愛、結婚に関したもの」という指定が付け加わった。

　その後、第2巻第4号（1949年5月）以降の誌面では巻頭から目次頁のカットまで裸体画で溢れかえり、記事にも「裸体」という文字が多く見受けられるようになったほか、奥付における発行所表記は、大阪市北区梅田町が「本社」、東京都荒川区日暮里町が「支社」となった。さらに翌1950年になると、発行所は千一夜出版社（東京都葛飾区下小松町）、編集兼発行人は徳永巖に変わっている（第3巻第11号［1950年11月］の「編集後記」に「十月号より本誌の発行所が変りました」とある）。記事としては、巻頭グラビアとして毎回15ページ以上に及ぶヌード写真が毎号掲載されるほか、覆面作家「スターリンの情婦」、夏本圭之助「にっぽんチャタレィ夫人の恋人」など煽情的な内容のものが多く掲載された。

　その後、巻頭のグラビア（およそ20ページほど）においては毎回、「新制花嫁大学」（第4巻第2号）、「真昼の海底宮殿」（同第6号）、「日本娘七つの海を行く」（同7号）、「原始日本の娘たち」（同8号）など、ときにいささか珍妙にも思われるさまざまなシチュエーションを設定しては、女性のヌード写真をふんだんに掲載した（図2）。誌面全体としても煽情的なタイトルが並ぶとともに、新田潤、富田常雄、石塚喜久三、北條誠、今井辰男、山中峯太郎、村松梢風、邦枝完二、徳川夢声、吉田定一、藤沢恒夫らの作品が掲載された。

　1953年に入ると版元の社名が「桃源社」と変わり、編集兼発行人も中島義雄とな

るが、所在地については創刊時以来の東京都荒川区日暮里とされている。この時期における本誌の雰囲気を伝える記事として、第6巻第2号（1953年2月）巻頭の扉ページに掲載された「D文学者」と「編集長」の次のような対話がある。冒頭、「最近エロ出版の取しまりがやかましくなつた様だね」という「D文学者」の言葉に「編集長」は、「日本も独立国になつた」のだから「業者も出版の重要使命が如何に大切であるか位は、分らなくては文化の仲間入りは出来ません」と応じ、「「千一夜」を読めば世界の文化水準が」わかるようなものを刊行するのが自分たちの「信念」だとうそぶいている。

その後、第6巻第6号（1953年6月）において創刊時の編集人である有吉玄蔵の名が奥付に

図2　『千一夜』第4巻第1号（1951年1月）

復帰するのと相前後して、巻頭グラビアは日本人のみならず西洋人のヌード写真も織り交ぜて掲載されるようになるが、中には「鉄のカーテンを開いてみたら今日は楽しい公休日！」と題してソ連女性たちの群像を描いた写真も配置されており、「赤い女学生の手記　ソ連版ひめゆり部隊」と題した読物が掲載されたこともある（巻末「編集手帖」によれば「本誌は常に国内は勿論、ソ連をはじめ赤色共産圏内の国々、アメリカの自由主義諸国に亘って、あらゆる材料を、出来得る限り蒐集して、皆様に提供するよう懸命の努力を重ねています」とのこと）。

その後も「毛沢東治下の愛欲地獄」（第6巻第8号［1953年8月］）のように官能的な内容と同時代の政治を接続するかのような煽情的なタイトルの記事が並び続け、田山花袋「蒲団」の10年後を描いた「解決篇」だと称する中村真「私は堕落女学生」（第7巻第4号［1954年4月］）なる作品が掲載されたりしたが、第7巻第6号（1954年7月）にて突如、以下のような改題告知が掲載される。「次号より―／「楽園」改題に就いての御挨拶／愛読者の皆様には益々御清栄の事と拝察いたして居ります。又小誌「千一夜」発刊以来七年の間、格別の御愛顧御引立を賜りました事は編集部一同厚く御礼申上げます。／扨て現今の社会情勢をかえりみ、又小誌「千一夜」を健全な一流大衆娯楽雑誌としての大飛躍を期して、次号より「千一夜」を「楽園」（パラダイス）に改題の上新発足いたしまして、全国愛読者の皆様の御要望に御応えせんとするものであります。／「楽園」は全頁画期的な編集プランに基いた、芸術的香り高き写真集、一流の原稿を集めて、従来の「千一夜」を完全に凌駕するものと信じて居りま

図3 『楽園』（千一夜改題）第7巻第8号
（1954年8月）

す何卒、新生「楽園」に御期待下さいまして、今後共「千一夜」に倍した御愛読御声援の程謹んで御願い申上げる次第であります。／「千一夜」編集部／愛読者各位様」。さらに、巻末にも「謹告 弊誌五月号に就てのお詫び」と題した一文が掲載され、「四月号取締り後の混乱の最中」にあった編集部の「不注意」により、目次にあった伊勢川強「陵辱された名流夫人」が脱落したほか、いくつかの記事差し替えが生じたことを詫びるとともに、「此の際、編集方針を一擲し、面目を新たにし新大衆誌として再出発するため、新装をこらして、登場することに致しました」と宣言している。

　実際、直後に刊行された号では、唐突に誌名が「楽園」とされ（表紙には「PARADISE」という英語表記も見られる）、発行所は「玄海堂書房」となっているが、所在地は「千一夜」を直前まで刊行していた「桃源社」と同一だった（図3）。なお、「編集人」には高原紀一の名がクレジットされ、発行人は有吉玄蔵とされた。高原は詩人・中村稔の都立五中時代の同級生で、戦後は八雲書店ほかで編集者を務めていた人物。巻頭グラビアにおけるヌード写真の点数は大幅に減少しているが、読物記事の煽情的な様相は基本的に変化しておらず、小説として山田風太郎「失楽の罠」ほかを掲載。続く第7巻10号（1954年10月）は、表紙で「千一夜」というタイトルを掲げているが、裏表紙には「PARADISE OCTORBER 1954」という文字があしらわれており、奥付でも「楽園 第7巻・第10号 10月号」と表記されている。編集人と発行人の名前は前号通りだが、発行所名は桃源社に戻っている。記事としては、やなせたかしのマンガ「鯨丁模能時代（げてものじだい）」や柴田錬三郎の小説「置時計の告白」などを掲載。なお、これ以降の刊行については確認されていない。　　　　　　　　　　　［大原祐治］

探訪読物

　第1号（第1巻第1号に相当）（図1）の刊行
は1947年11月、発行所は日曜文庫（東京都千
代田区神田錦町）だったが、発行所に関する表
記はその後、二転三転する。第2号（1947年
12月、第1巻第2号に相当）は創刊時と同じ表
記だが、第3号（1948年1月、第2巻第1号に
相当）になると発行所の所在地が東京都港区芝
栄町に変わる。その後、第2巻第4号（1948
年4月）まで発行所に関する記述に変化はない
が、第2巻第5号（1948年5月）では所在地が
東京都渋谷区代々木初台町に変わり、第2巻第
7号（1948年7月）では再び創刊時と同じ東京
都千代田区神田錦町に戻るとともに、発行所名
がにわかに「土曜文庫」に変わる、といった具
合である（図2）。この間、編集人・発行人の
名義についても表記が一定せず流動的である。
以下、その変遷を示す。［第1号］編輯兼発行人・
額浩→［第2号〜第2巻第4号］編集発行兼印
刷者・堀井正三→［第2巻第5号］編集発行兼
印刷者・堀井信孝→［第2巻第7号〜］編集発
行兼印刷者・御園良平（第2巻第10号以降は
編集兼発行人）。

　以上のようなめまぐるしい刊記変更の意味
するところは詳らかではないが、第2巻第10
号（1948年10月）に掲載された以下の「社
告」からうかがわれるような、「エロ・グロ雑
誌」への風当たりを意識したものであったかも
しれない。「社団法人日本出版協会では、かね
て関係各方面とエロ・グロ雑誌追放方法を協議
してゐたが、過日エロ・グロ雑誌八十余種を指

図1　『探訪読物』第1号（1947年11月）

図2　『探訪読物』第2巻第3号（1949年
2月）

摘し、各発行所宛文書を以て自粛方を喚起しました。／尚、本誌「探訪読物」はもちろん前記エロ・グロ雑誌には指定されて居ません。愛読者各位におかれては益々の御愛読と御声援を此の際改めてお願ひいたします。敬白／九月　　日」（日付部分の空白は原文ママ）。なおこの社告は、斎藤夜居『カストリ考——肉体小説と生活風俗より見た戦後のカストリ雑誌』（此見亭書屋、1964年7月）17ページで「誌名は略すが」として紹介されているものであり、末尾部分の月表記を変えただけの同じ文面が、第2巻第12号（1948年12月）から第3巻第2号（1949年2月）まで掲載された。

　いずれにせよ、頻繁に表記を変えた発行所についての詳細は定かではないが、毎号の裏表紙（表4）に掲載される出版広告の内容は、このことを考えるうえでの参考になるかもしれない。以下、創刊以来の広告内容について確認する。第1号、第2号の裏表紙に掲載さた広告は時局雑誌『漫画』（漫画社）と小島政二郎の小説『人妻椿』（清泉社）だが、いずれの版元も所在地は「東京都千代田区神田錦町三ノ六」であり、本誌創刊当初の発行所とされていた「日曜文庫」の所在地と同一である。第3号になると雑誌『漫画』（漫画社）の他に、松和書房という出版社の広告が掲載されるが、先に挙げた小島『人妻椿』はこの出版社の刊行物の一つとして、鈴木義一（医学博士）『結婚宝典』、佐々木邦『無軌道青春』および大衆娯楽雑誌『春』とともに掲載されており、この広告は第2巻第3号まで続く。その後、第2巻第4巻、同5号では鈴木『結婚宝典』（松和書房）の全面広告となり、ヴァン・デ・ヴェルデ『完全なる結婚』の日本版とでもいうべきその内容が詳しく紹介されている。さらに第2巻第7号以降になると『結婚宝典』の他に、同じ鈴木の『新妻読本』や竹村文祥（医学博士）の『完全なる女性』、塚田正夫の『詰将棋百番』および『将棋読本』を並べた松和書房の出版広告に転ずるが、注目すべきことに第2巻第12号（1948年12月）より当該広告欄は土曜文庫（本誌の版元）によるものとなり、鈴木義一『結婚宝典』ほかの書物について、土曜文庫が「発売所」であるとする表記と共に広告されるようになる（その後、第3巻第8号［1949年6月］以降になると「発売所」という表記が消え、通常の出版広告となる）。さらに、この広告からは、松和書房が刊行していた雑誌『実話と講談』の版元が途中から土曜文庫に変わるといった動きも確認できる。このことから、松和書房と土曜文庫との間には何らかの関係があったものと推定される。

　続いて各号に掲載された記事内容について概観する。創刊当初における本誌の基本的な性格は、第2巻第3号巻末に掲載された「原稿募集」の内容に表れている。このとき編集部が募っていたのは「探偵小説 四百字詰十五枚／犯罪実話 四百字詰十五枚／特ダネ読物 枚数自由」という3本柱であるが、これは第1号以来の本誌の記事内容と概ね合致している。まずは、第1号から第2巻第4号までの間に掲載された記事のうち、特に創刊当初における本誌の性格を体現しているものを以下に挙げる。青山

廣「探訪特種 平野農相の台所」、江沼三郎「猟
奇実話 女装の怪死体」、遠藤美佐雄「犯罪実話
国際天一坊王大将」、竹村文祥「明朗奇談 腹中
の火事」（以上第1号）、富田英三「踊るエキゾ
ティシズム ラ・マヌエラ半生記」、長屋操「現
地報告 利根川狂う」、加藤芳郎（絵と文）「漫
画探訪 ネズミ仙人会見記」、飯山部長刑事・曾
根刑事・出澤部長刑事・廣瀬刑事「名刑事座談
会」（※内務省警保局が実施した全国スリ検挙
コンクール入賞者による座談会）、鈴木義一「性
の神秘をさぐる」（以上第2号）、中村一郎「探
訪特種 転落のざんげ手記」、青山廣「仁義の
世界 関根組物語」、山寺一郎「坊主犯罪集 尼
僧の善根」、六浦光雄（絵と文）「漫画探訪 市
川のお助け爺さん」、川口直樹「猟奇犯罪実話

図3 『探訪読物』第3巻第10号（1949
年10月）

桃色倶楽部」（以上第3号 ※表紙に「犯罪実話読物特集新年特別号」との表記あり）、
無署名「帝都の真中に秘密劇場 踊り狂ふ裸女」、比留間とく江（加藤芳郎・絵）「犯
罪裏の裏 女囚刑務所潜行記」、青山廣「妻木松吉 ざんげ放談 出獄した説教強盗」、同
「捜査奇談 通り魔 大阪小平事件」、同「犯罪実話読物（1）ピス健一代記」※全4回
の連載（以上昭和23年2月号、第2巻第2号に相当）、山坂転太「東京の夜 パンパン
ガールとの一夜」、吉田武夫「特殊犯罪研究 帝国ホテル売店の美人宝石商殺し」、東
山三六「京都桃色旋風 阪東好太郎愛欲絵巻」、小松鳥夫「探偵小説 マダム殺害さる」、
梅田楠雄「犯罪都市東京 生き馬の目を抜く 都会の誘惑」、城右門「徳川好色秘話 愛
欲の都」（以上第2巻第3号）、藤田まさと「灰田勝彦歌手落第の記」、山坂転六「怪
奇犯罪実話 妻を喰ふ悪魔」、東山三六「京都桃色旋風 留置所の映画スター」、古川三
郎助「犯罪実話 全遞群馬県婦人部長振替貯金魔とはどんな娘か」、川口直樹「肌にさ
れたダンサー達」、長屋操「小平義雄 死刑判決傍聴記」、有島花鳥「愛欲コント 処女
懐胎」（以上第2巻第4号）。大まかに傾向をまとめるなら、かなりの比重を占めるの
が犯罪実話系の読物であり、ほかに散見されるのが芸能関係の読物である（上記の記
事以外に、創刊時から「映画噂話」という無署名記事や「身上相談」などが毎回掲載
されていた）。

　以上のような路線にいささかの変化が現れるのが、第2巻第8号（1948年8月）で
あった。この号では、文壇作家である田村泰次郎の読切小説「銀座裏の愛欲」が掲載
されるとともに、川口直樹「魔女乱舞」および長谷川幸延「わが恋やまず」という2

本の連載小説がスタートした。連載当初から前者は「犯罪実話」、後者は「モデル小説」であるという説明書きが付されていたことをふまえるならば、雑誌の基調そのものに大きな変化があったというわけではないが、これ以後の誌面では少なからず「小説」が登場するようになった。以下、誌面に「小説」として登場した作品を挙げる。久米京介「探偵小説 惚れ薬殺人事件」（第2巻第9号、1948年9月）、櫻町静雄「実話小説 東京千夜一夜」（第2巻第12号、1948年12月）、牧龍介「事実小説 上野の森」（第3巻第6号、1949年6月）、川本不二男「問題小説 暁に祷る」、大田洋子「純愛小説 ある終末」（第3巻第10号、1949年10月）（図3）など。最後に挙げた大田洋子の作品は、シベリア抑留から戻った男性が8年ぶりに訪れた渋谷百軒店のバーで、かつて同じ場所にあった別の名前の店で思いを寄せた女性の妹に偶然出会い、姉に引き合わされるが、すでに人妻になっていた姉との関係を再開させることなく去って行く、という内容のメロドラマである。この作家がカストリ系の雑誌に書いた珍しい事例といえよう。　　　　　　　　　　　　　　　　　　　　　　　　　　　　　［大原祐治］

にっぽん

　創刊は1946年1月で、判型は同時期創刊の雑誌としては珍しい小型のA5判である。表紙は岩田専太郎による風にショートヘアをなびかす女性の全身画で、タイトルのほかに「新大衆雑誌」の表示がある。発行元は東京都麹町区内幸町2-3の日本社。当初の発行兼編輯兼印刷人は笠倉寧之であるが、創刊3号から星野健太郎が発行人になっている。日本社の前身は、1938年に設立された戦線文庫編纂所である。海軍の委託で慰問雑誌『戦線文庫』を発行していた。1939年に興亜日本社に改められ、戦後に日本社となった。『にっぽん』の巻号は9巻1号から始まっており、刊記には1940年10月25日第三種郵便物認可とある。確認される『戦線文庫』の最終号が1945年3月発行の第77号・8巻3号であるため、おそらくこれは、『戦線文庫』からのカウントを引き継いだものと思われる。

　概観して気がつくことは、誌面レイアウトの美しさである。12巻10号（1949年9月）からB5判へ判型が大きくなるあたりまでは、どのような企画でも、おおよそ見開き右側のページから始まっており、中途半端にページを跨ぐようなことは皆無である。カットの配置なども工夫がされているようだ。

　創刊号をみると、小説として木村荘十「試練 トウキヤウ ラバウルの恋い」、ジョン・スタインベック「月落つ」（中野五郎訳）、宇井無愁「遠くの親類」、野村胡堂「一枚絵」のほか、エッセイとして森田たま「ゆく道」、玉川一郎「焼跡の望郷」などが掲載されている。裏表紙には、資生堂化粧品が広告を載せている。野村の時代物は、これに続く号でも末尾の作品として定番の扱われ方がされている。

　9巻2号には「日米女性新春問答 日本女性の解放とアメリカ娘の自由生活」の鼎談が組まれ、イムボデン少佐（マ司令部新聞雑誌課長）、シャイン中尉（マ司令部新聞雑誌課）、佐多稲子、邦枝梢（邦枝完二令嬢）と記者らが並んでいる。このGHQ関係者を巻き込んだ鼎談会は、その後もしばしば行われ、『にっぽん』の目玉企画として置かれていたことがわかる。日本社は、『国際文学全集』『アメリカ文化選書』『日本文庫』などを刊行しており、その近刊予告がこのあたりから掲載されている。

　9巻3号にはラフカディオ・ハーンを題材にした藤沢恒夫の「国際小説 ヘルン先生」のほか、ワンダ・ワシレーフスカヤ「虹」の袋一平による概説、和田伝「現代小説 新生の首途」などが載っている。「編輯後記」に「とくに、今月号からは、アメリカの諸相とデモクラシーと女性向上のために大いに苦心をした。これには、アメリカ婦人将校の匿名であるが、アメリカ文化第一線に立つ教養ある方で特に日本に来られ

てゐる方の御指導の力が大であり今後とも同将校よりは、いろいろ資料や御啓示によつて、本誌の内容は、一段とすばらしくなると信ずる」とある。これは、翌9巻4号でインボーデン少佐「特別寄稿 アメリカ女性の家庭生活」が掲載されていたり、ダンカン・マクファーレン（マ司令部勤務英国海軍少佐）、ヘッセル・ティールトマン（英デーリーヘラルド極東支局長）、中野五郎（前朝日新聞ニューヨーク特派員）らによる鼎談「イギリスの武官・特派員の見たるにっぽんの文化と女性」が組まれていることと繋がっている。

9巻5号は豪華増刊として、「アメリカ映画読物号」、さらに9巻13号に映画増刊として「日本映画読物号」が通常号よりも大きいB5判で発行された。

9巻6号は吉岡登美子（連合軍最高司令部勤務）、初美玲子（マッカーサー総司令部民間情報局勤務）、坂井さち（銀座PX・進駐軍酒保勤務）、瀬尾あけみ（進駐軍専門店新田商会勤務）、吉本照子（R.A.A.銀座オアシス勤務）らによる「新恋愛と結婚を語る G.I. 職場の淑女」と題する鼎談を掲載している。また、その男性版ともいえる灰田勝彦、佐分利信（映画俳優）、福島玄一（マ司令部勤務）、斎藤友成（PX副支配人）、川北長年（銀座オアシス主任）らによる「人気者と進駐軍職場の青年の語る新恋愛と女性操縦」鼎談が翌号に組まれている。進駐軍に関係する職業人の証言として、貴重かつユニークなものだろう。

皇室に関する記事も掲載されている。9巻8号には巻頭記事として田中徳一（共同通信宮内記者）「天皇陛下と宮城内の食生活」、9巻10号には笹栗とほる（読売新聞記者）による同じく巻頭記事「三内親王に御食生活を伺ふ記」がある。このような記事を小説作品に紛れ込むような位置に置くことはできなかったのだろう。

10巻3号（1947年2月）はやや不思議な号である。表紙に「現代尖端娘読物号」と表示があるものとないものとがあり、内容が異なる。表示があるものには、P.36に林二九太「明朗小説 お姫様の初恋物語」、P.40に古川眞治「尖端娘探訪小説 罠をかける美女」、P.50に「名作クライマックス・コント」がある。一方、表示がないものはP.36に小川哲男「人情目明し よしきた金ぱち」（漫画）、P.38に中野実「スリ小説 隼ざんげ」、P.50に「大当り籤コント」が置かれている。大きな違いとなっているのは古川眞治の小説である。これは、熱海へ旅興行の女優を探しにきた座付き作者を主人公としており、元スターの小牧みどりを訪ねた際に、友人の堤糸子という元女優を紹介されるストーリーである。二人の女性は、現在は洋裁店を営む糸子の魅力が伝わるように、共謀して作者を混浴風呂へ導き、糸子に夜の相手もせさた。女性らによる想定外のやりかたに困惑する主人公が描かれているが、これが何らかの理由で削除され、内容を入れ替えたものが発行されたらしい。

一般人と政界人との鼎談も企画されている。10巻9号の「誌上録音 大臣と女学生」

と10巻10号の「黒字生活はいつからか 労働大臣と働く女性 座談会」がそれであり、前者は水谷長三郎（商工大臣）と東京女高師付属高等女学校27名のやり取り、後者は米窪満亮（労働大臣）と工場職員・小学校教員・ホテル職員・アナウンサーら5名の女性とのやり取りが記録されている。

図1 『にっぽん』1949年11月号

11巻3号（1948年3月）には、田村泰次郎と芸者・ダンサー・バー女給など4名の女性との鼎談「男相手の女が覗いた人生大うら噺座談会」が、11巻8号には長田幹彦、山田五十鈴、式場隆三郎らによる「情死座談会」など、文壇人を中心とした鼎談が組まれている。後者は、太宰治心中に続く「情死」を議論し合った内容である。

12巻からは連載小説が多くなり、長田幹彦「愛妾」、田村泰次郎「女体溶けるまで」、サトウハチロー「しなびた糸切歯」、木村荘十「肉体の悲哀」、伊地知進「奉天の落陽」などが掲載されている（図1）。

12巻10号（1949年9月）からは、先にも記したようにB5へ判が大きくなり、巻頭には水谷茂（元巨人軍主将）による4年間のシベリア抑留生活を記録した「私は生きて還つた」が一挙に掲載された。翌12巻11号（1949年10月）は、通常号も出たものの、不思議なことに刊記によると1949年8月発行の12巻11号があり、これは通常号よりも小さいB6判の増刊で、「男女二人で喜ぶ娯楽の泉」の副題がある。内容は、時代物のエロ小説が中心で、「読切大増刊 色好み江戸淫書 男女和合読本」という特集表示に準じたものである。

13巻（1950年）は表紙が高野三三男の絵に替わった。内容は男性向け愛欲小説雑誌の性格が強くなり、創刊時の上品さはかなり薄れている。14巻（1951年）からは加藤義雄の表紙画になり、中身はほぼ全ページにカットが置かれ、見ていてやや煩さを感じる誌面になっている。筆者が実物を確認できたのは14巻2号（1951年2月）であるが、日本近代文学館の蔵書目録によると1957年4月発行の20巻5号までは発行されていたようだ。　　　　　　　　　　　　　　　　　　　　　　　　　[牧 義之]

ネオリベラル

1947年12月創刊。赤刷り題字の下に黄刷りで「新自由」と記されている（図1）。創刊号の奥付には「定価廿円 昭和廿二年十二月二十日印刷 昭和廿二年十二月卅日 編集兼発行人 矢留節夫 発行所 下関市吉見永田町 東亞出版社 配給元 日本出版配給株式会社 印刷所 大垣市西外側町二 岐阜県印刷株式会社 発売元 名古屋市中区東本重町三 東亜社」とある。創刊号のサイズはB5判36頁である。また、裏表紙が1948年のカレンダーになっており、本文には「貴方の今年の運勢判断」が書かれている。

目次には「猟奇実話特集」と銘打たれており、古橋澄「昭和好色五人女 五十万円麻酔強盗近藤忠雄をめぐる」、福田絹子手記「小平義雄に襲れた私」、春山園子「闇の女に落ちるまで」、

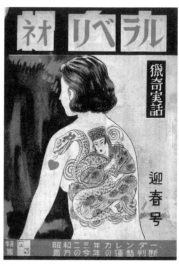

図1 『ネオリベラル』創刊号（1947年12月）

末松和夫「パンの門」、八切止夫「脱走魔 花山辰雄の真相」が掲載されている。また、読物としては氏家昭二〔海外犯罪実話〕「魔の手紙」、青木浩〔怪奇実話〕「変態性欲狂」、久野守重〔猟奇小説〕「裸にされた娘」が、性考証記事として三浦大助「大奥好色史」、大道寺三郎「変態見世物考」、官川鯉魚「性的刑罰史」、無署名「連続江戸噺」、「桃色名作集」などが掲載されている。

通巻2号の奥付には「定価廿五円 昭和二十三年二月二十日印刷 昭和二十三年三月一日発行（第二巻第二号）編集兼発行人 矢留節夫 発行所 下関市吉見永田町 東亜出版社 配給元 日本出版配給株式会社 大垣市西外側町二 印刷所 岐阜県印刷株式会社 発売元 名古屋市中区東本重町三 東亜社 振替東京一一二二三一番」とある。目次を見ると「陽春特別号」と謳っており、〔猟奇実話〕に末松和夫「お定さんの真相」、尾久田浩美「売春少女」、無署名「誰がために女はある 桃色奇談」、覆面作家「猟奇クラブ探訪記」、山上慶三「裸女殺しの真相」、司会／末松和夫（本誌記者）、作家／Z・X氏、他、有楽町、銀座、池袋、上野、新宿の女たち「ヤミの女 くらやみ座談会」、木村覺「名刑事物語二 愛知県の巻」、松岡茂「海外犯罪実話 変態性色情狂」、日田井金三郎〔猟奇実話〕「処女刑を犯した女」、久野守重〔猟奇小説〕「裸にされた娘」、覆面作家「猟

奇クラブ」、官川鯉魚「性的刑罰史」、大道寺三郎「変態好色考」、三浦大助「江戸売春史」などの読物、実話が掲載されている。

通巻3号の奥付には「昭和廿三年五月廿日印刷納本 昭和廿三年六月一日発行 新自由（第二巻第三号）編集兼発行印刷人 小一原敦 発行所 下関市吉見永田町 東亜出版社 名古屋市中区東本重町三 東亜出版社」とある。読物としては、八切止夫「血の鎖」、西尾正「情痴温泉」、神山栄三「港のマリア」、山上慶次「貞操双曲線」、日田井金三郎「愛欲地獄」、久野守重「裸にされた娘」、棚橋幸夫「恐るべき処女」、末松和夫「肉体の罪」、吉川謙「裸女昇天」、中迎博章刑事「名刑事物語の三 大阪府の巻」が、〔考証随筆〕に三浦大助「江戸刑罰史」、大道寺三郎「変態見世物」、官川鯉魚「性的刑罰史」がある。また、〔特集海外犯罪実話〕として松岡茂「集団殺人 フランス篇」、西木正利「殺人発明家 英国篇」があり、ほぼ同じ書き手が毎号のように登場していることがわかる。ただし、同号から一年間の発行記録は不詳である。

次に確認できるのは第3巻第2号である。奥付には「一九四九年四月廿日発行 一九四九年五月一日発行（第三巻第二号）編輯兼印刷発行人 小一原敦 東京都吉祥寺二一一二 東亜出版社 定価四拾円」とあり、東亞出版社の住所が名古屋から東京都の吉祥寺に移っていることがわかる。同号の目次を見ると、〔好評二大連載〕として官川鯉魚「性的刑罰史」、八切止夫「女護ヶ島滞在記」が、その他の読物としては古川眞治「桃色送葬曲」、日吉早苗「逢びき夫婦」、丸木砂土「ワンワン騒動」、弓矢的介「処女を売る」、三浦大助「真紅の墓標」、若松秀雄「欲情殺人」、中村美與子「女体地獄」が、無署名の〔桃色実話〕に「夜の秘密」、「奪われた娘」、「桃色娘行状記」、「現代春婦伝」が、〔お馴染み舞台小説〕に無署名「花井お梅」、同「暗闇の丑松」がある。

『ネオリベラル』は、翌月に発行した号にも「第三巻第二号」と記しており、これは明らかな誤記と考えられる（恐らく第3巻第3号が正しい）。一応、奥付をそのまま転記すると、「一九四九年五月廿日印刷 一九四九年六月一日発行（第三巻第二号）編輯兼印刷発行人 小一原敦 東京都吉祥寺二一一二 東亜出版社 定価四十円」とある。目次を見ると、〔好評二大連載〕として八切止夫「女護島滞在記」と官川鯉魚「性的刑罰史」が、その他の読物として、番伸二「見世物剣術」、帯切止夫「欲情地獄」、若松秀雄「女体の秘密」、古川眞治「開化秘話」、城戸禮「蝙蝠異変」、南達彦「夫婦哲学」、土田正二「肉体の街」、三浦大助「貞操廿四両」、日田井金三郎「恐るべき子供」、八切止夫「女護島滞在記」、官川鯉魚「性的刑罰史」がある。その他には、五黄寅介「科学的金儲法 五寅押切帳」、無署名記事に「春風阿呆宮」、「春の宿」、「夜の窓」、「幽霊裸女」、「娼婦部屋」、「現代春婦伝」となっている。

第3巻第4号は未見だが、第3巻第5号の奥付には「一九四九年八月廿日印刷 一九四九年九月一日発行（第三巻第五号）編輯兼印刷発行人 小一原敦子 東京 吉祥寺

二一一二 振替東京一一二二三一 東亜出版部 定価四十七円 地方売価五十円」とあり、
編輯兼発行人が小一原敦から小一原敦子に変わっている。目次を見ると、〔好評二大
連載〕として八切止夫「女護島滞在記」と官川鯉魚「性的刑罰史」が、その他の読物
に三重秀夫「裸体の秘密」、鬼怒川浩「情痴三昧」、弓矢介「欲情世界」、五嵐寅介「無
資本金儲け法 五寅押切帳」、水上幻一郎「肉体の魔術」、石川信夫「夜嵐あけみ」、耶
止説夫「淫獣地獄」が、〔桃色探訪実話特集〕に「現代春婦伝」、「失業女性」、「結婚問答」、
「男娼の告白」が、〔好色デパート〕に「別館 桃色傑作 疑問」、「風流フランス噺」、「桃
色小劇場」、「江戸好情座」、「涼風阿呆宮」がある。

　以後、『ネオリベラル』がどのような末路をたどったのかは明らかになっていないが、
同誌の編集兼発行者である矢留節夫に関しては一定の情報が残っている。1916年12
月22日に横浜市中区花咲町に生まれた矢留は、旧制愛知一中（現・愛知県立旭丘高
等学校）を経て日本大学専門部文学科に入学し、伊藤整に師事している。1931年に
同校を卒業後した後は、当時、日本の委任統治下だったヤップ島に渡り原住民を相手
に雑貨商を経営している。また、1939年1月には海軍報国隊の一員としてオランダ
領セレベス島に赴いている。帰国後、雑誌『新青年』に耶止説夫の筆名で海洋冒険小
説「珊瑚礁王国」、「青春赤道祭」、紀行文「南方風物誌」などの作品を書いていたが、
大本営により執筆停止処分を受けて休筆する。その後、東京市本郷区白山上で既製服
店を経営したが商売に行き詰まり、1942年から満洲に渡って大東亜出版という出版
社を経営した。敗戦時には親交のあった関東軍将校とともに自殺を図ったものの未遂
に終わったとされる。

　戦後、満洲から引き揚げて雑誌『生活クラブ』を発行し自ら複数の筆名で同誌に執
筆するも、3号で廃刊となる。その後、消火器会社を設立して家庭用の小型消火器を
製造販売したが、雑誌『暮しの手帖』が「石油ストーブによる失火には消火器より放
水が最も有効」という実験結果を発表したため、大量の消火器の返品を受けて倒産す
る。雑誌『ネオリベラル』（新自由）はそのあとに創刊したものと考えられる。

　高度経済成長期には、日本大学芸術科講師、明治大学助教授を経て再び創作に着手
し、短編「寸法武者」で第3回小説現代新人賞を受賞する。その後、『信長殺し、光
秀ではない』（講談社、1967年8月）、「戦国意外史」（『読売新聞』1968年4月〜11月）
など、歴史小説における意表をつく新説で人気を得たものの、奇矯な性格により出版
界から敬遠される。晩年は自ら日本シエル出版を起こし、『八切止夫自由全集』など
を刊行している。ちなみに、同社の本の奥付には「本は読んでもらうためであり金で
はない」とあり、送料さえ払えば5万円分の歴史関連の著書を贈呈するとある。

　一部情報が重複するが、以下に『ネオリベラル』の目次情報を紹介する。迎春号と
銘打たれた創刊号は猟奇実話特集として「昭和好色五人女・五十万円魔酔強盗近藤忠

雄をめぐる」「手記・小平義雄に襲れた私」「手記・闇の女に落ちる迄」「脱走魔花山辰雄の真相」「パンの門・ヤミの女の生態」。女性の手記である「小平に襲はれた福田絹子さん」、「神聖処女だったころの春山園子さん」の二編には、いずれも筆者の半身写真と称する偽物の写真がついている。また、編輯後記には「福田絹子さん、ご希望通りの仮名で掲載しましたが、返送した写真が戻って来ました。転居先を至急編輯部宛に御一報下さい」とあり、手の込んだ偽装がなされている。「脱走魔花山辰雄の真相」の筆者は八切止夫となっている。プランゲ文庫にはマイクロ資料として所蔵されており、所蔵情報には「2巻4号（1948年8月）−3巻5号（1949年9月）（欠：3巻2号〜4号）」とある。

『ネオリベラル』は1950年1月発行の第4巻第1号から誌面を大幅に刷新し、和田九重子「六十七人に犯された娘の手記 流れゆく女の群れ 死の引揚記録─三〇〇枚」のような長編を掲載している。また、同号には、内地に引揚げた娘が恋人のもとを訪ねる福田清人の「孔雀はなかず」も掲載されている。　　　　　　　　［石川 巧］

◎解説
犯罪実話

図1　表紙（2号、1947年9月）

図2　表紙（5号、1948年2月）

『犯罪実話』は『性文化』
の発行元である畝傍書房か
ら、1947年7月に創刊さ
れた。『性文化』の創刊は
1947年2月なので、『犯罪
実話』の方が後続誌という
ことになる。創刊号の表紙
には「TRUE DETECTIVE」
と記載され、男性に襲われ
ていると思しき洋装の女性

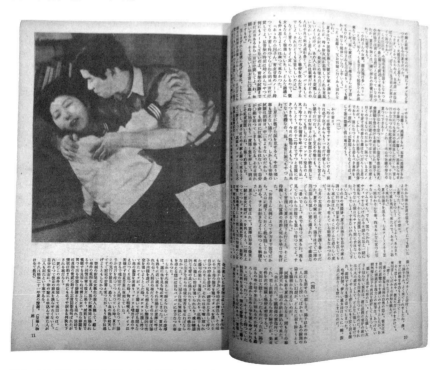

図3　杉山清詩「犯罪実話犯された制服の処女」（7号、1948年5月）

の写真が一面にあしらわれている。女性の背後の壁にその人物の影が写っているが、それが「犯罪」の不穏さを演出するのに効果的である。明らかにスタジオで撮影された写真である。2号の表紙も黄色いワンピースを着た女性に、ピストルを手にした人物の影が近寄るという構図の写真であり、スタジオ撮影のものと判断してよい（図1）。5号もアップライトピアノの前で、男性（同号では、影ではなく眼鏡をかけた男性が鮮明に写り込んでいる）がピストルを手に、赤いジャケットを着た女性を脅しているかのような写真が表紙に使用されている（図2）。10号でも、女性が後ろから肩と手を摑まれ、怯えた様子の写真が採用されている。それ以外は管見の限りだと、南京錠を片手に電話をかける女性の上半身の写真（3号）、怯えているような女性の顔のアップの写真（4号）、背を丸め、背後を伺う女性の上半身の写真（7号）が表紙になっている。

　ここまで詳細に表紙について書いたのは、『犯罪実話』の特徴が、スタジオ撮影写真を頻繁に用いる点にあることを示すためである。誌面でも、雑誌に掲載するためにスタジオで撮ったと思しき写真が多数使用されている（図3）。特に4号からこの傾向は顕著になる。主に、記事に書かれた犯罪現場や犯行の過程を再現してみせる写真であり、ヌード写真はほぼない。すなわち、「エロ」ではなく、あくまで猟奇的な犯罪に向けられた好奇心を満たそうとする趣向である。さらに、創刊号からほぼ毎号、実際に起きた事件の現場や遺体の写真を多数掲載している（本稿末尾【雑誌に掲載された主要記事・作品リスト】を参照）。なお、写真をふんだんに使うことによって特徴づけられる『犯罪実話』だが、全てがそうなっているわけではない。8号（1948年11月）と、「怪奇犯罪特集号」と銘打たれた「別冊」（1949年5月）の表紙は、ともに西洋女性の顔を大きく描いた絵が採用されている。

　創刊号の「編輯後記」にも、「本誌は特に犯罪の事実を強める為、写真を用ひ、アメリィに於て刊行されてるインサイド・デティクテブと同一歩調を謳ふものである。我国に於てはこの種犯罪実話雑誌は全くなく、ひたすら市井にはんらんする探偵小説雑誌と類を異にする点よくお含み置いてもらいたい」と書かれている。やはり、カストリ雑誌といっても全てが性的に際どい表現や内容に注力して読者を刺激することを意図しているのではない。『犯罪実話』の場合、引き比べるべきは「探偵小説雑誌」である。

　創刊号の「編輯後記」によれば、「創刊の辞」は大下宇陀児が書いたのだという。当該号に「創刊の辞」はなく、それはおそらく畝傍書房名義で書かれた「創刊のことば」を指すと見られる。表紙の裏に印刷されたその文言は、以下の通りである。

　　私たち今の日本人の大多数は、とくにぜいたくな生活をしたいなどということを、もうとう思っているのではない。ただひたすらに願うのは、もっと正しい秩序のあ

る生活を、一日も早く営むようになりたい、ということだ。

このつつましやかな私たちの欲求を、むざんに不当にりふじんに踏みにじり阻んでいるものに、殺人強盗詐偽そしてすり等々の各種犯罪がある。憎むべきこの犯罪にたいして、私たちは私たち共同の闘いを宣言しよう。今私たちは、犯罪への闘いを、司法当局にのみ任しておいてよいという時代でないことを痛感する。これは、切実に私たち自身のこととして取上げねばならぬのである。

しかしながら、悲しいかな私たちは、犯罪についての智識に乏しい。私たちの開始する闘いは、主として犯罪発生以前の防犯にあり、また犯罪発生後の司法当局活動に便宜をあたえることにあるとするも、智識に乏しい結果は、逆に犯罪の発生に協力し、また逆に、犯罪者が犯跡をくらまし逃亡するに便宜をあたえたという事例が少くない。賊が指頭を唾でぬらして障子に穴をあけ室内をのぞく。あとに残されたこの一つの小さな穴から、犯人が逮捕され得ることを、私たちの幾人が知っているのだろうか。

私たちは、犯罪を知ることが必要になつた。

あわせて、もつとふかく人生の真の姿を知りたい希望がある。

能うべくんば、上述の二つの目的を達したいがために、新しくこの雑誌『犯罪実話』を創刊するのである。

大下はこれ以外にも、創刊号には探偵小説「あかずの箱」を寄せ、江戸川乱歩、警視庁捜査課の「金原警部」、医学博士・浅田一、警視庁衛生技師・金子準二とともに、「小平事件真相座談会」に出席している。大下や乱歩ら探偵小説作家たちは、1946年10月以降、警察と協力する形で実際に起きた凶悪犯罪の推理に挑むようになっていた。雑誌『犯罪実話』には、こうした当時の探偵小説作家たちの動向や状況がそのまま表れている。「創刊のことば」を大下が畝傍書房に寄せたのも、作家たちが置かれたこうした状況が先行的に用意されており、その文脈でこの文章が成り立ったということを示唆している。しかしながら、大下ら探偵小説作家たちは常に誌面に登場するわけではなく、創刊号以降は時々渡邊（渡辺）啓助が小説を寄せるのみである。

再び「創刊のことば」に戻る。ここで注目すべきは「防犯」と「智識」というキーワードである。3号の「編集後記」には「本誌編集に当り編者は創刊の時よりその目的を防犯智識の向上のためにいさゝかなりとも尽すべくして努力して来た」とあるし、4号の「編集後記」でも「読者氏は本誌を防犯の為と思つて御愛読下さるであろう」と書かれている。こうして毎号強調することは、すなわち、「防犯」のための「智識」というフレームが一つ建前となって、一般誌では掲載がタブーになるような写真や話題を提供することを可能にするといえる。

【雑誌に掲載された主要記事・作品リスト】

1947年7月（1号）「特輯 小平事件現状写真グラフ」、「小平事件真相座談会」、江戸
　　川乱歩「犯罪時評」、城昌幸「擬似殺人」、大下宇陀児「あかずの箱」（〜2号）

1947年9月（2号）「情痴・怪奇変死体写真特輯」、高田沙丘花「国際スパイ談 パリー
　　の妻」

1947年10月（3号）「写真特輯 仁左衛門一家惨殺死体の解剖」、渡邊啓助「白痴を
　　可愛がる美容師」、井上英三「外国実話 女性虐待クラブ」

1948年1月（4号）「写真特輯 絞首刑囚写真解説図／変り種犯罪関係写真集」、新堀
　　警視・本誌記者「対談　八つ切り事件」

1948年2月（5号）「帝銀支店毒殺事件大写真特輯」

1948年4月（6号）「果して人肉を喰つたか？ 人肉事件写真特報」

1948年5月（7号）「意外！木箱から現れた美人の寝姿 箱詰事件写真特輯」、高田沙
　　丘花「海外犯罪実話 ローマの狼」

1948年11月（8号）「特輯 首なし娘事件現場写真グラフ」、加藤芳郎「マンガ 姦夫
　　見つけたり」、北原白秋「別れた妻に送る手紙」

1949年5月（別冊）　渡邊啓助「女美容師の犯罪」

1949年9月（10号）「何故無残な死体となつたか！？ 国鉄下山総裁写真特集」

[尾崎名津子]

◎解説

ベーゼ

図1 『ベーゼ』創刊一周年記念特大号
（1949年5月）

創刊号は未見であるが、1948年6月発行「情愛特集号」の「編集室より」に、「絶大な好評裡に、第一号が売り切れました」とあるので、おそらく5月頃の創刊と思われる。終刊も不明であるが、1949年11月発行・2巻11号までは確認されるので、少なくとも1年半は継続して刊行されたようだ。

表紙にはタイトルの「ベーゼ」と、フランス語の「Baiser」が併せて表記されている（図1）。1948年10月号までは、題字の下に「木村一郎主宰 明朗娯楽雑誌」あるいは「木村一郎主宰 軟派娯楽雑誌」と併記されている。11月号以降は「木村一郎主宰」の表示は取られ、「軟派娯楽雑誌」とのみ記されている。木村一郎については、1949年9月号の「編集後記」に、「永らく本誌の編集部にあつて活躍せられた木村一郎氏は、七月一杯で退社され創作に邁進なさる由」とあるので、創刊からの編集責任者と思われる。

発行所は、東京都板橋区の桜文社であるが、発売所は、岐阜市三番町六番地の桜文社中部出版部である。岐阜市で編集と作製までを行い、商品を一旦東京へ送ってから各地へ卸していた、地方発のカストリ雑誌の一種だ。岐阜のカストリ雑誌の出版元といえば、『オール猟奇』の石神書店と、『猟奇ゼミナール』の双立社の二社が有名である。双立社の所在地・岐阜市神田町6丁目と、桜文社中部出版部の所在地とは、その距離が直線で300メートルほどであった。ごく近場で、岐阜発のカストリ雑誌が作られていた。さきの木村一郎は、1947年に『お定色ざんげ』を石神書店から刊行している。石神書店、双立社、桜文社、これら三社の間には、当時ごく近所の出版ネットワークがあったことが想像される。

表紙絵は、長谷川中央が2巻6号まで担当し、以降は正木鉦一、西吾一などが、いずれも艶めかしい表情の女性を描いている。1948年6月号表紙裏の「ベーゼの言葉」（編集部一同）には、「裸体の写真を見てエロと云う識者達よ！／エロとは何か御存知ですかとお訊ねし度い、そして自分達は裸で生れはしなかつたろうか。／すべては見

解の相違からいろいろな間違いが生じるわけだ。／「ベーゼ」は所謂エロもグロも売物にしていない。正しい、明るい誰にも好まれる、そして誰からも愛される娯楽雑誌として育まれて行くべきである。／「ベーゼ」の作者達は皆んな若い、そして新しい明日への限りなき希望を持つているものである」とある。また、1948年10月号の「編集後記」には、「娯楽が人生に与える役割の大きさを思い、一家揃つて楽しく読んで頂けるようにと、隅々まで心を配つた編集を御覧下さい。／心にくいまでに、人情の機微を穿ち、新しい時代の感覚を盛り込んだ小説陣、思わず微苦笑をもよおさずにいられぬ漫画陣どうか皆さんで仲よく順番に御覧下さい」と書かれている。性的興味から脱した、健全な記事による娯楽雑誌であることを強調する姿勢がアピールされているようだが、内容はその主張に反するもので満たされている。グラビアに裸体写真を置き、小説は恋愛、情愛ものしかなく、エッセイも、江戸の川柳から貞女と妖女の記述をピックアップしたものや、変態性欲に関する記事がほとんどである。ごく典型的なカストリ雑誌の内容である。

　そのようななかで、1949年2月号から連載が始まった「青春よろづ相談室」（のち「青春相談室」）は、この雑誌のなかで、ひときわ個性的な企画である。相談には、夫婦関係を主とした身の上相談がもっとも多いが、改名や隣家との境界線、賃貸契約に関する法律相談、恋愛相談、教養の身に付け方に関する問い合わせ、美容整形に関する質問など、それなりに幅は広い。毎号、見開き2ページで、全国の読者からの質問に答えるという形式である。連載開始前に、相談を受け付けるような告知はされていない。加えて、この雑誌の読者対象としては想定しにくい女性からの相談が大半を占めているという点からも、他の記事と一線を画すものである。相談の宛先は、「桜文社ベーゼ青春相談室」となっており、独自の企画であることがわかる。

　ユニークなのは、その回答者の顔ぶれである。最初期には、「故岡本一平氏創立の「女性文化相談所」のベストメンバー」とされる作家・土屋英麿、新井格、医学博士・都築千秋、慶應義塾大学病院産婦人科・中島精、弁護士・熊田貞之らが名を連ねている。連載開始当初は、質問に答えた回答者の名前も記載されていたが、後には無記名回答になった。連載2回目の1949年5月号からは、回答者に兵頭秀子が加わっている。兵頭の旧姓は前畑。1936年のベルリンオリンピックで、日本人女性初の金メダルを獲得した水泳選手である。当初、「委員」として名を連ねていた兵頭は、連載最終回の49年9月号では「沢田すが子」という人物とともに、「所長」の肩書が記されている。

　岡本一平は、1945年3月から岐阜県美濃加茂郡へ疎開し、48年10月11日に同地で死去した。この頃、土屋英麿が一平の「秘書役」であったことを、後に『朝日ジャーナル』1964年7月19日号「一平先生大いに笑う」で明かしている。疎開先での活動としては、「漫俳」という自由俳句の運動で雑誌を作ったことが知られているが、「女

性文化相談所」なる組織については、『増補 一平全集』（大空社）や著作、関連文献などで、触れたものを見ない。兵頭も、引退後は岐阜市へ居住し、夫の病院の看護師を務めていた。二人とも岐阜にいたという共通点はあるものの、二人や他のメンバーをつなぐ接点は、いまひとつ不明である。兵頭も、この相談所に関しては何も書き残していない。しかし、実際に相談所が存在したことは、『主婦と生活』1949年5月号の「時の人」に、「昨年三月、岐阜にも身上相談所が開かれ、その事実上の所長さんがこの秀子夫人、以来千差万別の事件をさばき、最近では結婚するとだまされてキッスをうばわれた娘さんのために一万円の慰謝料を取つて鮮やかな手並のほどをみせています。身上相談と「前畑」の取合せはどうもぴつたりしませんが主婦であり母であり夫君を助けて投薬口から世間をみてきた兵頭秀子なら似つかわしくなくもありません」と報じられていること、および、命を売るための相談に来た若い女性の事例が共同通信の記事として配信されていること（『中部日本新聞』1949年5月10日第2面、『徳島新聞』同日2面、『佐世保時事新聞』1949年5月11日夕刊1面、等）などから、それなりに知名度のある組織的活動であったことがわかる。この相談所がどのような経緯で『ベーゼ』に関わりをもったのかも不明だが、桜文社が相談所の全国的な窓口として機能していたことは考えられる。『主婦と生活』の記事では、相談が裁判にまで発展したことが書かれているが、相談では法律に関係するものが多かったためか、「岐阜市におられたら一度、女性相談所の法律相談日（木曜日の午後）においで下さればお話します」「料金は無料です」（昭和24年4月）という案内も見られる。

　岐阜における晩年の岡本一平とカストリ雑誌出版社との関係については、双立社に関係していた豊田穣が、「エロスの憂い―『猟奇クラブ』の人々―」（『人間交響楽』5、1985年、講談社）のなかで、フィクションとして描いている。1947年末〜48年の岐阜が舞台で、元海軍大尉で追放により新聞社をクビになった主人公・倉田竜作が、中学時代の後輩・田中が始めたルンビニ書房でカストリ雑誌の編集に携わる物語である。この中で、雑誌の出版元である岐文堂の主人が、「一平さんに頼んで、かの子の『女体開顕』をうちにもらって、出版しようと思ってますのや」と発言するシーンがある。実際に、『女体開顕』は1948年に双立社から発行されている。物語中では、一平がルンビニ書房を訪れるシーンも登場する。

　作中には、地方発のカストリ雑誌の流通、特に東京への発送に関する描写も見られる。編集メンバー全員で前夜から泊まり込み、刷り上がった雑誌を大八車で駅へ送るのであるが、前歴不明な数名の編集要員で、原稿集めから編集、印刷製本、発送にいたるまでの業務をこなしていた。『ベーゼ』もおそらくは似たような雰囲気のもとで編集作業が行われていたのだろう。　　　　　　　　　　　　　　　　　［牧 義之］

◎解説
ホープ

図1 『ホープ』創刊号（1946年1月）

　発行は1897（明治30）年創業の老舗出版社・実業之日本社で、会社自体は現在も存続している。『ホープ』の創刊は1946年1月（図1）。創刊号の「編集後記」には次のように記されている。「終戦と同時に新しい雑誌を夢みた。人間性を去勢されて、煙と塵にまみれた一個の人形であるわれわれは、いま何を求めてゐるであらうか。豊かな食糧は勿論だが、温かい楽しい生活の潤ひと、静かな内省にはじまる自覚に餓へてゐる。自分を見失つた混乱から再起する一の鍵も、この自覚と生活の潤ひの中にあるに違ひない。その伴侶ともなり、われわれ一人一人の素質を向上させんと歩み続ける雑誌を、笑ひの中にも涙の中にも、気のつかぬうちに読む人の心を揺り動かす雑誌を夢みたのである。この実現が『ホープ』となつた」。この中では、特に雑誌の性格については記されていないが、『実業之日本社七十年史』（実業之日本社、1967年）を見ると、「昭和二十一年の新春、（注略）かねて準備中の月刊『ホープ』が、新しい形式の娯楽雑誌として創刊された。主筆は尾崎八十助で、雑誌はB5判、創刊号は口絵十六頁、本文四十八頁で定価は一円五十銭。主な内容は出隆、市河彦太郎、田部重治の随筆、辰野隆、今井登志喜、中野好夫の鼎談「自由放談」に徳川夢声、サトウハチローの創作などであった」とあり、「娯楽雑誌」と位置づけられている。国立国会図書館には1950年10月発行の5巻10号までしか所蔵されていないが、同年史によれば「昭和二十六年三月、一時は盛んな売上を見せた『ホープ』が、その後誌勢徐々に後退したところから、六月一日より誌名を『オール生活』と改題し、内容も従来の娯楽雑誌から生活指導雑誌に切りかえて再出発した」とあり、『ホープ』としての発行は6巻5号までであったようだ。

　1946年発行・第1巻の表紙は、モノクロ写真と、赤枠に白抜きの題字。「ホープ」と「HOPE」が併記されている。表紙の写真は仙波巌の撮影。2巻からは青木和夫、3巻は小寺重隆らの撮影写真が使われている。基本的にモデルは女性であり、健康美がテーマのようである。スポーツ、ハイキング、音楽・芸術に打ち込む女性を特に取

ホープ　109

り上げている。グラビアページは、初期は東京の街々を写したものが多い。他に、映画のショット、サン・アクメ提供の「世界ニュース」写真などがある。グラビアに割り込むような広告の配置がユニークである。

　ページを開くと、第2巻までは版の組み方には十分に余白を持たせ、読みやすさが重視されていることがわかる。誌面に記事が詰め込まれている、という印象はない。2巻からは表紙がカラー印刷されている。

　創刊号は巻頭に賀川豊彦「新生日本の使命」が置かれ、グラビア「アメリカ兵の一日」には兵士の食事風景が次のように記されている。「朝が甘い蜜とバターがたつぷりかかつたホットケーキとスープ、肉にジヤガイモのサイド、ミルクと砂糖のふんだんに入つたコーヒー、昼がスープ骨つきの鶏肉と野菜のいためたもの、イチゴジヤム付の二切の真白いパンに丸い菓子パン、コーヒーと云つた具合、コーヒーと云つても、コーヒー茶碗に三杯位の分量はたつぷりある。これでも軍曹殿は、船の都合で、こゝの所、食事が少いとなげいてゐた」。これを当時の読者はどのように受け止めたのだろうか。同号の内容には、出隆の随筆「名刀の行」の他、フランス人記者による日本文化批判であるアンドレ・ヴィオリス「私の見た日本」、浜村米蔵「演劇」、飯島正「映画」、堀内敬三「音楽」、宇野庄治「スポーツ」などの連載がある。読者からの原稿も募集しており、①街頭言：建設的意見と忌憚なき批判、国民生活の真実の叫びと、②世相明暗：明るい話暗い話、都会と農村の生活実話の2種があり、実際に投稿が掲載されている。

　著名人による鼎談は初期の目玉企画であったらしく、市河彦太郎、伊藤道郎、新居格による「日本の希望を語る座談会」（1巻2号）、「アメリカ兵の対談 日本の良いところ 悪いところ」（1巻3号）、辰野隆、大仏次郎、石田幹之助「日本のルネッサンス」（1巻4号）などがある。

　小説作品としては、1冊に連載作品が2作品程度、読切作品が2〜3作品程度載せられている。連載作品が途切れることはほぼなく、読者をつなぎとめるための一要素として重視されていたように思われる。1巻6号から開始した南川潤「仮装行列」は、1巻8号の「編輯後記」で、「既にお気付きになられたやうに、作者は今回の作品に依つて、連載小説の新しい形式を樹立しようともくろんで居られます。一回一回連鎖的手法により連続するこの新しい形式にについて、充分に御批判願ひたいものです」と書かれており、新たな作法も試みられたようだ。作家による鼎談、文学論も多いが、たとえば1巻7号の江連驤「小説インフレ時代」を見ると、当時のカストリ雑誌によく見られる作家について、次のように触れられている。「さきにかけだしでも駄作を連発してゐると書いたが、北條誠とか芝木好子などがそれである。一たいあんなに沢山書いてゐても一篇の佳作がないのは不思議な位である。彼等は今日の中堅たちがく

ぐつてきたやうな苦労も知らないで、流行作家のポケット版になつただけ全く芯が通つてゐない。ここいらで手きびしい非難の矢面に立たされなければ、脆弱に没落してしまふであらう。器用と運だけで文学はどうにもならぬと知るべし」。これは『ホープ』が起用する作家についての考え方のようにも読めるが、皮肉なことに批判対象となつた北條誠は、2巻9号の「メフィストの衣裳」など、この後の号に度々登場している。

2巻4号には菊池寛「競馬随筆 わが持馬を語る」、2巻5号には辰野隆、サトウハチローによる「百万石宵談」が連載されている。2巻5号からは、それまで66から88ページ立てだったのが32ページに減となり、用紙の質も悪くなっている。

1948年発行の3巻からは、対談記事はほぼ消えて、小説がメインになった。グラビアに加えて、塩田英二郎らによる連載漫画が増えてきたことも特徴的である。それまでゆつたりしていた版組に余白が少なくなり、文字が詰め込まれている印象がある。このあたりから、内容もかなり軟化したようすが見られる。直接的にエロチックな記事はないが、たとえば3巻6号の林房雄、竹久千恵子、宮田重雄「われもし宰相なりせば」という鼎談は、内容的にふざけたテーマに終始しており、内容に真剣味は見られない。3巻7号掲載の田村泰次郎「女性放談」は、女性の魅力、公娼に対する印象などをインタビューで答えているものであり、田村作品を読み解くヒントになりそうだ。しかし、その一方で、同号に載せられた浅草ロック座のレビュー写真、矢野目源一「コーヒー一杯五百円のナイト・クラブを探る」潜入記などがあるなかで、求められた内容として読み解く必要性もあるだろう。

3巻10号からは、これまで巻末にあった目次がグラビア、漫画に続く冒頭の部分に置かれるようになった。分量は64頁に回復。表紙には「秋の特大号」「傑作小説特集」などの文字が併記されるようになった。小説は読み切り、連載併せて6本程度が載せられている。

4巻3号には、『ホープ』には珍しい探偵小説である柴田錬三郎「異常物語」がある。4巻5号には、作家の日常生活を写したグラビア「希望訪問 ある日のサトウ・ハチロー」がある。サトウハチローは、『ホープ』創刊時からしばしば起用されている作家であり、読者にとってはもっともなじみのある作家であったようだ。4巻6号にはNHKのラジオ番組を担当するサトウハチロー（話の泉）、宮田重雄（二十の扉）、石黒敬七（トンチ教室）、高橋圭三（私は誰でしょう、アナウンサー）らによる「座談会 人気放送の裏を語る」があるが、記事中に日本放送協会編『ラジオの主婦日記』の広告があるのも面白い。

4巻8号には細谷宏「ミッドウエー」という16頁にわたる大作が掲載されているが、これは元海軍少佐による従軍記録小説である。この辺りからさまざまなテコ入れがなされているように見られるが、同様の戦争記録作品に北村小松「米本土爆撃機び悲劇」、

加倉井文子「ウランバートル捕虜病院」（ともに4巻10号。この号から表紙に「娯楽雑誌」と記されている）、140頁に増加した5巻2号には二等飛行兵曹・大庭俊生による「山本五十六指令長官墜死の真相」がある。雑誌の勢いが衰えてきたにつれて、軟化とゴシップ的な記事が多くなってきたことが特徴的であるが、終戦直後創刊の雑誌としては長命であったといえるだろう。　　　　　　　　　　　　　　　　　　［牧 義之］

◎解説

妖奇

　『妖奇』は1947年7月にオール・ロマンス社
が創刊し、1952年10月まで全66冊を発行し
た探偵小説雑誌である（図1）。1952年11月
からは『トリック』と改題し1953年4月増刊
号まで6冊を世に出している。

　「探偵作家クラブ会報」第1号（1947年6月
編輯）の「新雑誌四ツ」という記事には、「オー
ルロマンス社から日本探偵小説の旧名作収録
雑誌「妖奇」を近く創刊。内容はクラブ員の往
年の作品を載せてゐる由」とあり、「旧名作収
録雑誌」として出発したことがわかる。

　だが、他の同系雑誌の多くが短命で消えて
いったのに対して、『妖奇』は号数を重ねるご
とに内容が充実し、5年半に亘って毎月着実に
発行された。江戸川乱歩は「探偵小説雑誌目録」

図1　『妖奇』創刊号（1947年7月）

（『幻影城』岩谷書店、1951年）のなかで、「戦前作家のアンコールばかりを狙い、そ
れにエロ・グロを加味して作家達にいやがられたが、社長の本多喜久夫君は、雑誌作
りの名人で、探偵作家の旧作を実によく読んでいて、アンコール原稿の選択が甚だ巧
みであった。一時は『宝石』や『新青年』など足元にも及ばないほどの大部数を売っ
たものである。アンコール原稿が種切れになって来たので段々内容が悪くなったが、
戦後の探偵雑誌が皆廃刊した中に、これだけが今も続いているのは、やはり社長の手
腕によるものであろう。一号と二号だけが小型のB6判、三号以後はずっとB5判で
通した。一号六十四頁十二円、最近の二十五年九月号は九十四頁七十円である。他の
雑誌が二ケ月に一冊三ケ月に一冊というような難航の年にも必ず毎月一冊発行し、そ
のほかに別冊を毎年一回は出している。編集営業ともに隅におけない腕前である」と
評価している。

　オール・ロマンス社を率いた本多喜久夫は、戦時中に日本文化映画企画協会会長
を務めた人物で、1973年3月に逝去したことがわかっているが、生年月日や学歴な
どは明らかになっていない。唯一の資料は、晩年の著書『大地震の恐怖』（双葉社、
1971年）の奥付に記された「江戸っ子士族。大正13年映画雑誌創刊。昭和15年政

府方針の雑誌統合を機に廃刊。以後著述に専心、著名新聞雑誌に執筆。著・訳書は数十冊。文化映画「米のない村」「海軍測量艦」「再起の丘」「飛魚の島」など製作。／昭和16年「大日本芸能連盟」を主宰徴用援護会、農山漁村文化協会、大政翼賛会、日本移動演劇連盟等の芸能慰問団の全国派遣の編成に当り、各地航空隊、陸海病院、全国の軍需工場、陸海軍作業庁、特攻隊基地等へ出張し慰問を行った。／昭和20年出版社再開、娯楽、探偵、映画の月刊誌並びに単行本出版。／昭和30年ARプロ創立。映画、TV、出版の企画は数知れず、現在も活躍中」という記述のみである。著書には『若い研究者』（新興亜社、1941年）、『ターザンの冒険』（新興音楽出版社、同）、『世界の屑籠』（新大衆社、同）、『英国敗走兵の手記』（新興音楽出版社、同）、『戦争と音楽』（新興音楽出版社、同）、『デマ』（愛亜書房、1943年）といった戦争、科学、芸術等に関連する書籍（編訳も含む）は、いずれも大政翼賛体制のプロパガンダを担っていた出版社を発行元としている。

　戦時中、本多喜久夫が従事した日本移動演劇連盟は大政翼賛会と情報部の斡旋で1941年6月に設立された公益団体で、大政翼賛会文化部長・岸田國士が委員長を務めた。1943年には12の商業劇団が移動演劇に参加するまで規模が拡大し、設立から二年半の間に3500回の公演（観客動員数約450万人）を行った。

　オール・ロマンス社は『妖奇』創刊から約一年後に『オール・ロマンス』（1948年4月〜1952年2月、同年3月より『話題と読物』と改題）を創刊し、占領期を通じて二種類の月刊誌を発行している。『妖奇』が探偵小説中心であるのに対して、『オール・ロマンス』はグラビアを多用し、幅広いジャンルの読物を集めた内容になっている。

　『オール・ロマンス』といえば、杉山清詩（本名・杉山清次）が同誌の1951年10月号に発表した「特殊部落」という小説が物議をかもしたオール・ロマンス事件で知られる雑誌である。同作品が「特殊部落」に対する差別的内容を含んでいること、著者が京都市衛生課の臨時職員として地域の実態を切実に認識できる立場でありながら、興味本位の架空小説にしていることなどが非難の的となり、同作を糾弾する抗議活動が活発になる。また、部落解放全国委員会が京都市を相手に行政闘争を展開したのに対して、京都市側が同和行政予算の大幅な拡充を約束したことで、以後、同様の事例が続出する。なお、小説「特殊部落」を擁護する立場の論説に秦重雄「小説『特殊部落』は差別小説ではない」（『人権と部落問題』2003年6月）がある。本多喜久夫は、特定の方針に基づいて文筆活動をしたり出版社を立ち上げたりするのではなく、それぞれの時代状況に応じて臨機応変に商売の芽を探し、出版を通じて読者の期待に応えていこうとする人物だったのであろう。

　創刊号の奥付には「探偵雑誌 妖奇 第一号／定価十二圓（送料一圓廿銭）／ご注文直接講読申込受付けます。御送金は小為替でおねがいします。／三か月分 四十圓（送

料共）／半年分（七十五圓（送料共）／一年分（百四十圓（送料共）／特輯号増刊號
は別に清算します。／禁無断上演上映脚色轉載／昭和廿二年六月廿五日印刷納本／
昭和廿二年七月一日発行（第一巻・第一號）／編輯兼発行者 本多喜久夫／印刷所 共
和産業印刷部／東京都品川区東大崎五ノ一／発行所 オール・ロマンス社／振替東京
七一三一八番／会員番號Ａ二一五〇四一／配給元 日本出版配給株式会社」とあり、『妖
奇』が創刊号から正規の統制用紙で印刷されていたことを裏づけている。ただし、「新
聞出版用紙割当事務局文書・雑誌用紙割当決定表・昭和22年度第2・四半期昭和22
年度2・4半期（7月−9月）雑誌割当原簿（広汎誌、総合雑誌）」（国立公文書館所蔵
資料）を見ても『妖奇』に関する記載はなく発行部数などはわからない。

　第1巻第1号の掲載作は、海野十三「白蛇お由の死」、大下宇陀児「十四人目の乗客」、
横溝正史「面（マスク）」、城昌幸「怪奇の創造」、甲賀三郎「魔の池事件」、華村タマ
子「恋愛劇場」というラインナップになっており、戦後日本を代表する探偵作家の名
が並んでいるが、ほとんどの作品は再録である。

　『妖奇』にグラビア特集が登場するのは第3巻からである。初期のグラビアには「女
あの手この手」（第3巻第1号）、東郷青児のデザインによる「人造麗人の魅惑」（第3
巻第2号）、「肉体の祭典☆裸線の饗宴　アクロバテイック・ダンス・アルバム」（第3
巻第4号）、「犯された女」（第3巻第9号）、「裸女スイング・バンド」（第3巻第10号）、
「仮面を捨てたモデルの私生活」（第3巻第12号）がある他、「続肉体の門」や「獄門島」
といった映画のスチール写真も紹介されている。

　初期の『妖奇』で徹底しているのは、探偵・捕物・猟奇小説以外の記事をまったく
掲載せず、雑誌の隅から隅までを読物が埋め尽くしていることである。一部に「ア・ラ・
カルト」と称する埋め草記事があるものの、それをコーナーとして育てるつもりはさ
らさらないらしく、再録作品がビッシリ並んでいる印象である。第2巻第6号から「探
偵俳句」（濱田紅児選）が、第2巻第13号から漫画コーナーがそれぞれ始まっており
終刊まで長期間に互って継続されるが、それらは例外的といってよいだろう。

　戦前作品の再録が多かった『妖奇』がにわかに独自色を出し始めたのは、別冊『青
春桃色瓦版　書下し・異色小説・決定版』（第3巻第7号）を企画した頃からである。
同別冊には、井上友一郎「自由の女」、東郷青児「羽根のない天使」、平山蘆江「三味
線祭り」、北條誠「銀座の柳」、柴田錬三郎「媚薬」、寒川光太郎「失はれた設計」な
どの作品が掲載されている。また、「異色小説」とある通り、この別冊ではそれぞれ
の作品に婦人記者・不良少女・タイピスト・芸者・女教員・ニューフェイス・女給・
踊り子・女医・デザイナーといった職業別の見出しが付され、それが個々の作品の主
人公を暗示する仕掛けになっている。

　同号を契機として、『妖奇』は探偵小説雑誌からの脱皮を図り、エロ・グロ・ナン

センスに関わる創作、実録もの、ルポルタージュ、グラビア、笑話などを幅広く掲載するようになる。たとえば、第3巻第8号〜10号には伊藤晴雨の画文による「古今見世物めぐり 上・中・下」という特集があり、前口上に続いて軽業、大蛇と大駱駝、玉乗り、からくり、女角力、ろくろ首、蛇遣ひ、独楽廻し、物言う生首、曲鞠、据えもの、八人芸、鶏むすめ、百面相、お化け屋敷、剣舞、鉄棒つかひ、読品術、のぞき、奇術、猛獣遣ひ、人造人間、やれ突けそれ突け、が紹介され、「補遺」(第3巻第9号)も付されている。ちなみに、伊藤晴雨は「責の大家 伊藤晴雨画伯のアトリエ拝見」(第4巻第2号)にも登場し、実際にモデルの女性を縛り上げてその表情をスケッチする様子がグラビアになっている。

　第3巻第11号には「さすらい人① パルナス・ショウ」、「恐るべき老女と女達② パルナス・ショウ」、「盲蛇③ 東京ロックによる責め場」のグラビアが掲載されており、蛇責、うつゝ責、蚊責が紹介されたあと、やはり伊藤晴雨による「姦夫姦婦の引回し」の画文が加えられている。第3巻第12号では「刑務所における座談会」が企画され、大映の上田吉二郎を囲んで、某刑務所・所長、看守、本誌記者らが刑務所の生活や受刑者の生態について語り合っている。第3巻第13号には裁判記録をもとにした実録ものの小説として山内進「実録考証 強姦魔」が掲載されている。こうした実録考証ものは読者からの評判もよかったらしく、以後、同系統の作品がたびたび掲載されることになる。

　次に探偵小説に関してである。さきにも述べたように、創刊号から第2巻あたりまでは戦前の『新青年』などに掲載された作品の再録がほとんどだったが、そのなかで唯一、『妖奇』誌上に異彩を放っていた作家のひとりに華村タマ子がいる。華村タマ子は本名を吉田登貴雄といい、『妖奇』誌上を例にとっても「恋愛劇場」(第1巻第1号〜第1巻第4号)、「渦紋」(第4巻第9号)、「死刑執行五分前」(第4巻第11号〜第5巻第2号)、「八月六日に殺される」(第5巻第3号〜第5巻第12号)、「悪魔の口紅」(第5巻第7号)、「浮気・死すとも止まじ」(第6巻第1号)、「連続情死事件」(第6巻第2号〜第6巻第8号)、「白昼の悪魔」(第6巻第10号〜第12号)、「トリック」(第7巻第1号〜第7巻第2号)、「姿なき殺人事件」(第7巻第3号 ※未完)を書いている。

　なお、『妖奇』に関しては『『妖奇』復刻版』(三人社、2016年11月〜2019年5月)および石川巧編『『妖奇』復刻版 解題・解説・総目次・執筆者索引』(三人社、2017年12月)が刊行されている。　　　　　　　　　　　　　　　　　　[石川 巧]

読物時事

『読物時事』は1947年5月に雑誌『太平』の改題誌として創刊された月刊誌（図1）だが、巻号については『太平』からの継続となっているため、第3巻第4号から始まっている。奥付には「読物時事（毎月一回一日発行）本号に限り特価 一部二十円 送料一円 購読料 一ヶ年概算 金二百五十円（送共）半ヶ年概算 金百二十五円 編集人 伊藤正三 発行人 松尾精吉 印刷人 小坂孟 印刷所 東都新宿市谷加賀町一ノ一二 大日本印刷株式会社 発行所 東京都千代田区日比谷公園二番 株式会社時事通信社 電話 銀座（57）六一六一一八 配給元 東京都千代田区神田淡路町二ノ九 日本出版配給株式会社」とある。全104頁の誌面には、富国生命、救心製薬所、ポンジー化粧料、第一生命、新日

図1 『読物時事』創刊号（1947年5月）

本生命、三菱鉛筆、中西武商店（改源）、武田薬品工業、原澤製薬（コロイゲン）、津村順天堂（中将湯）、CONCERTONE、山一証券、理研栄養薬品製造、日本ハップ薬工業、日本生命、野村生命、日産生命、千代田生命、郵便貯金、三井化学工業（アスピリン）が並び、同時代のカストリ雑誌とは一線を画す豪華な体裁となっている。

時事新報社の雑誌ということもあり、執筆陣も豪華な顔ぶれとなっており、谷崎潤一郎の日記「三月十三日の記録——昭和二十年春の日記より——」、室生犀星の小説「ふたたび春に」をはじめ、橘外男の連載小説「ウニデス潮流の彼方」、水谷準の探偵小説「五人囃子」、井上友一郎の小説「女嫌ひ」が掲載されている。その他の読物としては、M・プレボー作／井上勇訳の連載小説『半処女』、「夢聲・翠聲・草人の「西洋よいとこ」放談会」、「新興宗教探訪記」（璽宇教、PL教団、天理本道、明治教）、矢代隆治「誌上録音 民主化された留置場」、「映画スターに愚問を呈す（三十二大スター）」がある他、赤松敏子の絵と文、丸木砂土、式場隆三郎の随筆などがある。

同号の編集後記には「『読物時事』をおくる。／モダーンでエキゾチックな味、ウイッテイでしかもピリッとした時代感覚に鋭敏な娯楽雑誌——そんな雑誌をつくろうじゃないか、といつて生まれたのが本誌です。とにかく、なんのセンスもない旧態依

然たる娯楽雑誌が氾濫しているなかに、ひとつぐらいこんな雑誌があつてもいいと思うのです」とあり、新しい時代感覚を備えた読物雑誌としての自負が漲っている。また、「全国にわたる通信網と、充実した記者陣によつて、且つ本誌のため絶大な援助を約束された作家諸氏の力によつて、第2号、第3号と、いよいよすばらしい新企画がとびだすはず」とも記され、通信社としての特性を生かした誌面作りを企画していることがわかる。――以下、確認できている範囲で特徴的な作品や記事を紹介する。

第3巻第4号（1947年6月）の小説には、M・プレボーの連載小説「半処女」の他、濱本浩「二人の若者と未亡人」、宇井無愁「恋ぶみ」、橘外男の長編「ウニデス潮流の彼方」、龍膽寺雄「甃路の哲学」が掲載されている。座談会には「腕きき刑事が語る近ごろの犯罪座談会」がある。

第3巻第6号（1947年8月）は「8・7合併号」となっている。同号には、連載小説として「半処女」と「ウニデス潮流の彼方」が、読切の小説として林房雄「青春錠剤」、富田常雄「今日の限りの」、北町一郎「恋愛修行記」、橘外男「ウニデス潮流の彼方」、徳田戯二「名医の話」が掲載されている。また、直方敏「実伝 お直・王仁三郎◇大本教縁起ものがたり◇」は大本教教祖である出口王仁三郎の半生を描いた実録物である。

第3巻第7号（1947年9月）も連載小説「半処女」と「ウニデス潮流の彼方」が続いている。読切としては、木々高太郎の探偵小説「恋にあらず」、城昌幸の探偵小説「無指紋の謎」、直方敏「綾部の使途行状記◇続・大本教ものがたり◇」がある。また、福田かね子（仮名）の「「闇の女」の手記」は夜の女の生態を語った手記。

第3巻第9号（1947年11月）より、連載小説は「ウニデス潮流の彼方」のみとなる。読切小説としては、北村小松「残象」、芝木好子「深淵」、丸木砂土「四谷怪談」、入江九龍「伯爵夫人の生態」がある。その他の読物としては、大森啓助「オペラ座」、笹宮龍一「撮影所スケッチ ある日の女優撮影」などがある。

第4巻第1号（1948年1月）からは連載小説がなくなり、小説はすべて読切となる。同号には林房雄の小説「妻の復讐」、丹羽文雄の小説「不憫」、北林透馬の小説「あゝそは彼のひとか」、横溝正史の探偵小説「黒蘭姫」が掲載されている。目玉企画としては、高田保、式場隆三郎、矢野目源一、渡辺紳一郎、北林余志子、井上勇による座談会「女の美をさぐる」、漫画集団合作の「色刷口絵 女ロビンソン漂流記」がある。松尾邦之助「ドイツで観た奇怪な忠臣蔵」のような興味深い記事もある。

第4巻第4号（1948年4月）からはM・ルブラン作／保條龍緒訳の怪奇探偵小説「アルセーヌ・ルパン 妖女変化」の連載が始まっている。同号からは新人特選小説というコーナーが始まっており、和田二朔「ものぐさ物語」、茂木草介「犬の変奏曲」が掲載されている。座談会企画としては、司会／矢野目源一、参加者／高田保・丸木砂

土・渋澤秀雄・小絲源太郎による「エープリル風流座談会」がある。もともと、『読物時事』は漫画、映画、芸能、将棋・囲碁、懸賞などの記事を幅広く掲載する雑誌だったが、同号あたりからはさらにその傾向が強まり、斎藤桂介「おしやれの学校訪問」、石見為雄「ビストロの味」など、新しい切り口からの読物が多くの誌面を占めるようになっている。

　第4巻第6号（1948年6月）では、「アルセーヌ・ルパン　妖女変化」の連載が続いている。読切の短篇小説としては、木村荘十「光陰」、南達彦「映画館快挙録」、芝木好子「姉妹」が掲載されている。口絵特集としては和田義三、塩田英二郎、荻原賢次、横山隆一による漫画「新ガリヴァー旅行記」が、おたのしみ頁として「恋愛と結婚ハンドブック」がある。その他、斎藤桂助「南国情緒を求めて　八丈島訪問記」、上山敬三「歌詞と曲はどつちが重要か」などもある。

　第4巻第7号（1948年7月）は、特別読物と称する澁澤秀雄作／東郷青児画の小説「世界の夜色　世界各地の闇の花巡礼記」の他、「アルセーヌ・ルパン　妖女変化」、古川眞治の小説「楽屋人種」が掲載されている。読物としては、斎藤桂助「催眠術にかけられる」、「東京の夜色（上野地下道）」などがある。

　第4巻第8号（1948年8月）は「海外恐怖小説特集」と銘打たれており、連載小説「アルセーヌ・ルパン　妖女変化」の他、オブライエン「金剛石レンズ」、モーパッサン「幽霊」、バルザック作「死刑執行人」、コリンズ「蠟燭の恐怖」がある。

　第4巻第9号（1948年9月）の目玉記事は、谷崎潤一郎、小島政二郎、澁澤秀雄、高田保による「谷崎潤一郎をかこむ座談会　観る話・食べる話」である。小説では、連載が続いている「アルセーヌ・ルパン　妖女変化」の他、北條誠の小説「ジプシイの唄」、丸木砂土の小説「ポーランドの薔薇」がある。読物としては、「ポン引きにポン引かれる　東京・深夜のスリル」、斎藤桂助「女子大の寄宿舎をのぞく」、立花潤一郎「映画日本初記」などがある。

　第4巻第11号（1948年11月）でも、連載小説「アルセーヌ・ルパン　妖女変化」が続いている。読切小説には、木村荘十「生きる悩み」、北町一郎「食料大臣」、北條誠「巷の伝説」がある。探訪記事として「新宿デンスケ大繁盛」が掲載されている。

　第4巻第12号（1948年12月）は「クリスマス号」となっている。これまで連載が続いていた「アルセーヌ・ルパン　妖女変化」は同号で完結している。クリスマス小説として澁澤秀雄「子犬物語」が、わらう小説集として、南達彦「アンデルセンの知らぬ話」、宇井無愁「ある科学者の手記」、徳川夢聲「笑止屑鉄譚」がある。また、I記者による「踊る神様に拝謁する　昭電疑獄検事陣の検事も信者」、槇周也「劇場に巣くうサクラの親分」などは興味深いルポルタージュとなっている。

　第5巻第2号からは舟橋聖一による長編小説「火を呼ぶ花」の連載が始まっている。

読切の小説としては井上友一郎「無情の踊場」、丸木砂土「雪の夜語り」、東郷青児「上海マニュエラ」、寒川光太郎「薔薇は語らず」がある。その他の読物としては「昭電疑獄の蔭の花 秀駒半生記」、九條賢子「ひたすらに天主様への道を 家出した元侯爵令嬢の手記」などがある。

第5巻第3号は表紙に「久米正雄・舟橋聖一・菊田一夫の三大作」「男女交際百科全書」と記されており力の入った号となっている。したがって、久米正雄「盗難女難」、舟橋聖一「火を呼ぶ花」、菊田一夫「花のオランダ坂」に注目が集まったことは間違いないだろうが、それ以外にも、田代光の絵ものがたり「お蝶夫人」、大林清「粧おえる素顔」、森三千代「噂さ」、鹿島孝二「道行き鉱泉」が掲載されている。同号は手記にも力作が揃っており、西田とき子（ラク町おとき）「「ラク町おとき」涙の更生手記 愛情にすべてを賭けて」、山辺雄二郎（とき子さんの夫）「情熱の完成を誓つて」、「原子病と闘う 父・永井博士を語る愛児の手記」などがある。

第5巻第4号も表紙には「四大長編 中野実・菊田一夫・舟橋聖一・久米正雄」、「日本野球宝典」とあり、中野実「この年初恋あり」、菊田一夫「花のオランダ坂」、舟橋聖一「火を呼ぶ花」、久米正雄「盗難女難」の他、芹澤光治良「三つの鐘」、太田静子「マリヤたち」がある。なかでも、「マリヤたち」に関しては「一夫多妻提唱」「太宰治氏の愛人が世に問う処女作」といった衝撃的な宣伝文句が付されている。

誌面の関係で、以下、1949年12月までの巻号に関しては、上述連載以外の主要な作品、記事のみを紹介する。小説には、北條誠「恋の十三夜」、村上元三「男伊達人形」（第5巻第5号、1949年5月）、土師清二「心中の手伝い」、寒川光太郎「誘惑の灯影」、木村荘十「ビル街の女」（第5巻第6号、1949年6月）、高田保「旅姿人気男」、山岡荘八「菊しぐれ」、大林清「情痴の夜」（第5巻第7号、1949年7月）、村松梢風「御守殿お辰」、南川潤「赤い爪」（第5巻第9号、1949年10月）、田村泰次郎「官能の流れに」、宮内寒彌「男装」、土師清二「白浪五人 日本駄右衛門」（第5巻第11号、1949年12月）がある。主要記事には、「竹久千恵子・山口淑子 春宵よもやま対談」（第5巻第5号、1949年5月）、「賭博場探訪記」（第5巻・第6号、1949年6月）、東信夫「異国の丘に花ひらく 日本人捕虜とソ連女性の灼熱の恋」（第5巻第7号、1949年7月）、「偽られた軍国美談 一太郎やあい 大酒飲みの賭博者が英雄に祭り上げられた!!」（第5巻第9号、1949年10月）、吉沢政子「乙女の戦記 サイパンの白バラ」、森合香矢子「中共従軍四ヵ年」、「たのしいなつかしい流行歌五十年史 明治・大正・昭和を網羅した思い出のメロディ二百数十曲」（第5巻第11号、1949年12月）がある。[石川 巧]

◎解説

ラッキー

　表紙に「明るく愉しい大衆雑誌」と記されて
いる。編集者は田中亮三郎、発行は国民社であ
るが、後にラッキー社として独立している。創
刊は1947年12月（図1の1948年1月号には『人
情』改題とある）、表紙は風間四郎、志村立美
らによる女性画である。終刊は不明。初期の巻
頭には過去作品のダイジェスト版「評判作絵物
語」が連載されている。内容としては、長篇連
載2〜3作、読み切り1〜2作、占い、とんち、
穴埋め記事などがある。連載小説には「前号ま
でのあらすじ」が必ず記されている。

　連載小説作品としては、1巻4号（1948年4
月）から菊池寛「三人姉妹の家」（富永謙太郎画）
と長田幹彦「春ふる雪」（志村立美画）が始まり、

図1　『ラッキー』1948年1月

他に城戸禮「愛欲の谿間」（林唯一画）や邦枝
完二「女」（野崎耕作画）などがある。翌1巻5号（1948年5月）からは吉屋信子「新
篇　未亡人」（志村立美画）が開始され、1年以上におよぶ長期連載となった。48年3
月6日に亡くなった菊池寛の連載はこの号までとなり、「三人姉妹の家」は絶筆となっ
た原稿用紙3枚分のみが掲載されている。同号には久米正雄による追悼文「菊池寛の
遺志を嗣がう」が掲載された。

　「戦後の菊池の創作は、明らかに二つの方向を取つてゐた。一つは、彼の一生の国
史的な蘊蓄を傾けた、新今昔物語風のものだつた。是もきつと、将来はもつと渾然と
した、玉を成すやうなものになるに違ひないと思つてゐた。一つの老境文学と言つて
悪ければ、大人の文学を形成するだらうと、一つの楽しみにしてゐた。彼も楽しんで、
書いてゐたに違ひない。／が、それと共に、彼が現代小説の続き物の方へも、少しづゝ
筆を染め出したのを見て、其の方面の佳作が、殆んど現れない今日、彼こそ巨匠の大
腕力を以つて、立派な見本を書いて呉れる事を願つた。徒らに慌たゞしく、徒らに昏
迷したやうなものばかりが続出する長篇界も、いづれ彼の大作に依つて、一触直ちに
払拭されるであらう事を、ひそかに期待した。／そして、その或ひは唯一の作例とし
て、此のラッキーに掲げ初めた「三人姉妹の家」の如きが、その最も得意とする情況と、

ラッキー　121

その可なり広がりさうな規模とに於て、戦後最初の傑作になるのでは無いかと期待してゐた。少くとも此作は、菊池寛が相当力を入れて書き、充分受けるべき素質を備へた、大風俗小説の佛があつた」。この「遺志」を継いだものとして、翌1巻6号（1948年6月）から久米正雄「三つの遺珠」の連載が始まった。おそらくは、構想を菊池の作品に寄せながら書き継いだものだろう。

　この雑誌の読者を想定すると、おそらく男女半々程度ではなかっただろうかと思われる。1948年11月号の広告を見ると、「図解洋裁講座 家庭独習」（東京洋裁学院）、「婦人手紙文集」（婦人ブック社）、「婦人ペン習字」（婦人みづぐき会）、「ベラミー（ホルモン入強力美顔クリーム）」（美容科学研究所）などの女性向け広告がある一方、「日新生命」「コロンブス靴クリーム」「平和生命」などの男性をターゲットとした広告も並んでいる。家庭内での購読をねらいとしているようだ。

　1948年11月には臨時増刊号が出ているが、この中では全68頁のうち、63頁までを長篇名作読切小説・吉屋信子「男の償ひ」に充てている。ほぼ一作に限定した臨時号というのは珍しいだろう。同号の「編集後記」には、「大衆雑誌の御膳立てとして、一応考へられることは、口絵、グラビヤ、小説五、六篇、漫画等、見る頁と読む頁との適当な配合と云ふことになるであらうが、現在の大衆雑誌の限られたわくの中では、それを十分に発揮してゐるのは極めて少ないであらう。／これを読者側から見れば、その様なバラエテイに富んだものを一応希んではゐるが、それよりも、やはり一篇でもいいから、心からこくのある、読みごたへのある、然も戦後の惨憺たる環境に打ちひしがれてゐる吾々自身の萎縮性を撃破する所謂大衆本来の豊かな常識と叡智を助長するだけの、健全で大らかな読物の出現そ希んでをこゐるのではなからうか。／その意味に於て、本誌増刊に敢へて従来迄の大衆雑誌の行き方を一蹴し、三百枚と云ふぼう大な原稿を一気に掲載する大胆不敵な挙に出でたのである」と、挑戦的な編集手法について語っている。しかし、同様のやり方は後に用いられることはなかった。

　2巻2号（1949年2月）の裏表紙広告には、東亜防水布製造株式会社の「新興文化ガラス」が掲載されているが、商品名が「ラッキー」であり、表紙と同じロゴが用いられている（表紙、裏表紙ともに同じロゴの「ラッキー」が表示されている状態）。名前の一致はおそらく偶然ではあったろうが、ロゴの使い方など、現代でいうタイアップ広告ともとれる手法だろう。

　2巻3号臨時増刊・春の小説まつりには、種田政明「紫陽花」という作品が掲載されているが、併せて「永井荷風先生より作者へ」という、荷風から作者へ送られた手紙文が掲載されている。「拝啓 御送付の玉稿拝見仕候 非常に面白く拝見致候 姿の字を御用なされわたしと読ませるは硯友社時代の弊風なるべく（中略）全体の構想着筆あの土地の人情あの種の女の運命を描写するに凡て暗示的なる処大に敬服致候事に御

座候　火災前御送りのものに比し今回のものは一段の進境あり一冊にまとめるだけの御著作希望致候／余は後便まで　草々」。この書簡を同時に載せた理由は定かではないが、作品に対する一つのお墨付きとして置かれたものだろう。

　1950年発行の第3巻からは150頁程度まで増えている。発行元が国民社からラッキー社へ移り、住所も番地が変わっている。近くに新しい編集所を設けたということだろう。表紙には副題「映画と読物」、「明るく愉しいLucky-Screen」の表記が追加された。この頃に始まった企画として、「誌上ミス・ラッキー募集」がある。写真投稿から予選を通過した者を、読者の投票によって順位決めするというもので、入選写真を表紙・口絵・グラビアに使用するとある。

　1951年の第4巻からは読者投稿・交流ページの「ラッキースクリーン」が始まった。この頃には映画と小説と半々程度のバランスで編集がなされている。この頃の掲載作家には菊田一夫、木村荘十、新田潤、戸川貞雄、邦枝完二、小糸のぶらがいた。

　1952年の第5巻からは、ラッキー奉仕部として通信販売業に進出している。主に美容薬品の取り扱いを行なっていたようだ。やなせたかしの連載漫画も始まる。「ラッキーフレンドグループ」として、読者の名簿を掲載するようになり、「ラッキースクリーン」は「愉しいラッキー友の集い」へと名前が改められた。映画好きの読者仲間が繋がれるような、誌上での読者同士の交流もしばしば見られる。5巻7号には、この年には男女ともに募集された「第3回ミス・ミスター　ラッキー」の中間報告の写真が掲載されている。32名で男女半々、年齢は17〜24歳。この企画がどれ程に活用されたのかは今ひとつ不明であるが、当時の人気企画であったことは間違いない。読者モデル公募企画の先駆けともいえようか。この頃の小説作品としては、北條誠「緑の青春」、藤沢桓夫「わが花がわ夢」、野村胡堂「日本左エ門」、牧野吉春「光り地に満ちて」、榊山潤「純金の十字架」などがある。

　確認される最新号は1953年2月発行の6巻2号であるが、「友の集い」は4頁立てになり、愛読者漫画や顔写真などが掲載されている。また、会員向け新聞「ラッキー新聞」の発行告知もされ、読者の囲い込みにかなり戦略的な雑誌であったことがわかる。　　　　　　　　　　　　　　　　　　　　　　　　　　　　　　　　　　　［牧　義之］

◎解説

らづりい

図1 『らづりい』第2号（1947年11月）

『らづりい』は、1947年9月に新浪漫派社から創刊された。現在のところ1948年5月まで3冊の発行が確認されている（図1）。表記は、『らづりい』『らうりい』『らぶりい』『LOVELY』と揺れがある。

創刊の辞にあたる文章はないが、創刊号の「あとがき」に「雑誌は巷間にはん乱してゐる──だのに、「雑誌」がほしいと、いふ声を多くの大人達から聞く。大人が読む本当の良い「雑誌」がないからだが、私は「らづりい」がこの慈雨のように大人の読者を潤ほはし、喜ばせることを確信する」とある。また、「エロとワイ藝とは判然区別すべきだ。ワイ藝雑誌は多いが、本当にエロスを扱つた雑誌、そして大人が喜ぶ雑誌は少い。「らづりい」はワイ藝雑誌ではないが、もし「エロ雑誌」といふ人があれば、私は「そうです」と答へたい」と、正当な「エロ雑誌」を目指すことが宣言されている。

第1号から第3号まで、判型はすべてB5判である。第1・2号の定価は25円で48頁、第3号はもともと25円だったが、改訂して定価30円、41頁である。第1号の「あとがき」に「本誌は発行部数が極めて僅少である。幸ひ御入手の方は出来るだけ同好の上にも回読させて欲しい。但し、余り汚さないやうに取扱はないと、古本としての価値が出てから損します」とあるので、発行部数は少なかったようである。

編集発行兼印刷人は3号とも宇佐美稔である。宇佐美は『らづりい』の前に、耽美館から『ヴィナス』という雑誌を1947年5月に創刊している。しかし、1947年9月に発行された『ヴィナス』第2号では宇佐美が解職退社となったことが告知される（長谷川卓也『《カストリ文化》考』三一書房、1969年）。『ヴィナス』第2号を見ると、新規出版計画により事務所を移転したこと、同時に、社名を耽美館からマロニエ社に改めたこと、『ヴイナス』は「性科学研究所」の報告書として内容の充実をはかること、そして「「ヴイナス」編輯兼印刷発行名義人として耽美館勤務の宇佐美稔君には都合にて去る六月十日限り解職退社を願つた故、自今、耽美館並に本社とも何等の関係の

ない事」が告知されている。宇佐美が退職となった経緯は明らかではないが、宇佐美は一人で『らゔりい』を創刊する。『らゔりい』創刊号の「あとがき」には、「本誌は宇佐美の情熱と、活動力に加へ、識見と理解深い寄稿者先生の大人としての理想と実生活が表現されて世に出たものである」という自負が語られている。

　『らゔりい』の表紙は第1号から第3号まですべて和田平三郎が描いている。第2号に和田の「表紙の絵について」という文章があり、宇佐美の希望で「古代印度のエロチズムをねらひ、その原画を適当に模写、あんばい」していると述べられている。画風は異なるが全て古代インド風の衣装を着けた男女が抱き合う姿が描かれており、西洋風の女性や浮世絵風の表紙が多いカストリ雑誌の中で古代インド風のデザインは珍しい。古代インドの性愛論書『カーマ・スートラ』の世界をイメージしたのであろう。

　第1号（1947年9月20日発行）は、表紙の上部に「LOVELY 創刊記念特輯」とし、その下にひときわ大きく「艶笑怪奇号」と印刷されている。巻頭にはアメリカの生活様式、性道徳を論じる式場隆三郎の「戦後の性道徳」が掲載されている。式場隆三郎は精神医学者であるが、白樺派の作家たちとも交流があり、ゴッホ関連の美術著作もある。戦後、カストリ雑誌にもしばしば論考や随筆、小説を執筆している。その他、橋爪檳郎子「コクトオの阿片とボオドレエルの麻薬」、高橋邦太郎「血に狂ふ毒殺魔」、近藤春雄「創作・女の四季」などが掲載されている。また「特集 愛慾の喚起」として宇佐美稔「愛慾の匂ひ」、玉川四朗「燃える頬と唇」、吉田謙吉「触感貴論」のタイトルが並んでいる。第2号の「編輯後記」によれば、第1号の売れ行きは素晴らしかったという。社員が発売当日、新橋駅の売店で30分立っている間に、9人が『らゔりい』創刊号を買っていったとの報告もある。

　第2号（1947年11月18日発行）は「裏街人生号」である。表紙の上部に「らゔりい 躍進特輯」とし、その下にひときわ大きく「裏街人生号」と印刷するデザインは第1号と同様である。第2号の目玉は矢野目源一「カサノヴア漁色史」である。矢野目源一は作家・翻訳家で、艶笑文学を得意とした。「カサノヴア漁色史」のまえがきでは、30年前から原著を読み、愛読していたこと、分量も厖大で、かつ好色本とみなされなかなか翻訳が出現しなかったと記されている。カサノヴァはイタリア・ヴェネツィア生まれの作家で、数多くの女性遍歴を重ねた好色家として知られている。第2号では特集が二つ組まれている。まず、「浮世の裏を覗く特輯」では、「つれ込旅館四方山話」「新橋ゲイシヤ・ガール」「穴を狙ふ曲者」「かくも籤は奇しものか」など昨今の連れ込み宿、芸者、競馬などの記事がならぶ。また、特集「愛慾の科学」として岡田道一「性愛に関する性の浄化」、巽洽太「性愛の技巧」の性科学の記事が掲載されている。第2号では「社告」として人手不足のため、「一手取次店」として「三生社書店」に販売面の委託をしたとある。

第3号の発行は第2号から約半年後の1948年5月23日である。第3号には、あとから印刷されたと思われる「お詫びのことば」と「社告」がついている。「お詫びのことば」には「主幹宇佐美稔」の名前で、第3号の発行が遅れた理由として、用紙の入手が困難になったこと、第1・2号が発売後、「共に引きつづき「ワイセツ」の件で当局の忌憚に触れた」ことがあげられている。「「らぶりい」発刊の意図が「ワイセツ」を排し、正しいエロスと性教育の普及だつたゞけに、編輯者としての自信がゆらぎ、悩みに悩みつゞけて参りました」という宇佐美の心情も吐露されている。また、「社告」では、定価と印刷・納本・発売日の改訂が告知されている。奥付では、定価は25円、昭和23年2月28日印刷納本、同年3月3日発行となっているが、「社告」では定価が30円に訂正され、「表紙のオフセットは早くから印刷していましたため、印刷、納本日、発行日の変更が出来ません。左の如く訂正致します」と弁明している。印刷も「昭和23年5月20日」、納本が同年「5月21日」、発売が同年「5月23日」に訂正されている。3月には発行する予定だったが、第1・2号が摘発され、次号の発行許可がなかなか下りなかったものと思われる。

　第3号は「春風胎蕩号」である。表紙の上部に「地盤確保感謝特輯」とあり、「らうりい」という雑誌名が大きく印刷されている。巻頭には堀口大學の「艶詞三章」が、随筆として高田保「自鏡記」、青柳瑞穂「セトモノと女の鑑定」が、読物として、高橋邦太郎「権勢と肉慾の皇后」、北林透馬「今昔横浜艶笑譚」、城昌幸「色供養」、丸木砂土「真珠」、矢野目源一「カサノヴア漁色史第二話」が並んでいる。また、「愛慾の科学特集」として横町仁居「媚薬考」などが掲載されている。

　第3号の「編輯後記」には、矢野目源一を編集人に迎え、宇佐美は企画や出版に努力すると告知されている。また、高田保と丸木砂土を編集顧問に迎えたともある。「第四号こそは面目一新、颯爽改つた紙面に老ひることなき甘美な「青春のロマンを盛つたらぶりい」を皆様へお贈り申します」（第3号の「お詫びのことば」）ともあるので、第4号を発行する予定だったのだろう。しかし、第4号が発行された形跡はない。矢野目を編集にむかえ、高田と丸木を編集顧問とする体制を整えたものの、雑誌の継続はかなわなかったようである。

　第1・2号は摘発され、なんとか第3号を発行するものの、3冊で消え去った『らうりい』は、三合飲めば酔い潰れるカストリ焼酎を語源にもつカストリ雑誌の運命そのものをたどったといえよう。しかし、「ワイセツ」ではなく「エロ」をめざし、「艶笑好色の芸術と科学を主題とする娯楽雑誌であることを目標」（第3号の「編輯後記」）とした『らうりい』は、矢野目源一、高田保、丸木砂土といった個性的な書き手をそろえ、毎号西洋美術の絵画や写真を掲載するなど、「エロ」であり、かつ洗練されたカストリ雑誌であったといえるだろう。

[光石亜由美]

◎解説

リーベ

『リーベ』は1947年11月に石神書店出版部から創刊された。現在のところ1948年5月まで全5冊の発行が確認されている（**図1**）。創刊号のタイトルの上には「猟奇と軟派雑誌」と謳われている。また、創刊号では「高級で、エロテイクで柔かく文化的な運命を果す、娯楽雑誌といふ企画の下に生れたのが本誌「リーベ」です」「皆様の良き「恋人」として皆様のお心の底から楽しんで頂く使命を持つて生まれたのです」（創刊号の「編集室より」）とあり、雑誌の性格が明確にされている。「柔かく文化的な」雑誌とあるが、性風俗記事、女性の裸体写真などが掲載された典型的な風俗系のカストリ雑誌である。

図1 『リーベ』第2号（1948年2月）

判型はB5判で、分量はすべて34頁。定価は第1号と第2号が20円、第3号から第5号が25円である。発行所は創刊号では「合資会社 石神書店出版部」となっており、東京の住所（東京都千代田区神保町3丁目17）と岐阜の住所（岐阜市柳ケ瀬町4丁目3）が併記されている。創刊号から第3号までは印刷兼発行者として「リーベ社／和泉仁」とあるが、第4号では発行所が「耽美社」（東京都千代田区須田町1ノ20）、印刷兼発行者が安田夢生になっている。取次発売所も「合資会社 石神書店卸部」となっており、住所は「東京都千代田区須田町1ノ20」である。第4号の表紙裏には、「耽美社」の名前で「『オール猟奇』『リーベ』は長い間、皆様方の愛読誌として発展に発展を続けて参りました。しかしながら今般種々の事状により、石神書店では同誌の経営を中止する事に決定しましたので、旧編集部の同人が相寄つてこれを引つづき新に"耽美社"を創設致す事になりました」と『オール猟奇』『リーベ』の編集が石神書店から耽美社へ移ったことが告知されている。さらに第5号では発行所は「爛美社」（東京都千代田区神保町3ノ17）、編集発行人は立花薫となっている。相次ぐ摘発をかわすために、発行所名を変更したと考えられるが、石神書店出版部と爛美社の住所が同じ、また、石神書店卸部と耽美社の住所が同じところから見て、石神書店が出版・編集に関与しているとみていいだろう。

石神書店は、もともと岐阜で営業していた出版社で数多くのカストリ雑誌を発行している。たとえば、1947年から1949年にかけては、『オール猟奇』『オールナイト』『傑作読切』『綺談』『夜話』などを同時併行で刊行している。長谷川卓也によれば「「事業である限り、儲けるのは当たり前でしょう」と、雑誌、公刊本、地下本など多角的に手をひろげ、その大半がかたっぱしからお手入れをくらって、まるでカストリ本総合出版社みたいだった」という。また、仙花紙のいい入手ルートも握っていたのでこれだけ事業拡大できたと推測されている（『《カストリ文化》考』三一書房、1969年）。

　創刊号（1947年11月10日発行）は「接吻特集号」である。表紙には「愛の血は燃えて」と題する長谷川中央が描く、オレンジの地色に西洋人男性と金髪女性が接吻しようとしている姿が描かれてる。玉樹皎「接吻について」では古今東西の接吻の話が紹介され、3葉も接吻のカットが掲載されている。以後、性交の体位を紹介する河合欣一「性愛とその技巧に就て」、北川町人「映画におけるエロチズム」、緑川透「女体美」、畠山行子「処女反応とは」など性行為、性科学の記事が続く。また小説としては安茂里柴平「ホテルのからくり物語」、杉澤光「水浴の女」、志摩達也「むらさきの夢」が掲載されている。第2号の編集後記によれば創刊号は一冊も売れ残らなかったとある。

　第2号（1948年2月10日発行）は「情死物語特集号」である。表紙は第1号と同じく長谷川中央であり、パンティをあらわにし、楽し気に躍動する女性が描かれている。女性の太ももには蜥蜴の刺青があり、蜥蜴のモチーフは第3号の表紙にもひきつがれている。特集記事としては、近代の情死事件を集めた平塚正雄「近代情死物語」、緑川透「自殺と情死」があるほか、北町二郎の小説「愉快な寡婦の冒険」も掲載されている。

　第3号（1948年3月20日発行）は「恋愛特集号」である、赤い地色に裸体の女性、女性の太ももには蜥蜴の刺青、その女性に接吻しようとしている男性を影絵的に描いているところに工夫がある。画家の署名はないが、おそらく長谷川中央だと思われる。3号には安茂里柴平「春・女・性慾」、尾谷京一郎「恋人を得る方法」、森惠「女性神秘の実体」、夏目原人「性慾を制する新養生訓」など、恋愛、性、女性に関する記事が並んでいる。小説は志摩達也「恐怖の寝室」、龍田好文「日本の妖婦」、黒崎春次「夢つきず」の3編が掲載されている。

　第4号（1948年5月1日）は、現在、2種類の版の存在が確認できる。発行日、定価、発行所、発売所、表紙の図柄、目次は同じであるが、印刷日が4月20日のものと4月25日（奥付は「4月20日印刷」だが、裏表紙は「4月25日印刷」）のものが存在する。4月20日印刷版は、表紙・目次には特集の記載はないが、「編輯後記」に「青春享楽号」という特集であると説明されている。4月25日印刷版は、表紙・目次に「薫風号」とタイトルが入っている。また、4月20日印刷版は目次ページにダンサー女性の写

真が2葉入っているのに対し、4月25日印刷版は横たわる裸体女性の線描画である。裏表紙の広告も異なる。第4号の発行が第3号より約2か月の間が空いており、「4・5合併号」とうたわれているのは、『リーベ』3号、『オール猟奇』4月号が摘発され、先述したように発行所をリーベ社から耽美社に変更し、出版するのに時間がかかったからと思われる。この号は無事検閲を通過している。マルコ・ポーロ『東方見聞録』を題材とした山田耕一「東洋結婚見聞集」、美少年を愛撫する西條甲子雄の小説「R夫人の話」、志摩達也の小説「復讐の夜」、南里弘「男娼の性生活」などが掲載されている。

　1948年5月1日発行の第4号と同日に発行されている『リーベ』第5号は、先述したように「爛美社」から出版されている。第5号表紙には「接吻特集」とあり、青い地色にバラの意匠をあしらい接吻している男女の図像が描かれている。目次は島田克美「接吻ア・ラ・カルト」、小坂昌二「接吻騒動記」、園田光「くちづけ物語」など「接吻特集」がならび、読切小説も三編掲載されている。裏表紙には、爛美社『リーベ』の次号予告（青春特集号）があり、関荘太「幻の裸婦」、片桐英介「当世エロ・グロ・ナンセンス」、新海三良「デカダン桃色スナップ」、桂木顕「春色古事記抄」、秋元重男「娘の寝床」、神尾進介「メノコの執念」、石田信夫「忘れじの恋」、牧謙次「一日だけの恋人」「モダン恋占　一日で判る貴方の女運」が予告されている。

　しかし、第6号が発行された形跡はない。若狭邦男によれば、1948年6月1日発行の『オール猟奇』増刊特大号（発行所・爛美社）には、上記の予告記事にある神尾進介「メノコの執念」、石田信夫「忘れじの恋」が掲載されており、このことから『リーベ』第6号は発行されずに、『オール猟奇』増刊特大号に一部の記事が使用されたのではないかと推測している（『探偵作家発掘雑誌 第1巻』日本古書通信社、2016年）。また4号（4・5合併号）の裏表紙の『リーベ』の広告では、「リーベ」というタイトルの上に重ねて「シーク」と印刷されている。「ニュースタイル恋愛雑誌」と謳われており、「初夏青空号予告」として、丸木砂土、式場隆三郎、東郷青児という著名な作家の執筆が予定されている。『シーク』という雑誌を確認できていないので断定はできないが、『リーベ』を改題しようとしたのかもしれない。

　『リーベ』は「猟奇と軟派雑誌」と謳われていたが、「猟奇」の要素よりも「軟派」の要素が強い雑誌である。表紙は接吻する男女、裸体の女性で飾られ、毎号、目次ページの上半分は、女性の裸体写真や裸体画で飾られている。記事も接吻、性欲、女性美など、エロで人目をひく戦略をとっていた。同じ時期に石神書店から刊行されていた『オール猟奇』が猟奇色の強い雑誌であるので、『オール猟奇』は猟奇、『リーベ』は軟派・エロという色分けを企図していたと推測される。多くの種類のカストリ雑誌を量産する石神書店の販売戦略であろう。

[光石亜由美]

◎解説

りべらる

図1 『りべらる』創刊号（1946年1月）

『りべらる』は1946年1月に創刊された（図1）。発行元は太虚堂書房（東京都本郷区元町一ノ一三）である。扉には武者小路実篤「自由に就て」が掲げられた。そこには「自分でいゝと信じられる事を行へばいゝのだ、自分の行為の責任を自分で持つて、自分のしたいことをすればいゝのだ。一番自然に正直にものを見、ものを考へ、そして正直に行動すればいゝのだ。つまり他人の意志によらず、自分の意志で行動すればいゝのである。」とある。一方、奥付の隣には無署名の「編輯後記」があり、「今後われわれは、芸術上の常識と意欲と良心に従つて東西の名作を完全な形で選び出し、読者諸賢と共に鑑賞するつもりである。」と宣言されている。これらに創刊当初の本誌の態度が凝縮されている。すなわち、個人の責任を伴う「自由」の下に、洋の「東西」を問わない「名作」を享受する、そのプラットフォームとならんとする気概がここにはある。

創刊号には他にも亀井勝一郎、大佛次郎、舟橋聖一、小島政二郎らが寄稿し、菊池寛とニューヨーク在住経験のある前田多門文部大臣との対談「アメリカと日本を語る」が、写真付きで掲載された（図2）。小説欄が設けられ、小島政二郎「男ぎらひ」とモーパッサン（丸山龍雄訳）「口髭（完訳）」が誌面を飾っている。また、菊池寛が選者となり、賞金1,000円を設定した短篇小説募集も見られる。ただ、以後の号を見てもこの結果は明らかにならない。創刊号には、映画（洋画）の紹介や村田五郎「アメリカの男女共学制」、無署名の「海外短信」という記事もある。これらのことからは、『りべらる』が文芸誌よりももう少し広範に、「文化」を新たに語ってみせることを志向して出発したことが明らかである。

これらのうち、この後も残るのはモーパッサン作品の翻訳ぐらいのもので、1946年8月号の頃には、カットには女性の裸体画が増え、目次にも「未亡人」、「貞操」、「処女」など、占領期のカストリ雑誌に盛んに見られる語彙が散見されるようになる。た

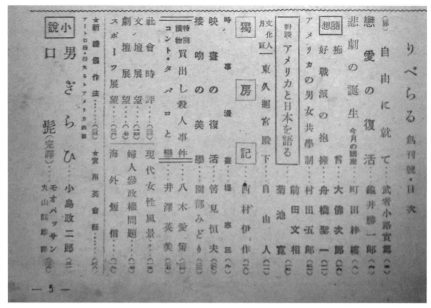

図2 創刊号の目次頁（1946年10月号）

だし、この号で「未亡人に就いて」を書いたのは武者小路実篤、「貞操に就いて」は
菊池寛というように、創刊号の傾向は書き手のラインナップに若干残っている。

　1947年中には半年ほど雑誌を発行できなかった時期があったようで、9月号の「編
輯後記」には「約六ヶ月ぶりに九月号をお送りする。」とある。また、「多数フランス
文学者諸先生の御援助を得た」ことから、「今後の「りべらる」は編輯者の念願通り
フランス的香り高いものになると思ふ。」と述べられている。なお、同号の奥付の「編
輯人」欄には、中村誠という名前がある。この人物は、途中から「発行人」となり
ながら、実質的な終刊まで奥付に姿を見せ続けた。また、9月号以降の1947年中は、
それ以前に見えていたカストリ雑誌らしい性的、煽情的なモチーフの数々が存在感を
失っている。

　1948年に入ると、田村泰次郎や矢野目源一、西村伊作といった、カストリ雑誌の
常連執筆者の名前が見られるようになる。2月号では田村と「宿のお政」、「夜桜のお
なみ」による座談会「夜の女性の生態」が掲載され、他のカストリ雑誌と趣きも近似
してくる。「夜の女性」への関心は、この年の一貫した傾向である。一方で、菊池寛
や正宗白鳥、宇野浩二、武者小路実篤らいわゆる文壇の作家たちの寄稿も、わずかな
がら続いている。

　ここまでで本稿では「編輯後記」からの引用をいくつか行ったが、何者が、どういっ

た意図を以て編集していたかが見えにくいことの多いカストリ雑誌というメディアにおいて「編輯後記」が毎号存在するということからして、『りべらる』は他誌と性質が異なるようにも見える。1948年12月号の「編輯後記」にある次のような記述も、雑誌としての安定を示唆するのではないだろうか。

> 本誌昭和弐拾壱年拾壱月号誌上、「サンガー夫人産児制限相談所訪問記」の内容が、慶応大学助教授松本寛氏の著書からのひようせつであつたことが、同教授の御注意により、判明したので、同教授ならびに愛読者各位に深謝する。なほ同教授の御寛大な御処置に対しては編輯者として云ふべき言葉もないくらゐである。

なお、当該の記事は確かに確認できる（執筆者は財部俊夫）。

1949年2月号は創刊三周年記念号だった。その翌月号の「編輯後記」には、「本誌の編輯者はみな二十代の青年である。」と明記されている。その上で、「娯楽雑誌にも思想性を持たせるべしとは本誌が創刊以来、主張しつづけてきたところである。」、「われわれは先づ二十代に奉仕する。」と述べられるところからは、雑誌の作り手の様子がかろうじて看取できよう。しかし、この頃には既に、創刊から一、二年ほどはあったアメリカやフランスの文化、社会を意識した記事は姿を消していた。創作には時代小説が目立つようになり、岩田専太郎によるオフセット（イラストのページ）は歌舞伎図絵に、グラビアは洋画のスターから国内の俳優へと変わっていった。また、文壇の作家たちの寄稿も見られなくなる。1949年12月号の「編輯後記」は、「今や、本誌発行部数は大衆雑誌の五指に屈せられる。」と胸を張る。発行部数は書かれていないが、この一年前に比べて24頁増え、その発言がやせ我慢の類でないことは推察される。

1950年になると、誌面が「性愛」、「性慾」、「処女」、「未亡人」、「妊娠」といった文字で覆われるようになる。特筆すべきは、2月10日発行の奥付で別冊が発行され、「早春特別読物集」と銘打たれたことである。表紙には東郷青児を起用し、洒脱な印象を与える。また、筆者が確認した複数ある別冊の現物のなかには、表紙の下部に帯が貼付されたバージョンもあった。そこには青地に白抜きで、「書下し探偵小説 堂々120枚 山田風太郎／下山総裁／ここにも一人の女がゐた！／調査。秘材。推理。そして得た確信が作者にこれを書かしめた。」と書かれている。社会時評の類がこれまでほとんどなかった『りべらる』だが、1950年9月号には田村泰次郎と西村伊作が回答者となった身上相談「戦争が始つたら恋人同志はどうすればよいか」が掲載されているところに、東西冷戦体制がいよいよあきらかになってきていたであろう、日本社会の世相が透けて見える。

1951年4月号には、次のような文章が掲載された。

【菊池寛先生とりべらる】
『りべらる』といふ誌名は菊池先生がつけられた。
『りべらる』の発行所である太虚堂書房に時々きては、お茶をのんで行かれた。
そのころ正宗白鳥先生も軽井沢から出て

図3　榛葉英治「女学生痴図」（1951年3月号）

きて立寄られた。座談会などは、「俺の家でやれよ」と云はれるので、よく菊池邸の広間をつかわせてもらつた。女性ずきの先生の名は、その作品と同じくらいに世間に知られてゐるが、りべらる関係の男女全員が、なるべくぢかに見たり、先生からぢかに聞いたりしたことを材料にして、菊池寛伝のうちの女性篇の一章を綴ることにした。

　この文章が前書きになっている記事のタイトルは、「菊池寛情史　菊池寛女色傳」、署名は編輯部となっている。菊池寛が逝去したのは1948年のことなので、特段何かを記念してとか、追悼するといった意味合いはないだろう。同号の「編集後記」にも菊池に関する言及はなく、その代りにということではないが、別件に関する詫び文が掲載されている。1951年3月号に掲載された榛葉英治の小説「女学生痴図」（図3）のタイトルが、作者が付けたものと異なるということである。しかも、単なる誤字ではなく、編集部が意図的にタイトルを変えたことを詫びている。原題は「女学生」だったが、「他に同じ題名の既成作品があるので」編集部が変更し、そのことを「作者にはお断りした筈であつたが」「手違いから無断改名の形となつた」と経緯が説明されている。編集に些か慢心が見えるようでもある。この1951年、『りべらる』のページ数は毎号150頁を数え、こうしたモノとしての雑誌の姿からは、編集・発行と経営のいっそうの安定を見るべきなのだろう。

　1952年になると、女性芸能人の足跡を煽情的に語る暴露記事のような読物や、特

殊な性行動が確認できる国内の地域の潜入記事（事実か否かは不明）など、ルポルタージュを装ったものが目立つ。後者の主な書き手となったのは、深田徹という人物である。こうした誌面の傾向も、記録の時代と呼ばれる1950年代の社会的・文化的な動向に『りべらる』が寄り添って歩んでいることの証左となる。一方で、5月には小説特集の臨時増刊号を出している。

　1953年2月号は「八周年記念特別号」を謳っている。「編集後記」には「八年間。永いといえば永かつたし短かいといえば短かゝた。」と書かれている。また、新雑誌『読物』が創刊された旨の記載もあり、編集部が賑やかであることが伝えられている。4月号の「編集後記」によれば、編集部員の平均年齢は26歳であり、「若いことでは日本有数の出版社」であることを自称している。この頃、女性記者に関する言及も多々確認され、編集部に活気があるさまが見て取れる。女性記者が増えることは、誌面に女性向けの記事が登場することを期待させるが、管見の限りそうしたことはない。1953年8月号からは、有名人の性行動の履歴を自ら語る体裁の「僕のヴィタ・セキジュアリス」が始まる。この号には平野威馬雄、次いで峯岸義一、岩田専太郎、石田一松、古賀政男と続いた。12月号の「編輯室」では、誰の「ヴィタ・セキジュアリス」を読みたいかということについて読者投票が行われていることが報告され、吉田茂（35票）、鶴田浩二（20票）、栃錦（19票）、川端康成（12票）、柳家金語楼（8票）、川上哲二（8票）とある。人気の企画だったことは明らかである。翌1954年の1月号では、「君聞き給え僕の青春」として、東郷青児、菅原通済、花柳美保の三人が「僕のヴィタ・セキジュアリス」を座談会形式で披露した。

　1954年4月号で、『りべらる』は通算100号を発刊したことになる旨が、当該号の「編集室」に書かれている。しかし、誌面にそれを記念するような企画はなかった。この頃には「処女」や「アベック」、「未亡人」というカストリ雑誌ならではの語彙が若干見られるものの、ひと頃よりはずっと少なくなる。しかし、それは煽情的な記事が減ることを意味しない。むしろ、煽情性は変わらず、その表現にバリエーションが出てきたのだ。性的表現の多様化ということもできる。さらに、この年に顕著な傾向として、小説が減ることが挙げられる。小説は「りべらる十五枚小説集」というコーナーに収められることとなった。

　『りべらる』は1955年9月号（図4）を実質的な終刊号と見なしてよい。この年の1月号から表紙の上部に「風俗読物雑誌」と記載されるようになる。「編集室」の毎号の話題も、豆まき、パチンコ、風邪の流行など、とりとめがない。しかし、4月号には次の重要な記載がある。

　この度、約十歳にわたつて皆様に親しまれて来た「太虚堂書房」と云う社名を、

本年初頭より「白羊書房」と変更致しました。勿論社の内容にはなんらの変更もありません。従前通りのご支援ご後援の程をお願い致します。

これ以上の社名変更の事情は不明である。さらに、1955年7月号には「編集室」の代わりに「編集上の改革を期してご挨拶申し上げます」という見出しの、「りべらる編集部」名で出された社告のような文章が掲載された。以下に全文を引用する。

図4　表紙（1955年9月号）

　本誌「りべらる」は、昭和二十年末、ユニークな風俗雑誌として発刊いたしましたが、たまたま戦後の解放された社会風俗の影響も強く反映して、性に関する問題が多く採りあげられてきたことは事実であります。

　しかし、飽くまでも社会の裏に生きる弱い人々の人間群像を詳しく報導し、世の批判に訴えたいとする本誌のあり方は、単に劣情をそゝる性格の雑誌とは画然とさるべき自負のもとに編集されてきたことも事実でありました。

　ところが、御承知のように、最近の青少年犯罪の激増は目に余るものがあり、その対策が急がれている折から、本誌の影響するところも大なるを知らされたのであります。

　我々の本音とするところからみれば、思いがけない結果であるとはいゝながら、こゝに深く反省していさぎよくその責をおい、不良化防止の対策に全面的な協力をいたすことを決心いたした次第であります。

　今後は、社会人としての認識を更に新たにして、本号より編集内容の転換を期したりべらるを発行することにいたしました。あくまでも、世相を促え、風俗を見つめて、生々しい人間の実態を報導し批判して行きたいと思つております。読者各位の御指導によつて、新しい社会の歩みに微力をつくして行きたいと念じているのです。右の趣旨に御讃同の上、ご指導をたまわりますようお願い申しあげます。

どのような事情があったのか。それを窺わせるのが『読売新聞』1955年4月14日

朝刊7面にある「悪書追放・警視庁も重大関心 リストに60出版社 青少年性犯罪激増のもと」と題された記事である。これによれば、警視庁少年課の調べとして、「不良出版物」やストリップなどの影響で、少年犯罪における性犯罪の割合が増加したとある。さらに、「出版物を読んで強盗、婦女暴行、窃盗をはたらいたり特飲街に出入りするようになったとハッキリ動機を自供しているだけでも二百四十九名に上りとくに婦女暴行は五十件」を数えたと報じている。「不良出版物」に対しては「わいせつ文書」として、刑法を根拠とした取り締まりが行われ、1955年に入ってから一回ないし数回雑誌が押収されたもののうちに、『りべらる』が挙がっている（他には『奇譚倶楽部』、『セクサス』、『千一夜』、『デカメロン』、『オールロマンス』、『風俗草紙』の名前がある）。もっとも、『りべらる』が悪書を象徴するかのような書き方ではなく、『夫婦生活』を読んだことで刺激された結果、性犯罪を犯した少年の話題に筆が割かれており、この雑誌の方が「不良出版物」の筆頭扱いとなっている。警視庁の動きは、むしろ社会における悪書追放運動に背中を押される形で活発化していた。こうした社会全体の趨勢に、『りべらる』は抗わず、新規性を求める方向に転換しようとした。

　しかし、結果的に『りべらる』は大きくは変わらなかったといえる。1955年9月号の特集は「水爆時代のアダムとイヴ」と題された。特集記事のタイトルは「放射能と性機能」、「水爆はセックスをストップさせるか」、「生殖能力は全滅！」など、どこか煽情的である。同号の「編集後記」では校正室が暑いという話をしている。これが、『りべらる』の末期の風景だった。

【雑誌に掲載された主要作品リスト】
1946年10月号　織田作之助「怖るべき女」（連載）
1947年1月号　舟橋聖一「切られお富」（連載）、正宗白鳥「近松秋江について」
1947年2月号　横溝正史「百面相芸人」
1947年9月号　富田常雄「猿飛佐助」（連載）
1948年1月号　田村泰次郎「地獄から来た女」（連載）、横溝正史「殺人鬼」（連載）
1948年7月号　石坂洋次郎「栗盗人」
1949年1月号　田村泰次郎「還つて来た夜」、井上友一郎「風のなかの女」、横溝正史「恋の通し矢」
1949年2月号　菊池寛「悲恋図」
1949年6月号　田村泰次郎「女学生群」（連載）
1950年1月号　榛葉英治「性愛の魔術師」、橘外男「人間野獣」（連載）
1950年2月別冊　山田風太郎「下山総裁」、貴司山治「傷だらけの党員」、橘外男「魔境アフリカの触手」

1950年5月号　貴司山治「男爵家の奥殿」

1950年7月号　山田風太郎「女死刑囚」

1950年10月号　美川きよ「未亡人の性典」（連載）

1951年1月号　橘外男「死境アフリカ」、貴司山治「黄金夫人」（連載）

1951年3月号　榛葉英治「女学生痴図」（原題「女学生」）

1951年7月号　龍胆寺雄「東京の貞操」（連載）

1952年3月号　新田潤「悪魔の舗道」（連載）

1952年4月号　寒川光太郎「フィリッピン防衛戦」

1952年5月号　貴司山治「地底の聖母」

1952年5月増刊　北條誠「銀座合戦」、寒川光太郎「東京の殺し場」、中山義秀「元
　　和武士」、海音寺潮五郎「女犯の賊」、広澤虎造（口演）「次郎長外伝 善助の首取り」、
　　大佛次郎「笹川繁蔵」

1952年6月号　佐藤愛子「十六夜妻物語」、榊山潤「女の故郷」、龍胆寺雄「カナリヤの女」

1952年7月号　山田風太郎「呪恋の女」、小田嶽夫「魔女の棲家」、青山光二「可憐な妖婦」

1952年8月号　山田風太郎「女探偵捕物帖」（連載）、石塚喜久三「男を憎む顔」、貴
　　司山治「異説四谷怪談」

1952年9月号　龍胆寺雄「六万石物狂い」、柴田錬三郎「愛と死の画像」、寒川光太郎「妻
　　は花束持てり」

1952年10月号　貴司山治「新本十六夜清心」、間宮茂輔「極楽鳥」

1952年11月号　平林たい子「処女と貞操の価値」、長谷川幸延「恋の辻占」

1952年12月号　榛葉英治「熱帯魚」、青山光二「夜の餌食」

1953年1月号　海音寺潮五郎「異談黒田騒動」

1953年4月号　青山光二「女ざかり」

1953年7月号　龍胆寺雄「鴛鳥と女湯」

1953年8月号　平野威馬雄「僕のヴィタ・セキスアリス」、西川満「玉蘭夜話」

1953年9月号　今官一「日本千夜一夜」

1953年11月号　平野威馬雄「美女とさよなら兵隊と」

1954年1月号　江戸川乱歩「白昼夢」

1954年2月号　江戸川乱歩（語る人）、石田一松（聞く人）「りべらる裸問答」

1954年3月号　龍胆寺雄「昼月の街」

1955年1月号　平野威馬雄「変なところにお灸のはなし」

1955年7月号　香山滋「恐ろしき演出」

1955年9月号　岩堀泰三「新源氏物語」（連載、この号で終刊）　　　［尾崎名津子］

猟奇

図1 『猟奇』創刊号（1946年10月）

『猟奇』は1946年10月に茜書房から創刊されたカストリ雑誌の草分け的な存在である。

編集兼発行人は加藤幸雄である。加藤は浜松出身。1934年、旧制中学卒業後、新宿区矢来下の南郊社（法律関係の出版社）へ入社するも、1937年、支那事変で漢口に応召される。負傷をして1939年に除隊。帰国したら南郊社がつぶれていたので、白木屋の宣伝部に入る。加藤は戦中に軍需会社に徴用され、『産報』（産業報国会の社内報）の編集に携わっていた関係から、手配済みの紙が200連ばかりあったので、戦後、雑誌を出版することにした。そこで、茜書房から『あかね草紙』という過去の発禁本の「全文無削除」掲載を売りにした「性愛小説」集を出版する。その儲けと加藤の父親の遺産を足して『猟奇』発行の資金とした。新聞広告で『猟奇』創刊号の原稿を募集し、また講読会員も募った。なお、戦前、1928年創刊の『猟奇』という雑誌があるが、こちらは探偵小説同人誌である。

『猟奇』はすべてB5判で、1、3〜5号は50頁、摘発を受けた2号のみ、該当箇所を削除したため34頁である。定価は、1号は10円と20円のもの、2号は12円と20円のもの、3号は15円と20円のもの、4号は15円、20円、45円のもの、5号は20円のものを確認している。

次に、各号の特色、刊行の経緯を編集者であった加藤幸雄の「連載・『猟奇』刊行の思い出1〜最終回」（全6回）（『出版ニュース』1976年11月下旬号〜1977年5月下旬号）などをもとに紹介しよう。

1946年10月15日に発行された『猟奇』第1号は新聞広告のかいがあって、すべて募集原稿で埋まる。第1号は2万部印刷し、1万部は直接購読の会員に頒布した。定価は10円、他のカストリ雑誌より高めであるが、それでも創刊号は2時間で売り切れたという。創刊号の巻頭言では、「月刊雑誌『猟奇』は、読者諸賢を啓蒙しやうとか、教育しやうとかいふ大それた気持は、全然有りません。／読者諸賢が、平和国家建設の為に心身共に、疲れきった、午睡の一刻に、興味本位に読捨て下されば幸です」

と謳われている。表紙いは「夜る読むな」というキャッチコピーが付されている（図1）。創刊号には、久保盛丸「胴人形の話」、徳大寺清光「爐辺物語（上）」、津村純「孤島の奇習」、富永志津夫「王朝の好色と滑稽譚（其一）」、高橋清治「生膽質入裁判」、千島湖人「T港」、大平陽介「妖鬼變」の7編が掲載されている。

　第2号（1946年12月5日発行）の編集は戦前に雑誌『文藝市場』や『グロテスク』を発行し、好色文献を数多く手がけた梅原北明の仲間の花房四郎だったため、文藝市場社関係の作家の原稿が集まる。この号の注目点はいくつかある。まず、表紙と題字は資生堂の広告デザインで有名な山名文夫が手掛けている。記事を読むと、1946年4月に亡くなった梅原北明の遺作として「ぺてん商法」という記事が掲載されている。第2号は6万部刷ったという。また、この『猟奇』第2号は、戦後初めて刑法175条（わいせつ物頒布等の罪）の適用を受けて摘発された雑誌としても有名だ。

　第3号（1947年1月25日発行）は、第2号が摘発される前に検閲を受けていたので、比較的スムーズに許可が下りたという。しかし、第3号の検閲文書には、4頁にわたる報告書がつけられ、厳しい評価が下されている。また、第3号の巻頭には「御挨拶」として、第2号が摘発された経緯と謝罪文が掲載されている。この「御挨拶」によれば、北川千代三の小説「H大佐夫人」の内容と挿絵、宮永志津夫「王朝の好色と滑稽譚」の内容の一部が問題になったとある（北川千代三「H大佐夫人」についてはコラム参照）。

　第4号は、伊藤晴雨、藤澤衛彦、斎藤昌三などベテラン勢の記事が並んでいる。同号は、なかなか発行許可が下りなかったため、加藤兼章を発行人としB6判『猟奇別号』（1947年5月1日、猟奇館）を発行した（木本至『雑誌で読む戦後史』新潮選書、1985年）。第4号の奥付は1947年5月5日発行とあるが、許可が下りないので、6月20日に許可なしで発行に踏み切る。このことにより加藤幸雄はCCD（民間検閲局）から追われ、茜書房版『猟奇』も命脈が尽きることになる。第4号は全部で40万部印刷し、代金450万円を発行前日に問屋から集金した。加藤は次号の出版費用にするために事務所へ200万渡し、自宅には150万円を生活費として渡す。そして、残りの100万円をもって、修善寺の旅館に逃げる。だが、CCDからの出頭要請を受け、次の第5号を最終号とすること、もし拒否するのであれば次号は全文英訳で提出することを命じられる。CCDの説明には、検閲に2〜3か月かかるだろうともあったため、それは実質的に脅迫のようなものだった。すでに第5号がゲラ刷りの段階にあったため、加藤は表紙に「終刊号」という文字を入れて発行した。巻頭に編集部による「猟奇編輯更生の辞」が掲載され、読者に終刊が告知された。この第5号は、6月25日発行のものと、7月25日発行のものがある。

　このように茜書房版『猟奇』は第5号で廃刊に追い込まれてしまったが、加藤は妻

の弟の橋本秀雄を編集兼発行人として、CCD の管轄の違う大阪で文芸市場社から再び『猟奇』を刊行する。事務所は、大阪・道修町の小さな小売店の二階を借りるが、実質的な編集作業、事務作業は東京の三軒茶屋にあった事務所で加藤たちが行った。大阪の CCD は 3 日で許可が下り、第 1 号（1947 年 10 月 15 日発行）10 万部は、たちまち売り切れたという。しかし、次の「冬期読物号」（1947 年 11 月 26 日発行）は発売して 3 日目に摘発される。ダミー編集長・橋本秀雄が聴取されたとき何も答えられなかったので不審に思った警察が調べたところ、橋本が本当のことをしゃべってしまったからだ。

　結局、文芸市場社版『猟奇』は、「冬期読物号」（1947 年 11 月 26 日）、「新春特別号」（同年 12 月 26 日）、「臨時増刊号」（1948 年 3 月 1 日）、「読物特集号」（同年 5 月 1 日）、「新緑号」（同年 6 月 1 日）とたて続けに摘発されてしまう。当時は、10 万部刷って、売り切るまでに 4 〜 5 日から 1 週間かかり、発売して翌日発禁になると、書店などから 7 割押収されるので大赤字だったという。

　その後、『猟奇』の発行は加藤の手を離れ、法堂登という社員に渡り、東京都千代田区神田神保町にあるソフト社から刊行が継続される。創刊号は 1949 年 1 月 1 日、定価 45 円。性風俗の考証記事が少なくなり、巻頭の裸体女性のグラビヤ写真や性的な読み物が大部分を占めるようになった。18 号（1951 年 3 月）まで確認できるが、これが終刊号か定かではない（島崎博「『猟奇』の場合にみるカストリ雑誌の"変身"」『週刊朝日』1976 年 7 月 30 日）。

　文芸市場社版『猟奇』を発行する一方、加藤は光楽書房を作り、『人人』『モダンライフ』『オール不夜城』という雑誌も発刊している。『人人』発刊予告の赤刷りチラシには「100 万読者の血を湧かした／『猟奇』発展的改題!!」と謳われている。しかし、『不夜城』はすでに他の業者が商標登録していたため、1 号で廃刊する。『人人』も 2 号で廃刊する。加藤幸雄によれば、5 万部ほど刷って、3 万部売れたという。この他、光楽書房からは『猟奇倶楽部』（1948 年 12 月 1 日）も刊行されている。

　1946 年の『猟奇』刊行後、『猟奇倶楽部』『猟奇世界』『オール猟奇』『猟奇読物』『猟奇界』『猟奇ゼミナール』『猟奇雑誌』など、「猟奇」と冠した雑誌が多数発行されている。「猟奇」という言葉は、戦前のエログロナンセンスを象徴する言葉であるが、戦後、茜書房版『猟奇』として復活して以降、戦後のカストリ文化を象徴する言葉になる。『猟奇』はカストリ雑誌の先駆的存在であり、第 2 号は戦後初の刑法第 175 条が適用された雑誌として歴史に名を残すなど、さまざまな意味でカストリ界に影響を与えた雑誌である。

　なお、『猟奇』に関しては、原卓史が「『猟奇』総目次」（『尾道市立大学芸術文化学部紀要』16 号、2016 年）で解説と総目次を執筆・紹介している。　　　［光石亜由美］

◎解説
ロマンス

　本誌の盛衰事情や、発行者の熊谷寛（後の運勢判断家・宇佐見斉）に関しては、学生時代にアルバイトとして関係していた塩澤実信が、著作のなかで繰り返し言及している。特に、『活字の奔流 焼跡雑誌篇』（展望社、2004年）は、決算報告書など、ロマンス社の内部資料を活用している点で興味深いものである。以下、この本を活用しながら誌面を概観みてみよう。

　講談社出身者で主要メンバーが固められた『ロマンス』について、塩澤は、「その登場の鮮烈な印象は、風圧をともなった衝撃に近いものだった。敗戦の日から十カ月にも充たない短時日で出現したこと、「ロマンス」という新鮮で甘く、打ちひしがれた若者の憧れをよぶ誌名であったこと。それは、毛利銀二こと伊藤龍雄のエキゾチックな美女を描いたパステルの表紙画、活字に飢えていた大衆の渇望を癒す内容などと相俟って、すさまじい"ロマンス旋風"をまきおこした」と述べている。ユニークなエピソードとしては、創刊号に掲載された織田作之助「現代小説 大阪の女」は、当初『キング』へ執筆されたものだったが、誌面に向かないという理由で『ロマンス』へ渡された。その代わりに、「昨日・今日・明日」（1946年3月）が『ロマンス』から『キング』へ渡されたという。創刊当初は、講談社との親しい関係性のもとで『ロマンス』の編集が進められていた。

　挿絵画家として岩田専太郎がしばしば起用されているが、「挿絵界の大御所、岩田が「ロマンス」「婦人世界」と、同社の雑誌に間断なく登場していたのは、専太郎の妹の岩田とき（元女優）、弟の岩田英二（元映画助監督）を社員に採用してもらっている関係だった」（『活字の奔流』前掲）という裏事情もあった。また、「小島政二郎、久米正雄、サトウ・ハチロー、岩田専太郎はロマンス社が二十四年五月一日付で、第三回増資をした折に十万円の株主となる因縁を持つ」（同）とあるように、文壇と資本との結びつきを示すエピソードも興味深い。このような事情は、誌面からは読み取られないものである。『ロマンス』の全盛期は1948年頃で、発行は「八十二万五千部」（同）に至った。実に、占領期の一大雑誌王国を築いていた。1949年、西銀座8丁目の民友社跡へ本社を移転。この頃の社屋の写真が塩澤書に掲載されている。しかし、内部紛争によって1950年7月14日、2億円の債務をかかえて解散し、ロマンス出版社（後、東西南北社。1956年に解散）による『ロマンス』と、ロマンス本社による『モダン・ロマンス』へと分裂した。

　創刊は1946年6月（図1）。巻頭随筆に竹越与三郎「用賀随筆」、随筆に児童によ

図1　『ロマンス』創刊号（1946年6月）

る教室での物々交換・闇取引を告発した式場隆三郎「闇の教室」、古谷綱武「ある口頭試問」などがある。小説は6篇で、立野信之「現代小説 上海の朝霧」、鹿島孝二「明朗小説 同居」、浜本浩「現代小説 めぐりあひ」、村上元三「時代小説 坊主雨」、織田作之助「現代小説 大阪の女」、菊田一夫「連載小説 虹の指輪」が掲載されている。

　1巻3号からは、当時人気を呼び映画化もされた小島政二郎「三百六十五夜」が、岩田専太郎の挿絵で連載開始された。1巻5号からは吉屋信子「歌枕」が連載開始、徐々に連載作品を軸にした小説作品構成ができあがってくる。特に、熊谷寛が待ち望んでいたのは菊池寛の連載であり、2巻4号から「あこがれの花嫁」が志村立美の挿絵で始まった（2巻10号まで）。2巻7号（1947年9月）は当時の事情からか、極端に用紙・印刷の質が悪化し、不鮮明な文字・写真が多い。

　3巻1号からは菊池寛「処女宝」（富永謙太郎画）と、竹田敏彦「此の世の君」（林唯一画）の連載が始まり、長篇連載小説が4本立てとなった。3巻3号からは吉屋信子「翡翠」、3巻4号からは小島の「未開紅」が始まった。同号には菊池寛死去の記事が掲載されているが、「処女宝」の原稿は完結分まで入稿済で、死後も連載は継続された。翌3巻5号には、菊池の秘書を務めた鳴海碧子のエッセイ「菊池先生の思ひ出」が載っている。この辺りから「ロマンス通信デパート」として、婦人服型紙、洋裁セット、家庭用バリカン、小型16ミリカメラ、石鹸などを扱う通信販売業も開始したようだ。

　3巻9号からは、田河水泡の「のらくろ」が登場している。外地からの引き揚げ後、ロマンス社にのらくろが入社する、という設定である。3巻11号にはグラビアに「ロマンスの出来るまで」があり、印刷から製本の過程を写真で紹介している。製本風景は「女工さん」がメインであるが、彼女らの後ろにはランニング姿の男の子が数人みられ、戦後、製本所が子どもの働き口となっていたことがわかる。彼らは、この艶やかな雑誌をどのように眺めていたのだろうか。同号には長谷川町子の漫画「へんなおくさん」が掲載されている。この号より48頁から84頁へ増頁され、読み切り小説作品（旧作も含む）が増量された。

　4巻1号からは田村泰次郎「白夜行路」、4巻2号からは川口松太郎「結婚の塔」が連載開始され、連載小説は5篇立てになった。4巻5号には永井隆のエッセイ「鶏の歌」

が掲載されているが、これを読んだサトウハチローが、「見たり聞いたりためしたり」(『東京タイムズ』1949年4月26日) で激賞している。それに加えて、編集者に対して余計なリード文（愛憎を越えた微笑ましき隣人愛）をつけないように注意を促している。『東京タイムズ』も、熊谷が創刊に関わったメディアである。4巻9号からは長谷川町子の連載「おばさん」が開始。この年（1949年）、6月6日に日比谷公会堂、10月1日に梅田劇場でロマンス祭を開催している。

　5巻1号からは中野実「天からふつた娘」と藤沢桓夫「白鳥は告げぬ」の連載が始まり、舟橋聖一「女の水鏡」、川口松太郎「結婚の塔」、小島政二郎「びろうどの眼」、久米正雄「金色雪崩」と合わせて、連載は6篇に増えた。分量は140頁を超えている。同号には、「ロマンス創刊当時僅々二三名に過ぎなかつたロマンス社も次いで婦人世界を発刊し少年世界、映画スタア、トルースリー、フオットプレイと続々創刊して、今では本社のほかに都内に五ヶ所の分室が設けられ、大阪、九州にも事務所を拡張して数百名の社員を擁する雑誌王国を築き上げました」という編集者の言葉も見られるが、この頃すでに社内は分裂状態であった。

　5巻3号には長谷川町子の「色刷まんが さざえさん傑作集」が、従来の「おばさん」とは別立てで見開きページで掲載されている。当時、掲載紙を移りながら断続的に書かれていた「サザエさん」が、それまでに関係がなかった雑誌へ再載されることは、珍しいことかもしれない。何らかの穴埋めとして用いられた可能性も考えられる。

　5巻7号（1950年7月）は5周年号で、小説は15篇、186頁。ロマンス社の解散はこの頃である。分裂後の連載作品の引継ぎは『モダン・ロマンス』の方であり、2巻1号（1950年12月）からは小島政二郎の新たな連載「新編三百六十五夜」がスタートしている。一方、『ロマンス』創刊時からの巻号カウントは東西南北社の方が引き継いでいる。　　　　　　　　　　　　　　　　　　　　　　　　　　　　　　［牧 義之］

第2部

研究エッセイ

カストリ雑誌にみる戦前軟派出版界の軌跡

大尾侑子

敗戦直後の「猟奇」熱の高まり

『猟奇』（1946年、茜書房）は、第二号掲載の北川千代三「H大佐夫人」が戦後初の刑法175条による発禁となったことで一躍名を馳せた、最初期のカストリ雑誌である。これに続き、『オール猟奇』（1948年）、『猟奇界』（1949年）、『猟奇世界』（同前）、『猟奇特集号』（1950年）、『猟奇生活』（1951年）、『猟奇実話』（同前）など、敗戦後には「売らん哉の苦肉策に誌名に"猟奇"を冠するものが多」[1]く出現した。猟奇という言葉は、当時「エロ」の代名詞だったのだ[2]。しかし、「奇」なるものを探究し、それを商品のアピールに利用する動きは突如戦後に起こったわけではない。カストリ雑誌研究者の嚆矢である斎藤夜居は、「猟奇とか猟奇趣味などと聞くと、思いは戦前昭和四、五年頃の梅原北明一派の活躍した時代を連想して、戦後雑誌の『猟奇』と聞いてもピンと来ない」[3]と述べている。

"梅原北明一派"とは軟派出版界の旗手・梅原北明（1901〜1946）と、彼が立ち上げた文芸市場社の周辺に広がった性風俗関連の出版人脈を指す。「珍書屋」と呼ばれた彼らは、自社の出版物を大衆向けのエロ本ではなく、あくまでも活字中心で知識人や好事家向けの商品としてブランディングした。半合法的／非合法的に会員限定頒布されたこれらの書籍や雑誌は、1920年代末頃には全国に広がる地下出版読者のネットワークを築き上げたのである[4]。代表的なものに叢書『変態十二史』や雑誌『変態・資料』、『カーマシヤストラ』などがあるが、とくに猟奇趣味（グロ趣味）を全面に押し出しヒットしたのが雑誌『グロテスク』だった。同誌は全国紙に広告を掲載し、一部は一般の書店でも販売されたこともあり、「エロ・グロ・ナンセンス」流行の礎を築いたものと評価される。

梅原北明一派の血脈——文芸市場社の復活？

そんな彼らの出版活動は検閲との格闘の歴史でもあった。当局による激しい弾圧により1932〜1933年頃には息の根を絶たれた軟派出版界だが、書き手の一部は敗戦後、静かに表舞台に姿を現すこととなる。冒頭に掲げた雑誌『猟奇』も、その舞台の一つだった。じつは編集者の加藤幸雄は、北明一派による出版文化の再興を目指して同誌を立

ち上げたと語っている[5]。惜しくも梅原自身は1946年に没したが、彼の周りで辣腕を振るった作家の名前は、確かに誌面に確認できる。たとえば二号の編集後記には、「斎藤昌三氏、藤澤衛彦氏、梅原北明氏の玉稿」ら「斯界の権威」の原稿を掲載したこと、さらに「梅原北明氏の遺稿を得た事は本号の圧巻といふべき」[6]と記されている。

その後、1947年6月に発行された5号をもって、同誌は廃刊を迎えた。ところが、なんと同年10月に、大阪で同名の雑誌『猟奇』が発行されたのである。加藤のインタビューによれば、東京で同誌が警察から潰されそうになったことを背景に、大阪で「文芸市場社」の名札を掲げた事務所を設立し、大阪版の発行に至ったという。大阪版とはいっても実質業務は東京・三軒茶屋で従来のスタッフが担った。創刊号は10万部がたちまち売り切れたそうだが、戦前から梅原北明一派の愛読者だったファンからすれば、文芸市場社という名前を掲げたカストリ雑誌の存在は、なかば怪しい存在にも映ったようである。大阪の読者からは、梅原らの文芸市場社が復活したのかと期待したものの、内容は遠く及ばないと叱咤する投稿も届いている[7]。

むろん『猟奇』に限らず、カストリ雑誌の執筆人には戦前の軟派出版界を支えた人物——佐藤紅霞、丸木砂土、高橋鐵、峯岸義一、中野正人らの名前を多数確認することができる。なかでも雑誌『文芸市場』時代から北明の右腕として活躍し、軟派ものでは花房四郎、鳩々園主人、妙竹林斎といった変名を用いた、プロレタリア作家の中野正人。彼は『猟奇』の新聞広告を見て、自ら加藤幸雄に問い合わせ、戦前の仲間を同誌に仲介したキーマンだった。とはいえ、すべてのカストリ雑誌が文化的志向を持つ戦前派の系譜にあったわけではない。なかには梅原一派の軟派出版を丸々無断で転載し、表紙を差し替えただけの劣悪な商品もあった。斎藤夜居は、そんな雑誌をカストリ酒よりも劣悪なメチール・アルコールにたとえ、「メチール雑誌」と呼び、一種の文化罪であると強く非難している[8]。

注
1) 斎藤夜居『カストリ考——肉体小説と生活風俗より見た戦後のカストリ雑誌』此見亭書屋、1964年、69ページ
2) 読売新聞社会部（編）『わいせつ裁判考』読売新聞社、1979年、28ページ
3) 斎藤夜居『続 カストリ雑誌考』此見亭書屋、1965年、76ページ
4) 大尾侑子『地下出版のメディア史——エロ・グロ、珍書屋、教養主義』慶應義塾大学出版会、2022年
5) 『出版ニュース；出版総合誌』（出版ニュース社）、1976〜1977年にかけて加藤のインタビュー「連載・『猟奇』刊行の思い出」（1060〜1067号所収）が掲載された。
6) 「編集後記」『猟奇』1946年12月号、茜書房
7) 『猟奇』1948年2月号、文芸市場社
8) 前掲、斎藤夜居1964年、65ページ

アウトサイダーとしての占領期雑誌

吉田則昭

　戦後占領期、日本の出版文化とはまったく別ルートで流入してきた『リーダーズ・ダイジェスト』(以下『リーダイ』)日本語版は、1946年6月に創刊号が発行されたが、そのニュースを聞いた人々は掘立小屋まがいの書店に殺到し、発売日には長蛇の列ができたという。

　当時の雑誌発行状況を、『アサヒグラフ』1946年10月15日号は、「戦争中は二〇〇にも充たなかった出版屋が、シロ、クロこき交ぜて雨後の筍よろしく二九〇〇もとびだした。紙の供給絶対量が増えた話も聞かないのに、雑誌が文字通り雑然と派手な広告を展開、全部が全部創刊のはこびに至ったかどうかは保証の限りにあらず。されどその数は一九〇〇にも達する」(「読書界告知」)という内容の記事を出した。

　当時の出版界においては、GHQによる検閲、用紙割当、配給制度など様々な制約の下に雑誌発行がなされていた。『リーダイ』は、もともとアメリカで発行されていた英語雑誌であったが、これを日本語版で発行することでアメリカの雑誌文化を日本にもたらすことになった。そして、カストリ雑誌は、表紙が写真や挿絵からなっており、内容のほとんどが女性の裸体、男女の情痴を扱い、用紙には当時統制外であったセンカ紙（仙花紙）を用いたものであった。両雑誌とも、戦後占領期に登場し、当時の出版界のシステムから外れた、いわばアウトサイダーともいえるものであった。

　ちょうどこの記事が出た日、カストリ雑誌の嚆矢ともいえる『猟奇』創刊号が発売され、たったの二時間で完売した。『リーダイ』は、GHQの許可を得て発行していた雑誌だったために検閲を受けなかったのは当然としても、カストリ雑誌の大半は、そのアウトロー的性格ゆえか、占領期雑誌を収めているメリーランド大学のプランゲ文庫にも大半は収録されていない。

　1940年代後半、社会風俗として、"裸レビュー"なるものが解禁となった。その背景には、鑑賞の対象としての女性の裸体の表出を認めたGHQの占領政策というものが存在した。俗に、占領期の"3S政策"と呼ばれるこうした開放政策は、占領下、国民の不満に対するガス抜きとしての三つのS（Sports, Screen, Sex）を提供する、という意図があったともいわれている。

　1947年1月15日、新宿の帝都座小劇場で日本最初のストリップ・ショーが始まったとされ、これと前後して、同年1月9日、『猟奇』第2号（12月5日発行）が、刑

法175条の公然わいせつ罪を適用されて摘発された。裸体による興業という、女性た
ち自身による肉体の自己主張は、男性観客にとっては、抑圧された戦時から新しい世
の中に変わった象徴の一つにちがいなかった。しかしそれは、何よりもまず“エロ”
として受容されるものであったことは、しばしば指摘されるところである。

　ほぼ同時期、田村泰次郎の小説『肉体の門』（『群像』1947年3月号発表）は、戦
後の混乱の中で占領軍兵士たち相手の娼婦に身を持ち崩した女たち、すなわちパンパ
ンの生態、その生きる力の逞しさを描いてベストセラーになった。8月、これをもと
に劇化された公演では、以後1年間に都内各所で700回余りの公演となり、また映画
版も上演された。本音の部分では後ろめたさをさほど感じることなく、エロを受容で
きるがゆえのことだったにちがいない。

　同じことは、同時期の出版界にあっても、エロを売りにしていたカストリ雑誌の氾
濫や、表立ってエロを売りにすることはしないけれども、その訴求力は無視できない、
という立場の一般雑誌も、それに追随したことで顕在化していった。

　カストリ雑誌とは何か。これを厳密に規定することはきわめて困難である。カストリ
雑誌は、エロ・グロ雑誌、桃色出版物ともいわれ、一般に1946〜48年ごろに流行
した統制外の仙花紙による雑誌で、東京だけでも15,16種、全国では30種を超えて
いたようで、中には10ページの小本を一部10円で売ったあと、さらなる高値をつけ
ることもあった。同様の流れは新聞にも波及し、週刊・旬刊・月刊のタブロイド版エ
ロ・グロ新聞としても発行された。

　定説では、カストリ雑誌の全盛期は1946年10月の『猟奇』創刊から1949年6月『夫
婦生活』創刊の2年9ヶ月とされるが、1948年から50年にかけてはプランゲ文庫へ
の収録点数も減る。また「発禁本」などの歴史的経緯から、反権力の姿勢も見られ、
戦前からの連続性も強い。

　『現代用語の基礎知識』1948年版、「カストリ雑誌」の項目によれば、「エログロを
売物にする大衆雑誌、文学的パンパン時代を彩る一連のジャーナリズムである」。当
時の雑誌記事には、1947年頃から、屑紙を再生した「仙花紙」が出回り始め、粗製
乱造の雑誌発行が続いた。3合（3合）でつぶれるとの洒落から「カストリ雑誌」の
名がついたとある。

　やけっぱち、刹那的、バイタリティのある戦後文化をカストリ文化ともいった。派
生語として、カストリ映画、カストリ奇譚、カストリ文化、カストリ新聞、カストリ
ズム、カストリ紳士、カストリ正月、カストリアン、カストリコント、カストリゲン
チヤ、など、何でもカストリを付した言葉が氾濫した。

地方都市・名古屋のカストリ雑誌

牧 義之

カストリ雑誌地方版

　長谷川卓也『《カストリ文化》考』（三一書房、1969年）には、「カストリ雑誌地方版」として、石神書店（岐阜、のちに東京進出）の『オール猟奇』『リーベ』、双立社（岐阜）の『猟奇ゼミナール』、東亜出版社（下関[1]）の『ネオリベラル』、興文社（岡山）の『狂艶』『だんらん』などが紹介されている。全国に流通したカストリ雑誌は、その多くが在京の発行者によるものであったが、地方で発行されたものも存在した。近年、プランゲ文庫の情報が整備されたことによって、地方ごとの雑誌にどのようなものがあったのかが、把握しやすくなってきた[2]。ここで取り上げるのは、地方都市・名古屋で発行されたカストリ雑誌である。

変貌する『テラス』

　名古屋で知名度が高かった雑誌は、テラス社の『テラス』（のち『読切小説集』へ改題）であったようだ。「太宰の死後、肉体文学の独走が始まつていた。いわゆるカストリ雑誌が町々に氾濫し、名古屋地区でも「読切小説集」その他十指に余り、この地区の作家たちが粗雑な文学とはほど遠い作品を書き続けていた」[3]という当時の文学状況が示すように、名古屋で発行されたカストリ雑誌の代表格がテラス社によるものであった。しかし、創刊時の『テラス』は、カストリに分類されるものではなかった。

　1946年に「総合娯楽雑誌」の冠を付けて、映画・専門雑誌としてスタートした『テラス』1年目（第1巻）の誌面は、映画批評や役者訪問記が充実し、ほぼ毎号映画会社の広告が出稿されている。翌47年（第2巻）には、女性読者を狙いとしたファッション雑誌に路線変更した。有名女優の化粧法を地元の美容師が解説する記事などが特徴的である。しかし、48年（第3巻）以降は、小説中心の構成となり、表紙には艶かしい女性のイラスト（図1）、記事には女性との社交術や性的な要素を含むものが多くなり、男性読者を対象とした内容に変化している。49年（第4巻）からは『読切小説集』へ改題し、性的な内容を含む小説のみの誌面となって、版型の小型化とともに、典型的なカストリ雑誌へと変貌した。

　この素早い変化には、東京で発行されたカストリ雑誌の内容、版型の変化が影響し

図1 『テラス』4巻4・5号（1949年7月）

図2 削除版『一流』（1948年7月）

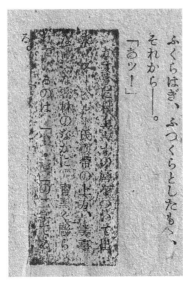

図3

ていたと思われる[4]。『読切小説集』という誌名が示す通り、読み捨てられる軽い内容にしたことが、読者に受けたようだ。

削除された『一流』

　同時期の名古屋では、『オール軟派』（オール軟派社）や『ぼんのう』（シノダ書店）、『パレス』（パレス社）などのカストリ雑誌が発行されていた。地元の歌人・浅野保が社長を務めたパレス社[5]は、その活動期間が1947年から2年ほどであったが、『パレス』『憩』『一流』の3タイトルが発行され、一部がプランゲ文庫に所蔵されている。このうち、1冊だけ刊行された『一流』には、無削除版と削除版の2種類が確認される。削除版の表紙には「一

部削除」の印が捺され（図2）、女性の陰部を描写した箇所が青インクで塗られている（図3、文字は判読可能である）。これが GHQ の指示を反映したものなのか、自主的に行なったものなのかは定かでない。しかし、この時代に、一般の読者に対して検閲の存在を思わせるような処置はできなかったはずだ。確認できる資料がないため、確かな事情は分からないが、GHQ による検閲制度の不徹底さが表れたものとして考えられるだろうか。

注
1)　発行者は矢留節夫。彼は満洲から引き上げた後、下関、名古屋、東京と発行所を移しながら雑誌を刊行していたので、下関が発行地となっているのは一時期に限られる。
2)　例えば、愛知県図書館、三重県立図書館、県立長野図書館などは、プランゲ文庫の雑誌コレクション（マイクロフィルム）の自県分を購入し、そのリストをインターネット上に公開している。このような事例は、他にも多く見られる。
3)　木全円寿『名古屋戦後文学試史』北斗工房、1962年、5ページ
4)　詳しくは拙稿「占領期・東海地区で発行された雑誌に関する考察」（『中京大学文学会論叢』第4号、2018年3月、181〜210ページ）を参照されたい。
5)　江戸川乱歩が浅野を訪問した旨が「関西旅行日誌」に記されている（1947年11月10日）。

「カストリ雑誌」研究を越えて
──動態としての占領期雑誌研究のすすめ

前島志保

「典型的なカストリ雑誌」？

　占領期に刊行された雑誌のジャンル分けは、実は一筋縄ではいかない。典型的な（あるいは「狭義の」）カストリ雑誌とされる、エロチックな表紙と挿絵が特徴的な、質の悪い紙を用いたB5判の薄い大判の雑誌も例外ではなく、掲載されている各種記事ジャンルの割合によって傾向が異なっている。読物雑誌といえるものも少なくない。たとえば、『猟奇世界』はタイトルと表紙こそ煽情的だが、実際にはヌード写真少々と多少エロチックな小説、実話、相談記事、座談会記事が並んでいるだけの読物雑誌で、1951年1月の新春号（図1）には、田中英光の遺稿SF小説「地球と火星との戦ひ」や麻薬密売に関するルポルタージュ「対馬」などが掲載されている。同様に、『読切ロマンス』も、性的な挿絵や内容が多いとはいえ、創刊号（1949年12月）（図2）には田村泰次郎の小説「肉体の慕情」、第2巻第2号（1950年2月）には横溝正史の小説「若様侍捕物帖　双面黄楊の小櫛」や人気歌手・並木路子の失踪事件に関する記

図1　『猟奇世界』1951年1月号（新春号）　　図2　『読切ロマンス』1号（1949年12月）

事も掲載されており、小説、実話、真相暴露、
芸能情報が混在した雑誌となっている。

　編集の未熟さ、執筆者の匿名性、出版素人に
よる刊行などが特徴的とされることの多い大判
のカストリ雑誌だが、戦前から続いている出版
社から出されることもあった。一般書・文芸書
を出していた十一組出版部の別名会社・若草書
房や新風社は、経営がうまくいかなくなると大
判のカストリ雑誌の刊行で急場をしのごうとし
たという。また、大学生が手掛けた雑誌に著名
人が多く寄稿しており、注目される。たとえば、
のちに作家・評論家として活躍した室伏哲郎（当
時東大生）が出した『マダム』第1巻第2号（1948
年3月）（図3）は、小野佐世男による巻頭絵、
井上友一郎、坂口安吾、玉川一郎らの小説、東
郷青児、丸木砂土、田村泰次郎らによる座談会
など、伯父・室伏高信の助力もあってか、豪華
な執筆陣となっている。

図3　『マダム』第1巻第2号（1948年3月）

占領期雑誌ジャンル特定の難しさ

　他ジャンルの雑誌とみなされがちな雑誌に
も、典型的なカストリ雑誌に限りなく近いもの
もあった。当時の女性向け雑誌は性的な内容の
記事や広告が多いが、なかでも、1948年10月
に創刊された『女性の友』は性愛に関する記事
の割合が高く、大判で薄いこともあり、典型的
なカストリ雑誌に近い。そもそも、占領期の前
半に流行した大判のカストリ雑誌や後半に出て
来た性的な内容の小型雑誌（「夫婦もの」「夫婦
雑誌」）で採用された告白記事、相談記事、実話、

図4　『ロマンス』3巻6号（1948年6月）

座談会などの記事ジャンル、および挿絵・写真など視覚表現をふんだんに用いた編集
手法自体、戦前には人気女性雑誌（「婦人雑誌」）を中心とした大衆向け雑誌で発展し、

図5 『青春タイムス』3巻1号（1948年11月）

図6 『実話と講談』1巻2号（1948年10月）

他媒体に広がっていったものだった。

「カストリ雑誌」と他の大衆的な雑誌の区別の難しさは、日本出版協会・草野悟一編『1951年版　出版社・執筆者一覧　附雑誌名並に発行所総覧』「附録1　雑誌名及同発行所総覧」の「大衆」項目に、典型的にあらわれている。ここには、大判（B5判）の『ナンバーワン』『ロマンス』『平凡』『りべらる』『青春タイムス』『小説の泉』『読切ロマンス』、中判（A5判）の『デカメロン』『富士』『キング』『オール読物』『小説新潮』『実話雑誌』、小判（B6判）の『実話と読物』『実話と講談』『娯楽雑誌』『読物と講談』『夫婦生活』『真相実話』などが列挙されており、典型的なカストリ雑誌から「夫婦もの」、真相暴露雑誌や中間小説雑誌まで、形式的にも内容的にも実に多種多様な雑誌が含められている（図2、4、5、6）。

これからの占領期雑誌研究

このように、占領期の大衆娯楽雑誌群は非常に多様であり、しかも、戦前の雑誌ジャンル、あるいは、週刊誌が定着した1950年代後半以降の雑誌ジャンルに当てはめにくいものが多い。このことは、この時期、雑誌ジャンルの体系が大きく再編成されていたことを示している。したがって、占領期の雑誌文化研究では、この時期のみに注目して特定の雑誌ジャンルの定義を規定したり個々の雑誌のジャンルを同定したりすることよりも、戦前・戦中・戦後を通した貫戦期的な視座から広く雑誌出版全体を見渡し、雑誌間の編集手法の異同と変遷、および、出版に関わった人々の流れやつながりなどについて調査・考察することにより、雑誌ジャンルの構築と変容の在り様の動態（ダイナミズム）自体を問うことが重要となっ

てくる。そうした作業を経て初めて、戦前の婦人雑誌・大衆娯楽雑誌から戦後登場した様々な出版社系週刊誌を経て現代に至るまでの、大衆向け媒体の展開とそのメディアとしての位置付けが見えてくることだろう[1]。

注
1) 以上、詳しくは以下を参照されたい。前島志保「動態としての占領期雑誌研究に向けて――福島鋳郎コレクション予備調査を通して見えてきたもの」『Intelligence』17号、2017年3月、35〜48ページ。

「肉体小説」を消費する——文芸娯楽雑誌『りべらる』

片岡美有季

　雑誌『りべらる』（1946年1月創刊、太虚堂書房）について、山本明[1]は「カスト
リ雑誌の範疇に入れるかどうかは、かなりの問題」でありながらも「今日の「中間雑誌」
のプロトタイプであることは間違いなかろう」と位置づける。そして創刊直後は「一
種のモダニズムを売り物にした雑誌」であったものの、刊行を重ねるごとに娯楽色が
強まっていった文芸娯楽雑誌と捉える。本稿では、性にまつわる通俗的な言説の再生
産を担った「中間雑誌」として『りべらる』に注目する。

　1950年前後の『りべらる』の目次を見ると、「処女」の語が頻出していることが窺
える。たとえば「処女は何を考えてゐるか？」（1950年2月号）と題された記事は、「高
校三年」の「貴島美代」という女子学生が執筆した体裁を採っている。「私達」とい
う女性一人称（複数）を主語にして語られるその文章には、「馬鹿な青年達」が「私達」
のことを、「あの事」（傍点は原文ママ）を「何も知らない可憐な小鳥」だと思い込ん
でいること、一方で実は「私達」は性の知識に精通しており、「オルガスムス」とい
う言葉やそれが持つ意味についても熟知していることが述べられている。

　　だからよく肉体小説なんかで、三十すぎまで、「オルガスムス」を知らなかつた
　　女なんか書かれてゐるけど、私たちはおかしくて、とても本当とは思えない。も
　　し私達が、男性に自分の体を許すときがあつたら私達は、私達も又最初から十分
　　な「オルガスムス」を味うまで男性の愛撫を要求することだろう。私達は処女だ
　　けれど、知つてゐることは、この位知つてゐるのである。

　すでに性的に成熟しているものの、「私達」はいつか「突然どこからか素晴らしい
輝くばかりの男性が現れ」、「私達の処女を力強く奪つて行く」ことを夢見て、その日
のために「処女」を堅く守りたいと思う。しかしその反面、「あのことばかり考えて、
いけない情熱に体をあつくするほど燃やして」しまい、「あの恥かしい悪い癖」を覚
えてしまった、という。『りべらる』では「処女」であることだけではなく「処女」
を演じる重要性も語られており、たとえば「処女でない女が結婚する時」には性に
「徐々に目ざめて行くように振舞ふのが賢明である」などと説かれている（「女性講座

処女でない女が結婚する時の心得」、1950年1月号）。女性は「処女」でありながら、しかし性的行為に協力的であることが望ましく、かつ、その身体的快楽はあくまで男性の技巧によって開発されるべきものと見なされる。「高校三年」の「貴島美代」なる書き手は、「純真な乙女」「清純な処女」といった「古くさい」イメージが纏わされ、あるいは「馬鹿な青年達の眼」によって「ロマンチックな憧憬」を抱かれる性的対象として眼差されていることを自認する。

　また、この記事で注目したいのは「三十すぎ」まで「オルガスムス」を知らなかったという女性を描く「肉体小説」を「私達」の〈生身の声〉が「批評」し、「文学」の欺瞞性や皮相性を暴こうとしている点である。たとえばテクストに登場する「肉体」という語の連想性から「肉体文学」の一端に据えられていた坂口安吾の小説には、「女は三十くらいになると、だんだん肉体の快感を覚えるようになるのじゃないか」[2]と、女性一人称の語りによって女性自身の身体的快楽を分析する場面がある。当時こうした言説は、カストリ雑誌や夫婦雑誌に見られる通説であった。雑誌『夫婦生活』（1949年11月号）では、「夫婦生活をかなり長い期間つづけ」た「三十二歳」の頃に「性交の真の快感」を覚えるという言説が紹介されている[3]。「文学」の描く女性の性のありようは、多分に雑誌における性言説に影響を受けており、「大人達」も「男達」も〈生身〉の「私達」に関してまるで無知である。そのようにして欺瞞性を暴こうとする「私達」の「批評」性もまた、しかし「処女」の「空想」の範疇を抜け出し得ない。そして、性的に成熟しているがゆえに「恥かしい悪い癖」、つまり自慰行為を覚えてしまったことによる「私達」の煩悶が、女性一人称（複数）によって語られることには、それを性的に消費しようとする仕掛けがうかがえる。

　同時代の性科学言説を通俗的に消費するカストリ雑誌における「オルガスムス」の言説は、「文学」によって消費され、さらに「文学」における言説が娯楽雑誌によって消費されるという円環構造がここに窺える。「高校三年」の女子学生が書いたとされる「肉体小説」の欺瞞性を暴く「批評」と、「肉体文学」の旗手として名指される田村泰次郎の小説（『りべらる』誌上では当時「女学生群」を連載中）が同じ雑誌に雑多に混在していることが「中間雑誌」としての『りべらる』の特徴のひとつであるといえる。

注
1)　山本明『カストリ雑誌研究——シンボルに見る風俗史』中公文庫、1998年
2)　坂口安吾「花火」『サンデー毎日』臨時増刊号、1947年5月
3)　「爛熟期の人妻の欲情と肉体の秘密」『夫婦生活』、1949年11月号

サバを読む――『猟奇』と検閲文書

川崎賢子

　カストリ雑誌の象徴的存在と呼ばれる『猟奇』の発行人加藤幸雄の回想（「『猟奇』刊行の思い出」『出版ニュース』1976年11月下旬号〜1977年5月下旬号）によれば、『猟奇』の書名は、一九三〇年代の『猟奇倶楽部』の主宰者たる平井太郎（江戸川乱歩）の許可を得たものという。たしかにカストリ雑誌界には、一九三〇年代のエロ・グロ・ナンセンス期のキーワードの再編、浮上として考えられる〈猟奇〉の語が氾濫し、それに対する検閲もいたちごっこのようにさまざまな軌跡を残した。プランゲ文庫におさめられているものだけでも『猟奇』（茜書房、1946年10月〜1947年6月）、『猟奇別号』（猟奇館、1947年5月）、『猟奇と犯罪』（安田書房、1948年4月）、『猟奇読物』（耽美社、1948年4月）、『猟奇倶楽部』（光楽書房、1948年12月）、『猟奇』（ソフト社、1949年3月〜10月）、『別冊猟奇』（人間館、1949年4月〜8月）、『猟奇界』（＝『別冊猟奇』改題、1949年9月）、『猟奇世界』（猟奇世界社、1949年6月）、『オール猟奇』（爛美社、1949年7月）、『猟奇読物』（操書房、1949年7月）…と十指に余るほど〈猟奇〉を入れた雑誌が出ている。茜書房版『猟奇』廃刊後に、同社の加藤幸雄が妻の弟を編集人として大阪の文芸市場社から出した『猟奇』は、プランゲ文庫におさめられていない。1949年でCCDによる検閲が終わったため、おさめられている雑誌タイトルのなかにも終刊まで追えないものが少なくない。

　この茜書房版『猟奇』について、石川巧「占領期カストリ雑誌研究の現在」（『Intelligence』17号、2017年）は、狭義のカストリ雑誌の範型となったとしている。石川が狭義のカストリ雑誌の定義のまっさきにあげる項目が、「「猟奇」を原型とし、販売戦略の面において同誌またはその系統誌を模倣していること」である。上の〈猟奇〉をタイトルに入れた雑誌群の中で『猟奇別号』は、「猟奇の子」を名乗っているし、『猟奇倶楽部』の版元光楽書房は、茜書房を手放した加藤幸雄がつくった書肆である。また借金相殺のかたちで、加藤はソフト社が『猟奇』の雑誌タイトルを使用することを許可している。直系、傍系、いずれにしても〈猟奇〉は増殖している。

　いきおい〈猟奇〉をタイトルに入れた雑誌は検閲官にマークされることになる。『猟奇別号』は、創刊の時点で、『猟奇』の後継誌であり、経営母体と編集方針はほぼ同一とみなされており、全体が「わいせつ」であるから、出版を禁止すべきだと

検閲文書に記されている。『猟奇別号』の検閲文書には、「PRESS, PICTOTIAL AND BROADCAST, DISTRICT Ⅰ（改行）Press and Publications Sub-section（改行）Magazine Department」（PPB プレス・映画・放送部門Ⅰ、プレス及び出版サブセクション、雑誌部）1947年5月7日付の文書「わいせつ雑誌」のメモランダムが付せられている。リストに挙げられているのは掲載順に『赤と黒』（五万部）、『猟奇』（一万部）、『デカメロン』（三千部）、『クイーン』（二万五千部）、『ヴィナス』（五千部）、『犯罪読物』（一万五千部）、『猟奇別号』（五千部）。それぞれに、これまでに検閲処分を受けた巻号が記録されている。（　）内の出版部数は、検閲部門で把握した数、おそらくは各出版社の自己申告だと推測されるのだが、関係者の回想などから巷間でいわれているところの部数とは桁違いに小さい数になっている。一般には、検閲部門に申告される出版部数は、実売より大きな数になることが多いといわれる。ところが『猟奇』の場合、加藤によれば、創刊号の刷り部数二万部、第二号は三万部の売り上げ、第四号は1947年5月5日（実際には6月20日）、発行部数四十万部のはずが、リストに掲載されている数字は一万部である。

　後日、結果的には秘密出版の形となって問題化した、『ガミアニ』の出版時には、警視庁に何部作ったか問われて、実際には二千部作ったが、千部作ったということにして交渉したとある。

　これも加藤の回想には、創刊の段階で、「二百連の紙と八万円の資金」をもっており、「創刊号は一連半の配給しかもらわなかったし、二号についてはまったく配給がなかった」という。出版の帰趨を決するのは紙であり、「一連二百円で買えた紙代が、次号を出すときには、三百円から四百円に値上がり」というインフレの時代でもあった。継続して出版するなどと考えずに、三号でつぶれて結構、カストリで上等とばかり、出して回収して仕事をたたんだ方が後に残るお金は大きかったのかもしれない。公称一万部と売上最大で四十万部という落差には、この初期に持っていた紙と、膨大な仙花紙の流通によるところが大きいのだろう。『猟奇』は、CCDの検閲にあい、刑法175条で検挙され、ついで経済事犯にまわすと圧迫された。

　全体を把握されぬよう過少申告したということなのか、あるいは回想の中で数字が盛られた可能性はないか。

　『猟奇』四号のゲラに付せられた検閲レポート（1947年5月16日付）は、12月に発禁になったはずの第二号が複製され、定価十二円が百五十円で闇で出回ったらしいと噂があることを報告し、「刑法一七五条によってこの雑誌の版元は摘発されたはずだが、経営方針はあいかわらずである」と述べている。『猟奇』三号ゲラの検閲官（T.

OHHATA名）によるレポートには「これは検閲の権威に対する挑戦であり、民主主義の神聖を侮辱するものであり、連合軍最高司令官よりたまわった言論の自由の範疇を故意に侵すものである」とある。「Y.Okamoto」の名を残すこの検閲官は、紙不足の折からこんな雑誌の刊行は禁止すべきであると主張し、『猟奇』四号ゲラの再提出物に対して「我々日本人は昨今の困窮の中でもっと真面目になるべきだ。日常生活がより満足のいくものになるまでは、安手の快楽を追い求めるべきではない（中略）娯楽はたくさんあるのだから」と述べている。

　この時、版元の加藤の方は支払いに追われて切羽詰まるなか、無許可で第四号を刊行しようとしていたということになる。サバを読み、抜け駆けする、検閲される者と検閲する者との圧倒的に非対称なありように、感慨をいだかずにいられない。

カストリ雑誌時代の『奇譚クラブ』

河原梓水

　『奇譚クラブ』はカストリ雑誌であって、カストリ雑誌ではない。日本初の「SM雑誌」として一部で名を馳せているこの雑誌は、確かに1947年10月というカストリ雑誌全盛の時代に、わずか23ページの雑誌として創刊される。しかし、その後次第に誌面を充実させていき、絵師・緊縛師として後に著名になる須磨利之が編集に加わった1948年10月号でページ数は50ページを超える。1949年12月号では70ページ、1950年1月号は102ページと順調に増ページしていき、カストリ雑誌の定義を満たさなくなる（図1、図2）。そして、1952年5・6月合併号を以てB5判からA5判へリニューアルし、最終的に1975年まで続く長寿雑誌となった。マニアに現在も愛される『奇譚クラブ』は、A5判以後のものを指すことが多いが、これらは形態・時期から考えてもはやカストリ雑誌とは呼べない。すなわち、『奇譚クラブ』はたしかにカストリ雑誌として出発したが、現在知られている『奇譚クラブ』はカストリ雑誌ではないのである。

　それでは、カストリ雑誌時代の『奇譚クラブ』はどのような雑誌だったのだろうか。後の『奇譚クラブ』の特色のひとつは、当時「変態性欲」と呼ばれた周縁的セクシュアリティに肯定的な立場で編集されている点である。このような特色を予感させる部分はカストリ時代にあるだろうか。

　まず興味深いのは、通巻第2号の巻頭作品である弓削忍「褌をつるして楽しむ女」である。使用済みの男性の褌を集め、毎夜そのにおいをかぎ楽しむ独身女について書かれたものである。「変人奇人変わり種探訪」という、タイトルからすればやや差別的な特集テーマに基づく作品ではあるが、彼女の褌への愛着を作者は「面白い」と評し、本文中にも女に対する病理的な目線はほぼない。A5判化した後の『奇譚クラブ』に載っていても違和感のない独自性があると評価できる。弓削忍の正体は不明だが、創刊号から名をつらね、ほとんど毎号執筆している。1948年3月号掲載の弓削による「変態第三期病患者」は、女装者自身による一人称の告白という体裁であり、タイトルとは裏腹に、彼が女装に自信を持っていることなどが記され、変態を病理化しモンスター化する眼差しはあまりみられない。このように『奇譚クラブ』には、須磨の参加以前から、変態性欲に対する肯定的な眼差しが存在した。

図1 『奇譚クラブ』1949年9月号　図2 『奇譚クラブ』1950年1月号

逆に、カストリ雑誌時代の『奇譚クラブ』のみに存在し、その後周縁的セクシュアリティに集中していく過程で失われた特色もある。それは、大阪、それも大阪市南部に特化した地域誌的側面である。南里弘「南大阪の暗黒街展望」（1948年4月号）などのルポもののほか、小説作品も大阪市南部が舞台であることがしばしばある。執筆陣も、杉山清詩、土俵四股平、松井籟子など、京阪神居住の作家中心であり、軽妙な関西弁の会話が冴える作品も多い。圧巻は1951年10月号掲載の「大阪艶笑地図」である（図3）。飛田新地、天王寺・阿倍野、新世界、釜ヶ崎などを14ページにわたって特集するもので、詳細な現地地図・写真が複数掲載され非常に充実している。

図3 「大阪艶笑地図」『奇譚クラブ』1951年10月号

このような地域性はA5判リニューアル後ほぼ失われるが、カストリ雑誌時代からの執筆者・辻村隆が1965年から始める連載「SMカメラ・ハント」は京阪神を舞台とするグラビア撮影ルポであり、細やかな地元情景描写がリアリティを生み出し、読者を大いに楽しませた。

変るものと変らないもの：
『New サラリーマン』に見る占領期のサラリーマン

鈴木貴宇

　敗戦から2年目の1947（昭和22）年は、アメリカ占領軍の対日政策が当初の全面的な民主化路線から転じ、経済復興支援へとシフトを始める重要な年だ[1]。同年2月のマッカーサーによるゼネスト中止命令は、そうした転換を象徴する出来事であった。以降、朝鮮戦争が始まる1950年まで、占領初期に盛り上がりを見せた労働運動は沈滞を余儀なくされることになる。

　『New サラリーマン』（図1）は、そんな変化の中、わずか2号だけが確認される雑誌である。創刊は1947年9月、同年に10・11月合併号が出ているが、その後の消息は不明だ。もっとも、こうした来歴や行方のわからない雑誌がほとんどであった占領期には、まだ手掛かりの多い方といえる。また、煽情的な欲望をぎらつかせる「カストリ」の装幀とも異なり、日本人とは思えないダンディな「サラリーマン」が表紙に描かれたこの雑誌は、猥雑なエネルギーを放出する当時の雑誌群にあっては、さしたるインパクトを持たなかったと思われる。実際、タイトルは「New」と謳っているものの、「サラリーマン経済学」といった記事で構成された誌面は、戦前から続く新聞社系の週刊誌と代わり映えのないものだ。しかし、この表層的な「新しさ」と、その内実は「保守的」という組み合わせは、まさに「サラリーマン」そのものでもあった。

　『New サラリーマン』は、その前身を『世界経済報』（1946年4月〜12月）といい、東京の日本橋室町にあった日本通信社が発行元である。同名の通信社が、明治期に伊藤博文と政治的知遇を持っていた漆間真学により創設されているが、こちらは1940年には解消したとの記録[2]があるので、おそらく別組織と推測される。この日本通信社の沿革はまだ不詳な点が多いのだが、プランゲ文庫に残された同社の主な定期刊行物には『日本ニュース』（1947年10月15日創刊）があり、これは「I・N・S特約日本版写真新聞」と銘打たれた、アメリカの通信社INS（International News Service：1909年設立、1958年にUPに吸収合併され、現UPI）と提携した日刊紙であった[3]。

　『世界経済報』は誌名そのまま、「世界経済再建の道標：国際的協約を通じて向上へ」（1946年4月）といった解説の並ぶ、硬派な経済誌であった。主筆を務めた木村孫八郎

図1 『Newサラリーマン』創刊号（1947年9月）

（1899〜1985）は同志社大を卒業後、大阪毎日新聞から創刊された『エコノミスト』編集部に勤務し、編集長を歴任した人物だ[4]。『Newサラリーマン』と誌名が変わってからは木村に替わり、堀経道という人物が編集兼発行人となるが、同誌の執筆者に朝日や毎日の新聞記者が多いのは木村との縁だろう。

「サロメにもてあそばれるヨカナーンの首のように／サラリーマンのクビは上役の手に握られていた／しかし我々はもう強い／固い団結と自由精神が／われわれを強くした」。これは同誌創刊号の扉頁に掲げられた文章だ。「サロメ」を持ち出すあたり、いかにも「学歴保持者」の大衆的表象である「サラリーマン」ならではだ。しかし、「団結」の語が示すように、労組結成や財閥解体といった一連の民主化政策によって、戦前型の「蒼白きインテリ」を脱却した「新しい」、すなわち「闘うサラリーマン」の実現が期待されていたのだろう。それは間もなく訪れる経済成長路線と組合の御用化や労使協調型経営の浸透により、影を潜めていくものであったにせよ、「占領期」のエア・ポケットに残された「幻のサラリーマン」像の映し絵ではあったのだ。

注
1) Andrew Gordon, The Wage of Affluence: Labor and Management in Postwar Japan, Cambridge, MA, Harvard University Press, 1998, p9.
2) 山田一郎『新聞と通信社』同文館、1955年、39〜40ページ
3) 国会図書館の所蔵では、最終号は1949年1月5日付である。
4) 「木村孫八郎・経営者対談シリーズ」（『産業と経済』1973年12月号）に掲載された略歴による。76ページ。

北川千代三「H大佐夫人」と「其後のH大佐夫人」
光石亜由美

戦後のわいせつ摘発第一号

　『猟奇』2号は、戦後初めて刑法175条（わいせつ物頒布等罪）による摘発を受けた雑誌として有名である。戦前の出版物は出版法または新聞紙法により、安寧秩序を紊乱する内容や風俗を壊乱する内容が取締りを受けていた。しかし、戦後、両法は廃止され、猥褻文書を取り締まる法律は刑法175条のみとなった。この法律が戦後初めて適用されたのが『猟奇』2号である。

　『猟奇』は1946年10月に茜書房から創刊された。カストリ雑誌の草分け的な存在である。編集兼発行人は加藤幸雄で、戦後、茜書房から『あかね草紙』という「性愛小説」集を出版する。その儲けをもとに『猟奇』を発行した。加藤は当初『猟奇倶楽部』という名前を考えていたが、江戸川乱歩が戦前に出していた雑誌と同名だったので『猟奇』にしたという[1]。また、乱歩は本名である平井太郎という名で雑誌の講読を申し込んでくれたそうだ。その後も、加藤は乱歩のところに雑誌出版の知恵を借りに行ったという。乱歩からは「警察の検閲には気をつけた方がいいよ。ヒドイ目にあったことがあってねえ。つかまっても絶対、紙の入手先は言わぬことだね」というアドバイスも受けたという[2]。『猟奇』創刊号は2万部印刷し、そして2時間で売り切れたという。2号は6万部印刷した。

　しかし、『猟奇』2号は刑法175条が適用され、関係者が起訴されることが報じられる（「桃色雑誌初のやり玉」『読売新聞』1947年1月9日）。その理由は、同誌に掲載された北川千代三「H大佐夫人」（高橋よし於画）の内容と挿絵、宮永志津夫「王朝の好色と滑稽譚」の内容の一部だった。略式裁判の結果、編集兼発行人の加藤幸雄と作者の北川千代三は罰金刑となった。

北川千代三「H大佐夫人」と『猟奇』2号の摘発

　問題の「H大佐夫人」（図1）の作者・北川千代三は、本名を徳田純宏という。1895年、大阪堺市生まれ。25歳で上京し大衆演劇の世界に飛び込む。戦後は演劇の脚本や劇評、艶笑話などを書いていた。編集者の加藤によれば、当時、北川千代三が徳田純宏とは知らなかったという。「H大佐夫人」の原稿は、『妖奇』という雑誌の編集にたずさわっ

図1　『猟奇』2号掲載「H大佐夫人」

ていた役者の芝田新という男が原稿を売り込みに来て、6千円で買い取ったという[3]。

小説「H大佐夫人」は、「私」という青年と、H大佐夫人の間に生じた「灼熱の恋愛と、そこ迄に進む性愛の段階」を告白した小説である。「東京からさのみ遠くないC県」にある陸軍大佐H大佐の家に疎開していた「私」は、ある日、大佐の留守に、夫人に誘われるがまま一緒に風呂に入る。そして、その晩部屋へ来るように言われるが、突然空襲警報がなり、二人は防空壕に入り、そこで結ばれる――というものである。

なぜ、『猟奇』2号は摘発されたのか。その理由はいくつか考えられる。もちろん、夫人の入浴を覗く場面や姦通場面（そしてその挿絵（図2））がわいせつとされたのだが、末永昭二は、貞節であるべきはずの帝国軍人の夫人の不義密通を描いたところが、戦前の軍人道徳、貞操規範をひきずった人々の怒りを買ったのだろうと推測している。また、主人公の青年が賄賂を使って徴兵逃れをしているという設定も、戦後ではあるが、戦前の道徳規範に照らし合わせてまずかったのであろうとする[4]。

また、カストリ雑誌全体への見せしめ的な摘発でもあった。先述したように戦前のようにわいせつ物を取締る出版法・新聞紙法が廃止され、もともと春本や春画などの秘密出版物などを取り締まる刑法175条が拡大解釈され適用されたのだ。

そして、もう一つの理由は戦後特有の事情、戦犯への配慮があったと推測される。小説「H大佐夫人」のラストは「H大佐」が「既に戦犯として絞首刑に処されて此世を去つた」と結ばれている。物語の時間は戦中の「昭和19年」に設定されているが、掲載誌『猟奇』2号の発行は1947年、当時、東京裁判の最中ということもあり、戦犯

への配慮が働いたと思われる。作者の徳田も「首つ
りの足を引っ張るようなことは書かんほうがいいよ。
〔中略〕絞首刑の戦犯軍人の悪口なんて書くな、とい
うわけだった」と検事からたしなめられたことから、
戦犯への配慮があったのではと回想している[5]。

図2 「H大佐夫人」挿絵の一部

「其後のH大佐夫人」

『猟奇』2号摘発後も、北川千代三は小説「H大佐
夫人」の縮約版、続編、芝居、スピンオフなどのバ
リエーションを発表する。

「H大佐夫人」の芝居は、作者・北川千代三自ら
の脚本・演出で「美貌劇団」という劇団によって、
1949年、浅草の大都劇場で上演された。また、北川
千代三は「改訂新版　H大佐夫人」(『読切読物』1949年7月1日)を発表する。「改
訂新版」は、風呂場や防空壕のシーンなどわいせつな場面に手を加え、短めになって
いる。また、H大佐の絞首刑で終わる『猟奇』版のラストを、主人公は夫人との防
空壕の体験を忘れかね、終戦4年たっても夫人を探し求めていると、改変している。

その他にも北川千代三は「H大佐夫人」のスピンオフ的小説を発表している。「猟
奇ロマンス　H夫人の告白」(『ロマンス読物』1948年4月20日)は、Sという青年が、
M温泉の閑静な旅館の一室でH夫人の告白を聞く、という設定である。H夫人は女
学校3年のときに、海水浴に行った先で、男二人に蹂躙された話を告白する。『猟奇』
の「H大佐夫人」との関連性は薄いが、「H夫人の告白」というタイトルは「H大佐
夫人」人気にあやかったものだろう。

「H夫人」ものとしては、北川千代三は「風に乗るH夫人」(『別冊猟奇』1949年3
月20日)を発表。こちらも「H大佐夫人」と内容はまったく違うが、H夫人という
イニシャル、妖艶な夫人、夫が監獄に入っているという設定は、「H大佐夫人」を意
識したものだと思われる。

さらに、北川千代三は「其後のH大佐夫人」(『猟奇』(盛夏の巻)ソフト社、
1949年7月20日)という「H大佐夫人」の続編を発表する(図3)。『猟奇』版「H
大佐夫人」では「私」として登場した青年は隆男という名前で登場し、「H大佐夫人」
の後半、終戦間際の回想を重ねながら物語は展開する。終戦間際、大佐の家に疎開し
ていた隆男は東京の実家に一時帰宅する。別れ際、峯子夫人(「H大佐夫人」では美

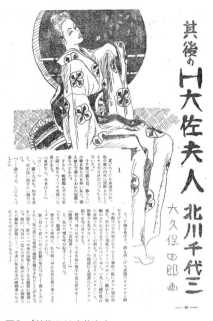

図3　「其後のH大佐夫人」

根子）から甘い抱擁を受ける隆男。しかし、大佐の家に戻ってみると、大佐と夫人は九州に旅立っていた。

戦後、チンピラとなった隆男は、偶然峯子と再会する。売春宿のマダムになって「M親分」に囲われている峯子は、以前のように隆男を受け入れてくれない。しかし、彼女への愛着を断ちがたい隆男は、峯子の経営する売春宿に通う――という内容だ。

この「其後のH大佐夫人」は、隆男の悩みを泉田という作家が聞くという枠を持っている。「彼と初めて会つたのは終戦の年だつた――偶としたことから、私は彼から奇怪な情話を聞かされたことがある」――この「奇怪な情話」というのが『猟奇』版「H大佐夫人」のことで、彼の「情話」を雑誌に発表したところ、「内容の一部に不可ない点があるといふ理由でその雑誌は発禁になり、筆者の私も日本の検察者からお叱りを受けたことがある」と自作に自己言及する手の込んだ作りなっている。

『猟奇』2号の摘発後も、「H大佐夫人」の続編を書くところに北川千代三という作家のバイタリティを感じるが、「其後のH大佐夫人」では、峯子の夫の「H大佐」は「俘虜虐待の罪で終戦直後死刑」になったと、その死の経緯が『猟奇』版「H大佐夫人」より詳しく描かれている。また、隆男から峯子夫人への愛慕だけではなく、戦後の峯子夫人という女性の生き方が描き込まれているところが注目に値する。夫を処刑で失った峯子はH大佐の部下であったMから支援を受けて売春宿を経営する一方、周囲に隠れて「婦人ホーム」を運営している。そこは、未亡人を援護するための施設と説明されるだけ詳細は語られないが、戦争未亡人問題を意識した設定だろう。

「H大佐夫人」は姦通事件、それも大佐夫人との姦通という戦争中のタブーを戦後に告白するという形で、戦争の不毛さをエロによって撃つという姿勢を垣間見せながら、一方では戦争の記憶すらも、戦後の性風俗の中で消費してしまおうとする戦後の

混沌とした様相を見せてくれる。また、その続編の「其後のH大佐夫人」では、未亡人となった夫人が売春宿や「婦人ホーム」を経営するという、戦後の「未亡人」の生き方を描き込もうとしている。「H大佐夫人」は戦後初の刑法175条で摘発された作品として記憶されるだけではなく、そのエロでコーティングされた内容には、戦争犯罪、戦後の未亡人問題などの、戦争と戦後をめぐる問題が隠されているといえるだろう。

　※本稿は、拙稿「カストリ雑誌『猟奇』と北川千代三「H大佐夫人」（20世紀メディア研究所刊『Intelligence インテリジェンス』vol.19、2019年3月）と重複する部分がある。『猟奇』発刊の経緯、『猟奇』2号の摘発、北川千代三の経歴についてはこちらを参照してもらいたい。

　注
1)　加藤幸雄「連載・『猟奇』刊行の思い出1　創刊に至るまで」『出版ニュース』1976年11月下旬号、7ページ
2)　「「カストリ雑誌の旗手」加藤幸雄さんは生きていた！！　戦後発禁第一号「猟奇」編集長と焼け跡風俗史」『週刊朝日』82巻5号、1977年2月4日、49ページ
3)　加藤幸雄「連載・『猟奇』刊行の思い出2　戦後摘発第一号──北川千代三「H大佐夫人」で」『出版ニュース』1976年12月下旬号、24ページ
4)　末永昭二「大佐夫人の白昼夢──北川千代三『H大佐夫人』」『彷書月刊』195号、2001年11月、58ページ
5)　「カストリ雑誌にむせかえる焼跡青春──『H大佐夫人』から『夫婦生活』まで」『サンデー毎日』54巻12号、1975年3月、65ページ

久米正雄とカストリ雑誌

山岸郁子

　久米正雄は、菊池寛が『ラッキー』に連載していた「三人姉妹の家」を菊池の死去（1948年3月6日）により中断したため、「菊池寛の遺志を嗣」（「ラッキー」1948年5月）ぎ「三つの遺珠」（1948年6月〜）の連載を始めた。「その線にそって」とあるが、タイトルを変更し、三人姉妹という設定のみを受け継ぎオリジナルなものとしている。この作品は1949年6月に「三つの真珠」として大映京都（安達伸生監督）で映画化されている。

　同年6月、「三毫の春」を『サロン』に発表。『近代ロマン』には「彼が画を売る話」（『文藝春秋』1924年1月）の一部である「最初の鑑賞者」を掲載している。久米の戦後の著作には既に発表した作品の一部をそのまま掲載したものや、多少変更を加えただけのものも認められている。

　『ロマンス』（ロマンス社）で連載（1949年10月〜）を始めた「金色雪崩」（図1）は、ロマンス社の分裂後も『モダンロマンス』（ロマンス本社）で継続した。また『小説の泉』に「浮沈」や「空蝉」「木乃伊採り」を掲載しているが、「浮沈」については「戦後もっとも力を入れた中篇」で、「戦後の私の代表作[1]」と自身による解説で述べている。

図1　「金色雪崩」が掲載された『ロマンス』1949年10月号

「女の戦史」＝「女の暦」

　「女の戦史」は「女のたたかひ」（1948, 2〜12）の続編として1949年1月『婦女界』に連載されたものであるが、終了（1949年10月）後、1950年3月発行の『新大衆小説全集 第一巻』（矢貴書店）に収められる。久米は「本格的風俗小説」であり、「戦争を女の側から取上げて、それを女の悲闘として、真正面から取組まうとした小説」でいずれ第二部も書くつもりだと述べている。

その全く同じ作品が1952年2月から『千一夜』（桃源社）に「女の暦」として連載された（図2）。開始に際する惹句には「文壇の巨匠久米正雄先生が千一夜読者のために向う一年間麗筆をふるわれることになりました」とあり、「氏は今、鎌倉にて病を養いつゝあるが、本誌が今回内容的に大改革を企画しつゝあるを聞き本誌編集部の要請を容れ、病中執筆を絶たれていたにも拘らず、氏独特の軽妙華麗極まるペンを揮われ」たとしている（図3）。久米は高血圧の持病が悪化し筆を執ることも困難な時期であり、翌月の3月に亡くなるが、「絶筆小説」として連載は続けられたのである。

『千一夜』は、1948年5月に発刊されるが、刊行元は東京出版社、明星社、千一夜出版社、桃源社へと引き継がれている。久米が『新大衆小説全集 第一巻』を出したのは株式会社矢貴書店で社長は矢貴東司であり、翌年から桃源社の社長を兼ねている。のちに山岡荘八、吉川英治、川口松太郎などの大衆文学や『新撰サド全集』『江戸川乱歩全集』などを出す出版社である。久米は『小説の泉』（矢貴書店）に作品を掲載し『三つの真珠』を刊行していることから、矢貴書店とのつながりが以前からあり、その関係で『新大衆小説全集 第一巻』に収載した「女の戦史」を「女の暦」として『千一夜』に発表したのであろう。久米が1951年の暮れから高血圧と萎縮腎のため外出もせず、病床にあったことを考えると、果たして久米の許可のもとに掲載されたのかは疑問である。あるいは久米の新作を期待したが「病中執筆を絶たれてい」ることを知っての苦肉の策であったのかもしれな

図2　新連載「女の暦」が掲載された『千一夜』1952年2月号

「女の暦について」

わが國文壇の巨匠久米正雄氏の名は余りに有名である。氏は今、鎌倉にて病を養いつゝあるが、本誌が今回内容的に大改革を企画しつゝあるを聞き本誌編集部の要請を容れ、病中執筆を絶たれていたにも拘らず、氏独特の軽妙華麗極まるペンを揮われ、女の暦と題して二月号より向う一年間連載小説を女の側から取上げ本篇は氏が必死の思いを以て取組まうとした小説で、戦争を女の側面から取組まうとした本格的の風俗小説にして眞正面から戦後最初の本格の風俗小説に分ちたいと念願として眞正面から取組まうとした本篇は氏が必死の思いを以て取組まうとした小説で、氏の戦後最初の本格の苦心の跡は讀者に於ても必ずや汲み取って頂けるものと信ずる。

（高貴は管奈に於ける）久米正雄先生

図3　2月より1年間の連載をする告知文

いが、全く同じ作品を新連載とし、さらには絶筆小説とすることには倫理的な問題が
あるだろう。

　なお、挿絵は「女の戦史」は林唯一、「女の暦」は上西憲康、置塩恵、栗林正幸が
担当している。

「女の暦」（あらすじ）

　児島憲太郎は、サロン「春」の女給節子を気に入り親友の田村慎吉に紹介するが、
節子は児玉ではなく田村の愛を受け入れる。しかし召集令状を受け取った田村は父の
すすめる財閥令嬢である真理子と結婚し、児島とともに出征する。田村は決死隊長と
なり戦地で行方不明となった。児島が失明して帰還すると、節子は田村の子・慎之輔
を産んでいた。児島は節子に求婚するが、退けられ、節子の親友のユリエと結婚し、
父の製糖会社を継ぐことにした。会社は事業拡大のため他社と競争になるが、その競
争相手は田村の父俊彦が経営する会社であった。児島はユリエに付き添われて、盲目
になったいきさつ、意気込みを語り競争に勝つ。田村俊彦は孫である慎之輔を引き取
るばかりか節子と深い仲になりバー「多摩」を経営させていた。ユリエが、児島を助
けて秘書兼介添役として活躍していることを知った節子は全て自分への復讐なのでは
ないかと疑う。一方ユリエは自分の片目の網膜を児島に移植しようとするのであった。

　前半では「赤紙」を受け取ったことにより児玉の思い人である節子と急接近する田
村、田村と別の女性との政略結婚、田村の戦死が描かれる。
　後半では児島が戦争により盲目となり帰還し、節子に求婚するが拒絶される。生活
の手段を失った節子は田村の遺児を抱え、田村の父親の世話になる。児島を公私にわ
たって支える節子の親友のユリエは自分の網膜を児島に提供する。戦争により身体の
一部を欠損した復員兵、籍が入っていない戦争未亡人と幼い遺児、経済力のある義父、
無償の愛を捧げる女性が物語を構成している。
　戦争に翻弄されながらも亡き恋人の遺書（友人と幸せになることを願う）に従わな
い女性、自分の身体の一部（網膜）を提供することを主体的に決定する女性が描かれ
ている。彼女たちは自分の運命を受け入れながらも、そのつど行く道を選択している。

　注
　1）『新大衆小説全集　第一巻』（矢貴書店）解説

織田作之助とカストリ雑誌

尾崎名津子

カストリ雑誌界の遊撃手

　長らく結核を患っていた織田作之助は、1946年12月5日未明に大量の喀血に見舞われ、絶対安静とされたまま、47年1月10日に逝去した。敗戦直後からここまでの発表作品数は夥しいといえるほどで、敗戦後に創刊された雑誌に寄せたものだけでも20作を超える。それらの媒体が全てカストリ雑誌とは呼べないが、例えば『新生活』、『新風』、『スタート』、『新日本』、『光』、『トップライト』、『新生』、『新生日本』――と、掲載誌名を挙げてみると、なにか清新で未来のある〈場〉で織田が急先鋒のように躍動していたかのような雰囲気がある。こうした旺盛な活動に対しては、織田が戦争・敗戦の影響を受けなかったからだといった評価もあるが、敗戦直後の世界に作家の創作意欲を掻き立てる〈場〉が用意されていた、と捉えてもよいのではないか。

『りべらる』と「怖るべき女」

　織田の逝去を伝える当時の報道では「土曜夫人」（『読売新聞』に連載）が絶筆とされているが、同時期に本人は複数の連載を抱えており、それぞれが未完結となっている。その中に、『りべらる』に連載されていた「怖るべき女」（1946年10月～47年2月）がある。この作品は別府を舞台に両親のいない美少女・京子が、自らの手で様々な欲望を満たしていく物語である。

　『りべらる』（1947年2月）（図1）には「怖るべき女」の第八章だけが掲載されている（図2）。これは『定本織田作之助全集 第七巻』（文泉堂書店、1976年4月）に未収録のテクストである。ある晩、眠っていた京子の部屋に、京子の祖母の「燕」である「竹さん」が入ってくる。京子は「われながらいやな好奇心」に駆られ、眠ったふりを続けながら「竹さん」の行動を伺う。このわずか1ページの第八章の隣に、中村誠「織田作之助と私」が掲載されている（図3）。中村はこの時『りべらる』の編輯人だった。そこに記された「なあ、中村君、『りべらる』は愉しいさ、然し、俺の小説もけつしてエロ小説ではなかつたなあ、今に判るよ、俺は書きたいんだ」という入院中の織田の言葉は、作家の気概に充ちている。

図1 『りべらる』（1947年2月）表紙

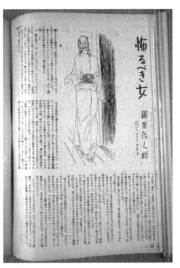

図2 「怖るべき女」第八章

図3 中村誠「織田作之助氏と私」

織田作之助最期の舞台

　敗戦から逝去までの16ヶ月間に発表した作品中には、「見世物」（『新世界』1946年10月）のように、既にあった草稿を改稿増補したものも複数ある[1]。一方で、新作の多くに共通し、また特徴的なのは、温泉や花街の、とりわけ「夜」が舞台であること、そして、物怖じしない若い女性が、未知の環境に自ら踏み込む姿が描かれることである。織田の執筆を支えたのは「これまでの日本文学作品にはなかったヒロインの造形」という野心だったのではないだろうか。新しい女性像を言葉でかたどるための試行錯誤を重ねる上で、カストリ雑誌はその野心と相性の良い、格好の舞台だったといえよう。

注
1)　関根和行『増補・資料織田作之助』日本古書通信社、2016年、246ページ

福島鑄郎氏と占領期雑誌研究

宗像和重

　カストリ雑誌を含む占領期の雑誌と研究の歴史を考えるとき、福島鑄郎氏の名前を逸することができない。占領期のみならず、戦前から戦後にかけての雑誌の収集家・研究者として夙に知られる存在である。その福島氏が2006年6月に病気のため70歳で急逝されてから、すでに17年の歳月が経過している。その晩年に謦咳に接し、残された資料とも関わりをもった立場から、福島氏と氏が残した仕事について振り返ってみたい。

　氏が雑誌収集に打ち込むきっかけになったのは、著書『戦後雑誌の周辺』（1987年、筑摩書房）によれば、1960年に足の怪我で入院し、無聊をかこっていた際に、たまたま石川達三の小説『蒼氓』を読み、その初出誌『星座』創刊号（1935年4月）をぜひ読みたいと思い立ったからであったという。同書によれば、氏がちょうど自衛隊を除隊し、警備員として就職した矢先のことで、24時間隔日勤務の休日を利用して、「この自由時間を「星座」さがしのために全力投球したのである。結局見つからない代償として、戦後の雑誌集めが始まった。綜合、評論、文学、科学、教育、婦人、少年、少女、児童、時局、カストリと、学術雑誌や経営の類を除いては、あらゆる分野のものをかたっぱしから手当たり次第買い漁った」と記されている（『星座』は当時稀覯雑誌で、福島氏は思い立ってから13年後に、つてを頼って雑誌のコピーと対面できたという）。

　そのようにして集めた雑誌は一万数千冊に及ぶが、そのうち占領期の雑誌約六千冊をまとめた目録が、2005年に文生書院から刊行された『福島鑄郎所蔵占領期雑誌目録　1945年8月〜1952年3月』（図1）で、この「序文」には「アメリカの大学に占領下の雑誌があると聞けば、英語がろくすっぽ解らないくせにまるで隣町に出かけるように訪ねていって調査したこともある」という記述もある。ここに、占領下の雑誌があるアメリカの大学というのは、もとより、メリーランド大学図書館のゴードン・W・プランゲ文庫にほかならない。今日、占領期研究の宝庫として知られているが、福島氏が調査に出かけたのは1977年のことで、江藤淳がアメリカの国立公文書館やプランゲ文庫に通って、のちの『閉された言語空間——占領軍の検閲と戦後日本』（1989年、文藝春秋）に結実する調査を行なったのが、1979年から80年にかけ

図1 『福島鋳郎所蔵占領期雑誌目録
1945年8月〜1952年3月』(文生書院、
2005年)

てのことであるから、福島氏にいかに先見の明
があったか、その行動力がいかに逞しかったか
を知ることができる。

　この間、1972年に最初の著書『戦後雑誌発
掘――焦土時代の精神』(日本エディタースクー
ル出版部)で毎日出版文化賞を受賞し、同じ年
に占領史研究会を創設して、雑誌の収集ととも
に研究家としても活動を開始していくことにな
るが、こうした福島氏の足跡からもうかがわれ
るように、氏は大学という制度のなかで終始し
た人ではない。組織に属さず、すべて私財を投
じ、文字通り寝食を忘れて雑誌の収集と研究に
あらゆる時間と労力を注ぎ込んだ人で、この間
に収集した雑誌の中には、国立国会図書館を始
めとする国内の図書館はもとより、プランゲ文
庫にも収録されていない雑誌も数多く含まれて
おり、占領期に関するだけでも唯一無二のコレクションといって過言ではない。

　そのコレクションの特色は、まず第一に、大学の研究者のような専門領域に縛られ
ず、旺盛な関心と情熱に裏付けられて、収集の範囲がきわめて広範囲にわたっている
こと、とくにカストリ雑誌の類を数多く有していることにある。そうした旺盛な関心
と情熱によって収集された雑誌群が、戦後の雑多な活力に満ちた世相をさながらに証
言しているという意味で、収集する人とその対象とがこれほど密接に結びついている
コレクションは希有ではないかと思う。

　また福島氏のコレクションの特色の第二として、大学の研究費や公的資金などの補
助を受けることなく、全てを私費によって、みずからの目と手と足だけを拠り所とし
て収集した資料であることを、あげなければならない。先行研究や通説にとらわれず、
自らの金銭と労力と時間とを費やして手にした資料がまぎれもなくここにある、とい
うゆるぎない実感と確信こそが氏の雑誌収集と研究を支えていたものであった。そし
てもう一つ特色をあげるとすれば、そのような収集の経緯から、特定の雑誌の創刊か
ら終刊までを通して収集・研究するというよりも、雑誌が時代や世相と交錯するその
瞬間に関心が注がれていたために、創刊号や初期の号の収集に手厚い、といった点も
指摘することができるだろう。

その福島氏と早稲田大学との関わりは、氏が晩年、山本武利早稲田大学政経学部教授（現在は早稲田大学名誉教授）の主催する20世紀メディア研究会に参加されたことであった。現在も活発な活動を続けているこの研究会は、山本教授らが作成・公開されたプランゲ文庫のデータベースを活用し、占領期雑誌や検閲の研究を中心として活動を開始したが、各分野にわたる新しい資料が次々に発掘・報告されて、今日活況を呈している占領期の研究の原動力となったといって過言ではない。福島氏は、研究会の有力なメンバーとして積極的に活動され、体験に裏付けられた該博な知識とこれまで収集してきた資料を、惜しげもなく披露された。こうした経緯から、晩年に体調の不良を自覚された頃より、自らのコレクションを早稲田大学で受け入れることを希望されていたが、2006年のご逝去により生前には実現せず、ご遺族やご関係の方々のご尽力を得て、没年の翌2007年に、早稲田大学図書館蔵書として収められるに至ったのである。

　私は当時図書館の仕事を担当していた関係で、担当者の方々とご自宅に引き取りにうかがった日のことを、今でもはっきりと覚えている。二階建てのご自宅と、書庫として建て増しされた部屋の書棚の中はもとより、畳といわず、押入れ、階段の脇といわず、家の中のいたるところに雑誌が積み重ねられており、一人の人物が生涯にわたって精魂こめて収集したもののもつ存在感に、圧倒されるような思いがした。また、貴重な雑誌は一冊一冊ビニールの袋に収められているものが多く、福島氏がいかにこれらの雑誌に深い愛着をもっていたかを物語るようだった。図書館から用意していった、かなり大量の段ボール箱が足りなくなってしまい、あわてて近所のコンビニに空いている段ボール箱を貰いにいったことなども、忘れられない思い出である。

　この福島氏の資料は、2016年に、早稲田大学図書館の協力のもとに20世紀メディア研究会が主催した「雑誌に見る占領期――福島鑄郎コレクションをひらく」展で、その一端が紹介され、今回の本書の企画にも生かされている。福島氏は、千点を越える雑誌から構成された『雑誌で見る戦後史』（1987年、大月書店）に、「二一世紀への証言者としてここに本書を編み遺す」と記しているが、それらが歴史の証言者たり得るのは、一人の篤実で希有な研究者の存在があったからだということを、感謝とともに想起しないではいられない。

※本稿は、拙稿「福島鑄郎コレクション――その背景と概要」（20世紀メディア研究所刊『Intelligence（インテリジェンス）』17号、2017年3月）を抜粋し、その要旨をコラムとしてまとめたものであることをお断りいたします。

カストリ雑誌の書誌情報

渡部裕太

　カストリ雑誌の精確な書誌情報を知ることは容易ではない。通常、出版物がいつ刊行されたものか、何巻何号なのかを知りたければ、奥付を確認すればよい。戦後の雑誌の場合は奥付がないこともあるが、その際にはおおよそ、表紙もしくは裏表紙に小さく書かれている。奥付がある場合でも表紙や裏表紙に同様の情報が記載されていることもある。

　だがカストリ雑誌の場合、これらの情報があてにならないケースがある。

　例えば最も頻繁にみかけるのは、表紙・裏表紙に書かれた刊行月と、奥付記載の刊行月が合わないものである。純粋な記載ミスとも考えられるが、このずれは少なくない雑誌で起きている。管見の限りではあるが、表紙・裏表紙の日付表示のほうが、奥付の日付表示よりも早い日付になっている場合がほとんどである。あくまで推察にはなるが、刊行予定に合わせて先に表紙を印刷してしまったにもかかわらず、入稿の遅れや紙の手配の遅れによって中身の印刷が間に合わず、日付表示がずれてしまったというものもあるのではないだろうか。

　同様に、巻号表記が実態と合わず、おなじ号数が二月連続で記載されていることもある。こちらは数号経つと本来の巻号数に戻ることが多く、単純な編集ミスだと考えてよいだろう。臨時増刊号を頻発したり、合併号を出したりと、刊行ペースが安定しないカストリ雑誌ならではのミスともいえる。

　さらに、ときには雑誌名すら表紙と奥付とで食い違うことがある。編集中に誌名が変更されたものなのか、目につきやすい表紙の意匠を優先したものなのか、原因は定かではない。また、月刊雑誌の臨時増刊号でありながら、そのことが表紙には示されず奥付にのみ表記されるケースもあり、表紙の書誌情報としての信頼性は高くない（図1、図2）。

　また稀ではあるが、表紙と中身がどうみてもまったく一致しない雑誌もある。表紙裏に書かれた目次と、誌面とがまるで一致しない場合などがこれにあたる。おそらく刊行時のミスではなく、雑誌が読者の手に渡ったのちに表紙が脱落したものを、所有者が別の表紙で包んでしまったためだと考えられる。カストリ雑誌の場合は紙質が悪いため、中身は充分に読めるものであっても表紙の端や綴じ金具附近は紙が劣化し破

昭和二十四年十一月 十 日印刷
昭和二十四年十一月二十日発行

特 集 獵 奇
「獵奇の泉」特集號
定價五十五圓 送料五圓

編 集 人 與 田 利 一
發 行 人 西 田 正
印 刷 人 高 橋 弘 藏
東京都文京區小川町一の五

發 行 所 文 友 社
東京都杉並區永福町三五四

図1、図2　一見「猟奇と実話」が誌名にみえる表紙だが、奥付は「猟奇の泉」特集号であることが記載されている。

れてしまっているものも多い。現存するもののなかでは、表紙と中身が完全に分離してしまっているものも珍しくない。綴じ金具の周辺から紙の劣化が進むことが多いため、破損や黒ずみ、かすれなどで表紙・裏表紙の書誌情報は読み取り不可となってしまった雑誌もかなりある。

　このようなエラーが起こっている場合、精確な刊行情報を調査することは今日ではほとんど不可能に近い。なお、本書では基本的に奥付のある雑誌についてはそちらを、無いものについては表紙・裏表紙の情報を参照していることに留意されたい。

昭和二十三年四月 五 日印刷
昭和二十三年四月十五日發行

讀物クラブ 陽春號
定價 三十圓
書留送料 六圓二十錢

編 集 人 荻 原 喬
發 行 人 清 水 八 十
印 刷 人 小 野 通 久 治
東京都千代田區丸ノ内二ノ一四
會員番號A二一九二一一

發 行 所 新 世 紀 社
三菱仲十號館
株式會社

印 刷 所 文 壽 堂 工 場
橫濱市中區露澤二十九番地

配 給 元 日本出版配給株式會社

図3　奥付に紙が貼られて修正されていることもある。この場合は価格の改定のための貼付だと思われるが、雑誌の資料的価値および保存状態を考えると、剥がして元の文言を確かめることは難しい。

マガイモノこそカストリ雑誌

渡辺 豪

　カストリ雑誌とは、活字に飢えた当時、男性に歓迎された娯楽雑誌。抑圧されてきた大衆のエネルギーが、敗戦後に「性の解放」と相まってマグマのように溢れ出した——

　飽きずに繰り返されてきた、こうした俗耳的な言説に、今回の『戦後出版文化史のなかのカストリ雑誌』が大きな風穴を開けてくれることを、私は期待しています。

　近年、ネット記事を始めとして、とりわけ SNS では顕著なように、用語「カストリ雑誌」の境界線は合焦を失いつつあります。ともすれば発行時期が昭和40年代の雑誌にまで用いられ、解釈が広がるに任せた状態です。

　このことは経験から語ることのできる世代が少なくなる一方で、いまだカストリ雑誌の総体が整理されてこなかった背景があり、カストリ雑誌が時代性をほぼ失いかけた今、本書が持つ意義の大きさは、私が唱えるまでもありません。

　山本明『カストリ雑誌研究』が広義と狭義を使い分けたように、先行研究ではカストリ雑誌の定義に腐心してきました。しかし、出版社を営む私からすると、雑誌タイトルを峻別の単位とし続けることに一定の限界を覚えます。編集方針の変更、編集長の交代、版元の移籍といったタイミングで、雑誌の性格は大きく舵切りされます。『りべらる』がそうであったように、タイトルが同一のまま継続しても性格が同一のままとは限りません。

　したがって、本稿ではカストリ雑誌の「境界線」ではなく、カストリ雑誌の中心に位置するもの、すなわち"芯"は何か？　について、私なりに考えを述べてみます。

　カストリ雑誌の代表格、好対照をなすものとして、俎上に載せられてきた『りべらる』と『猟奇』は、創刊号の執筆陣を眺めれば明らかな通り、『りべらる』は武者小路実篤、舟橋聖一、大仏次郎、菊池寛など錚々たる小説家や大衆作家が布陣する一方、『猟奇』は無名ないし実在すら怪しい書き手によるもの、中身も与太話そのものです。（仮に著名な作家でも、「手を抜いて書いているため、今読むとちっとも面白くない」と野坂昭如は述べています。〈『通り過ぎていった仇花』〉）

　「マガイモノ」こそカストリ雑誌の芯に他なりません。

　密造カストリ酒は酒のフリ、パングリッシュを操る街娼は米国婦人のフリ、米兵の

残飯はシチューのフリ、鯨肉が肉のフリをしていた時代。同様にカストリ雑誌も、健全な娯楽雑誌のフリをしていたからこそ、カストリ雑誌たり得た。(『りべらる』がカストリ雑誌に含まれるかどうか議論が分かれる理由は、これを逆さまから見たものです)

カストリ雑誌の多くは「民主主義」「正しい性知識」「新日本の建設」「人間解放」を標榜しながら、扇情的なセックス談義、稚拙な情痴小説、間違った性知識のお手盛りに終始しました。(田吹日出碩『カストリ雑誌文化』)

取り扱う性の質・量ではなく、掲げる看板・品書きと中身との「距離差」に、カストリ雑誌らしさを私は見ています。(もしカストリ雑誌が自ら「低俗誌」と称していても、カストリ雑誌たり得なかった)

猟奇性についても今後さまざまな考察が加えられることを期待しています。冒頭の紹介文を例として、ある種の称揚的な視点から語られることも増えているカストリ雑誌ですが、カストリ雑誌が収録した記事の少なくないものは猟奇性を含有したエロであり、これを「性の解放」とする言説には、やや短絡を覚えます。「解放」ではなく、戦中の凄惨な経験を通して、望まずして感受した倒錯からもたらされる昂揚の「再現」、後ろ向きへの欲求と私は考えるからです。

こう考えれば、カストリ雑誌が短命にして終わった理由も自然納得のいくものです。戦争体験から引き出された猟奇性と交錯するエロは、戦争の傷がやがて癒え始める昭和20年代半ばから影を潜め、カストリ雑誌は衰退していく。

その後にエロ雑誌ジャンルを牽引した『夫婦生活』に代表される「夫婦モノ」が、(当局の取締を牽制する方便とはいえ)受胎という生産的テーマを用いていることは示唆的です。

あとがき

　本書の企画は、2016年に早稲田大学で開催された「雑誌に見る占領期──福島鑄郎コレクションをひらく」（大隈タワー125記念室、9月1日〜21日）を起点としている。当日、山本武利（早稲田大学名誉教授）、ルイーズ・ヤング（ウィスコンシン大学）、宗像和重（早稲田大学）、三谷薫（出版美術研究家）、土屋礼子（早稲田大学）とともに記念シンポジウムに登壇する機会を与えていただいた私は、「カストリ雑誌研究の現在」というタイトルで発表し、他の登壇者や参加者との意見交換をした。また、シンポジウム終了後の懇親会では、のちに本書の編集委員となってくださる方たちとの面識を得てカストリ雑誌の魅力について熱く語り合うことができた。

　「カストリ雑誌に興味があるが実物を見ることができない」、「プランゲ文庫資料はマイクロフィルムのため、どの雑誌にどのような記事があるのかを容易に知ることができない」といった声に励まされ、『カストリ雑誌総攬』というデータベースの作成を思い立った私は、すでに採択されていた科学研究費基盤研究（C）「戦後占領期のカストリ雑誌と同時代の出版文化に関する総合的研究」（2016-2020）の予算をもとに、資料の収集と調査活動を開始した。出版社との交渉をはじめ編集委員になってくれる研究者に声をかけはじめたのもこの時期である。

　その後、早稲田大学図書館の福島鑄郎コレクション、同志社大学図書館の山本明文庫、大阪芸術大学図書館のコレクションなどの撮影をはじめたのだが、ここで最初の困難が待ち受けていた。膨大なカストリ雑誌を一冊ずつ手に取り、全頁を撮影していくのは物理的に不可能だった。致し方なく、それぞれの雑誌に関して、表紙、目次、奥付、裏表紙の4点だけを撮影することにしたが、残念ながらカストリ雑誌は目次情報と内容に齟齬があったり、目次にない記事が数多く含まれていたりするため、いかにも中途半端な記録しか把握することができなかった。また、この作業では原則として誌面に目を通したり記事を読んだりすることができないため、文学研究の一環でありながらカストリ雑誌の言説分析はまったくできないというジレンマにも陥った。カストリ雑誌は1950年以降になると急にタイトル数が増え、各雑誌も厚くなるため、作業はさらに困難を極めた。こうした事情により、本書では、敗戦から1949年12月までに限定して調査することにした。

さまざまな難題を抱えつつも撮影は順調に進み、自身が所有する雑誌も含めて2,500冊ほどのデータを集めることができたわけだが、ここで問題はさらに深刻になる。それぞれをタイトルごとに整理していくと、奥付がない雑誌、何度も改題を繰り返す鵺のような雑誌、長く発行されていたはずなのにその実態を一部しか把握できない雑誌などが多々あり、カストリ雑誌の領域がまさにカオスであることが判明したのである。

　カストリ雑誌の多くは劣化が激しく印字の状態も悪い。稀少なものは古書店にも出回らなくなっている。図書館に閲覧の申請をした際、猥褻な内容を含んでいるということで謝絶されることも多かった。こうして、網羅的な調査によって資料のデジタル化を進めることが急務であるにもかかわらず、調べれば調べるほど新しい謎が生まれるような負のサイクルに陥ってしまった。

　その間、編集委員に加わっていただいた方たちには多大な迷惑をかけてしまったと思う。また、2020年から2023年にかけてのコロナ禍では海外渡航が極めて難しい状況だったため、メリーランド大学に出向いて実際にプランゲ文庫を調査することも断念せざるを得なかった。

　そこで、出版社との打ち合わせを重ね『カストリ雑誌総攬』のような網羅的な仕事は次の段階であらためて企画を考えることになった。まずはカストリ雑誌の魅力と価値を紹介する基本書を編集し、いまなぜそれを研究する必要があるのかを広く伝えようという方向に軌道修正を図った。こうして完成したのが本書である。

　これまでのカストリ雑誌研究は、実際にカストリ雑誌の編集発行に携わった当事者や雑誌を数多く所有するコレクターだけの特権的な領域だった。だが、本書の登場によってその研究はようやく多くの人々に開かれることになった。また、本書の企画が立ちあがった段階では紙媒体での出版が前提であり、『カストリ雑誌総攬』のような出版物を世に送りだすためには莫大な費用がかかると予測されたが、いまでは画像データのオンライン出版があたりまえになっており、データの更新も容易である。カストリ雑誌をめぐる研究環境はいま大きく変わりつつあるといってよいだろう。

　最後になってしまったが、本書の編集に関しては、勉誠社の坂田亮さんに支えていただいた。ここまで来るにはさまざまな困難があったし、企画そのものが頓挫しかけたこともあったが、坂田さんはカストリ雑誌に関する研究書を出すことには意

味があると言い続けてくれた。私がカオスの状態に落ち込んでいるときには、編集者の視点から有益な代替案を示してくれた。編集委員を代表して、坂田さんには心からのお礼を申し上げたい。

石川 巧　2024年5月

索　引

執筆者一覧

【編集代表】

石川巧（いしかわ・たくみ）

立教大学文学部。専門は日本近代文学。

主な著書に、『読む戯曲の読み方——久保田万太郎の台詞・ト書き・間』（慶應義塾大学出版会、2022年）、『幻の雑誌が語る戦争　『月刊毎日』『国際女性』『新生活』『想苑』』、（青土社、2017年）、『高度経済成長期の文学』（ひつじ書房、2012年）などがある。

【執筆者】（五十音順）

石川偉子（いしかわ・よりこ）

日本大学非常勤講師、立教大学研究員。専門は日本近代文学。

主な著書に、『「週刊朝日」総目次・執筆者索引　1945〜1952——新聞社系週刊誌の戦後占領期』（共著、金沢文圃閣、2023年）、『占領期の地方総合文芸雑誌事典』（共著、金沢文圃閣、2022年）などがある。

大原祐治（おおはら・ゆうじ）

実践女子大学文学部。専門は日本近現代文学。

主な著作に、『坂口安吾大事典』（共編、勉誠出版、2022年）、『占領期の地方総合文芸雑誌事典』（共編、金沢文圃閣、2022年）、『戯作者の命脈　坂口安吾の文学精神』（春風社、2022年）などがある。

大尾侑子（おおび・ゆうこ）

東京経済大学コミュニケーション学部。専門はメディア史、歴史社会学。

主な著書に『地下出版のメディア史——エロ・グロ、珍書屋、教養主義』（慶應義塾大学出版会、2022年）、『ポストメディア・セオリーズ——メディア研究の新展開』（共著、ミネルヴァ書房、2021年）などがある。

尾崎名津子（おざき・なつこ）

立教大学文学部。専門は日本近現代文学。

主な著書に、『サンリオ出版大全——教養・メルヘン・SF文庫』（共編著、慶應義塾大学出版会、2024年）、『「言論統制」の近代を問いなおす——検閲が文学と出版にもたらしたもの』（共編著、花鳥社、2019年）、『織田作之助論——〈大阪〉表象という戦略』（和泉書院、2016年）などがある。

片岡美有季（かたおか・みゆき）

弘前大学人文社会科学部。専門は日本近現代文学。

主な論文に、「「オルガスムス」をめぐる「神話」の解体——三島由紀夫「音楽」論」（分担執筆、坪井秀人編著『戦後日本文化再考』三人社、2019年）、「饒舌に語らない「肉体」——武田泰淳「「愛」のかたち」論」（『立教大学日本文学』第121号、2019年1月）などがある。

川崎賢子（かわさき・けんこ）

（中国）清華大学日本研究センター客員研究員。専門は近現代日本文学日本文化、映画、演劇。

主な著書に、『宝塚　変容を続ける「日本モダニズム」』（岩波現代文庫、2022年）、『もう一人の彼女　李香蘭／山口淑子／シャーリー・ヤマグチ』（岩波書店、2019年）、『尾崎翠　砂丘の彼方へ』（岩波書店、2010年）などがある。

河原梓水（かわはら・あずみ）

福岡女子大学国際文理学部。専門は日本史学。

主な著書・論文に『SMの思想史　戦後日本における支配と暴力をめぐる夢と欲望』（青弓社、2024年）、「家畜の生と人間の身体——土路草一「潰滅の前夜」「魔教圏No.8」論」（『昭和文学研究』第87集、2023年9月）、共編に『狂気な倫理　「愚か」で「不可解」で「無価値」とされる生の肯定』（晃洋書房、2022年）などがある。

鈴木貴宇（すずき・たかね）

早稲田大学文学学術院。専門は日本近現代文学。

主な著書・論文に『〈サラリーマン〉の文化史』（青弓社、2022年）、「『酸模』とモダニズム——あるいは1930年代後半における〈空洞〉」（『三島由紀夫研究』23、2023年4月）、「「混血児」のメロドラマと占領の記憶——金子和代『エミーよ　愛の遺書』（1954）論」『インテリジェンス』第23号、2023年3月）などがある。

前島志保（まえしま・しほ）

東京大学大学院総合文化研究科。専門は比較出版史、メディア史、比較文学比較文化。

主な論文に、「「婦人雑誌」の誕生と出版の大衆化」（『比較文學研究』第105号、2019年）、「現代マスメディアの起源へ——戦間期〈婦人雑誌〉とは何か」（分担執筆、『分断された時代を生きる』白水社、2017年）、「「画報欄」の時代——雑誌写真の変遷と昭和初期の『主婦之友』」（『比較文学研究』第90号、2007年）などがある。

牧義之（まき・よしゆき）

名古屋大学大学院文学研究科博士後期課程修了。博士（文学）。

主な著書に、『「言論統制」の近代を問いなおす——検閲が文学と出版にもたらしたもの』（部分執筆、花鳥社、2019年）、『伏字の文化史——検閲・文学・出版』（森話社、2014年）などがある。

光石亜由美（みついし・あゆみ）

奈良大学文学部。専門は日本近代文学（自然主義文学など）。

主な著書・論文に、『ケアを描く　育児と介護の現代小説』（共編著、七月社、2019 年）、『自然主義文学とセクシュアリティ——田山花袋と〈性欲〉に感傷する時代』（世織書房、2017 年）、「敗戦のトラウマと性的不能、あるいはエロティックな戦争」（坪井秀人編『戦後日本の傷跡』臨川書房、2022 年）などがある。

宗像和重（むなかた・かずしげ）

専門は日本近代文学。

主な著書に、『検閲・メディア・文学　江戸から戦後まで』（共編著、新曜社、2012 年）、『占領期雑誌資料大系　文学編』全 5 巻（共編著、岩波書店、2009 年〜 2010 年）、『投書家時代の森鷗外　草創期活字メディアを舞台に』（岩波書店、2004 年）などがある。

山岸郁子（やまぎし・いくこ）

日本大学経済学部。専門は大正期の日本文学、文化資源。

主な著書・論文に、「「伊藤整文庫」資料から分かること」（『日本近代文学館年誌　史料探索』19 号、2024 年 3 月）、「「文壇」の力学についての一考察」（『語文』第 176 輯、2023 年 12 月）、「文学館、文豪、そして本当の資源とは」（『早稲田文学』2020 冬号、2020 年 12 月）などがある。

吉田則昭（よしだ・のりあき）

立正大学人文科学研究所。専門は社会学、メディア史。

主な著書に、『雑誌メディアの文化史』（編著、森話社、2017 年）、『戦時統制とジャーナリズム』（昭和堂、2010 年）などがある。

渡辺豪（わたなべ・ごう）

株式会社カストリ出版代表。戦後の売春史が主テーマ。

主な著書に、『赤線本』（監修・解説、イースト・プレス、2020 年）、『遊廓』（新潮社、2020 年）、『戦後のあだ花カストリ雑誌』（三才ブックス、2019 年）などがある。

渡部裕太（わたなべ・ゆうた）

福島工業高等専門学校。専門は戦後文学。

主な著書・論文に、「近現代文学研究　調査のために」（石川巧・飯田祐子・小平麻衣子・金子明雄・日比嘉高編『文学研究の扉をひらく　基礎と発展』ひつじ書房、2023 年）、「小説テキストにおける闇市・闇屋の表象」（井川充雄・石川巧・中村秀之編『〈ヤミ市〉文化論』ひつじ書房、2017 年）などがある。

編者プロフィール

石川 巧（いしかわ・たくみ） 編集代表

立教大学文学部。専門は日本近代文学。
主な著書に『読む戯曲の読み方——久保田万太郎の台詞・ト書き・間』
（慶應義塾大学出版会、2022年）、『幻の雑誌が語る戦争 『月刊毎日』
『国際女性』『新生活』『想苑』』（青土社、2017年）、『高度経済成長期の
文学』（ひつじ書房、2012年）などがある。

カストリ雑誌編集委員会

石川偉子、石川巧、大原祐治、大尾侑子、尾崎名津子、川崎賢子、
河原梓水、片岡美有季、木田隆文、鈴木貴宇、高橋孝次、立尾真士、
西川貴子、牧義之、前島志保、光石亜由美、宗像和重、山岸郁子、
吉田則昭、渡部裕太（＊五十音順）

戦後出版文化史のなかのカストリ雑誌
せん ご しゅっぱんぶん か し   ざっ し

2024年6月25日　初版発行

編集代表　石川巧
編　者　カストリ雑誌編集委員会

発行者　吉田祐輔
発行所　㈱勉誠社
　　　　〒101-0061　東京都千代田区神田三崎町2-18-4
　　　　TEL：(03)5215-9021(代)　FAX：(03)5215-9025

〈出版詳細情報〉https://bensei.jp

印刷・製本　三美印刷㈱
ISBN978-4-585-39039-8　C1095

大宅壮一文庫
解体新書
雑誌図書館の全貌と
その研究活用

大宅壮一が収集した膨大な雑誌のコレクションを基礎として設立された文庫について、概要から、その誕生の歴史、そして文庫を活用した研究の実践例まで、すべてを網羅した解説書。

阪本博志 編
本体 3,500 円（＋税）

江戸川乱歩大事典

乱歩の形成した人的ネットワーク、彼の生きた戦前戦後という時代と文化事象、様々な雑誌メディアなど、総勢70人に及ぶ豪華執筆陣のナビゲートにより乱歩ワールドの広がりを体感できるエンサイクロペディア。

落合教幸・阪本博志
藤井淑禎・渡辺憲司 編
本体 12,000 円（＋税）

坂口安吾大事典

多岐にわたって足跡を残した坂口安吾の最新の研究成果を踏まえ、全作品を解説するとともに、その人間像・作品を読み解くうえで重要なキーワードや交流のあった人物を網羅的した初の大事典！

安藤宏・大原祐治・
十重田裕一 編集代表
本体 14,000 円（＋税）

同性愛文学の系譜
日本近現代文学における
ＬＧＢＴ以前／以後

森鷗外、三島由紀夫ら近代文学の作家から山崎ナオコーラ、綿矢りさら現在進行形の作家までを紹介し、明治から平成までの同性愛文学の流れを辿った新しい文学史。

伊藤氏貴 著
本体 2,800 円（＋税）